결국 잘되는 사람들의
보이지 않는 차이

결국 잘되는 사람들의
보이지 않는 차이

초판 1쇄 인쇄 2025년 4월 16일
초판 1쇄 발행 2025년 4월 28일

지은이 연준혁 한상복
펴낸이 이진영 배민수
기획·편집 밀리&셸리
디자인 스튜디오 허브
마케팅 태리
펴낸곳 (주)테라코타 **출판등록** 2023년 1월 13일 제2024-000080호
주소 서울시 용산구 원효로 128 e-테크벨리오피스텔 907호
메일 terracotta_book@naver.com
인스타그램 @terracotta_book

ISBN 979-11-93540-30-5 03190

결국 잘되는 사람들의
보이지 않는 차이

당신 곁의 행운천사를 알아보는 법

연준혁 · 한상복

테라코타

나에겐 3만 명의 행운 천사가 있다

운 같은 것, 믿어본 적이 없다. 지극히 합리적이며 이성적인 도시 남자 행세를 하려면 그런 건 '모양이 많이 빠진다'고 믿어왔다. 그래봐야 우리 둘 다 변두리의 고만고만한 서민 가정 출신이지만.

고수끼리는 당연하겠으나 하수끼리도 한눈에 서로를 알아보는 법이다. 우리 둘은 만나서 몇 마디 나누지 않고도 공통분모를 찾아냈다. 한 명은 이런 실패와 저런 실패를 골고루 경험해온 '지질이'(연준혁), 또 다른 한 명은 열등감과 피해의식에 찌든 '재섭넘(재수 없는 놈)'(한상복)이다. 둘 다 공교롭게도 다양한 사람을 만나는 일(한 명은 대기업 기획업무 및 창업, 또 한 명은 경제신문 기자)을 해온 터라 흥하거나 망하거나 행복하거나 불행해진 온갖 이야깃거리들을 갖고 있었다.

그 경험을 살려 우리와 대척점에 있는 인간들은 대체 뭐가 다른지 비교하고 분석하게 됐다. "뭐가 다르긴, 그저 운이 좋았을 뿐이겠지"라고 농담처럼 툭 던졌던 한마디. 어이없게도, 정말 그렇단다. 어쩌다 운이 좋아서!

미국 재벌의 전설 록펠러조차 "어떻게 하면 성공할 수 있느냐?"는 사람들의 질문을 받을 때마다 이렇게 대답했다.

"세 가지가 필요합니다. 첫째는 행운이죠. 두 번째도 행운입니다. 마지막으로, 역시 행운이 필요합니다."

일본의 간판 재벌 마쓰시타 고노스케 역시 "내가 거둔 성공에서 노력은 1퍼센트에 지나지 않을 것"이라며 99퍼센트가 행운 덕분이라고 강조했다.

크게 이룬 사람 특유의 겸양일 수도 있다. 그런데도 우리로선 그놈의 '어쩌다' 쪽으로 한 번 더 파고드는 게 합리적이며 이성적인 접근일 터였다.

미국 스탠퍼드 대학에서 교육심리학을 강의한 존 크럼볼츠 교수가 성공한 기업가 1,000명을 대상으로 성공의 원인을 조사하는 프로젝트를 벌인 적이 있었다. 그런데 "계획한 대로 노력해 성공을 거뒀다"라고 주장한 사람은 25퍼센트에 지나지 않았다. 나머지 75퍼센트는 "우연한 기회에 성공의 길로 들어섰다"라고 응답했다.

그 '어쩌다'마저 우연한 기회였다고?

그렇긴 했다. 모든 노력과 성공, 실패와 좌절에는 운이 개입한다. 운은 행운이 될 수도 있고 불운으로 귀결될 수도 있다. 다만 처음에는 '우연'이라는 기회로 다가온다. 또한 그 우연은 '누군가'의 모습일 때가 대부분이다. 즉, 사람을 통해 만나게 되는 것이다. 타이밍에 맞추어 그가 나를 알아보거나 내가 그를 통해 기회 또는 힌트를 얻곤 한다.

우리보다 먼저, 미국의 사회학자 마크 그라노베터 박사가 '누군가'란 대목을 파고들었다. '사람들이 일자리를 어떻게 얻는지' 수백 명을 상대로 그들의 경로를 추적하는 실증적 연구를 벌였다. 그런데 예상과는 딴판인 결과가 나왔다. 가까운 사람보다는 가깝지 않거나 잘 모르는 사람의 정보 제공 혹은 도움으로 직장을 갖게 된 경우가 훨씬 많았다(1주일에 두 번 이상 연락하거나 만나는 사람의 도움으로 취업한 경우가 16.7퍼센트인 반면, 1년에 한 번 또는 한 번도 연락하지 않은 사람의 도움으로 취업한 경우가 27.8퍼센트로 훨씬 많았다).

그랬다. 운 같은 것, 믿어본 적이 없는 우리에게도 그런 경험이 있었다. 나는 만나본 적이 없던 선배 친구의 추천으로 첫 직장 W그룹에 입사했다(연준혁). 그 행운이 그곳에서 아내를 만나 결혼하는 다른 행운으로 이어졌다. 내 삶의 멘토가 되어준 선배들도 만났다. 그 후, 실패에 실패를 거듭하는 와중에 전화를 한 통 받았다. 1년에 한 번 점심을 함께하는 정도의 지인이었다. 그의 제안을 받아들이면서 내 인생이 방향을 틀었다. 엄청난 성공까지는 아니지만 먹고사는 걱정에선 자유로워졌다.

행운은 이렇게 '사람의 얼굴'을 하고 다가오는 것이었다.

록펠러는 첫 번째도, 두 번째도, 세 번째도 행운이 중요하다고 강조한 뒤 이렇게 덧붙였다.

"그렇지만 그 행운을 이용할 줄 모른다면 아무 소용이 없지요."

행운이 누군가를 통해 다가온다고 해도, 알아보지 못한다면 록펠러의 말대로 소용이 없다. 눈 뜨고 놓칠 수밖에…. 심지어는 귀한 복을 발로 차낼 때도 있다. 그래서 내가 늘 재수 없는 놈이기도 했다(한상복).

행운을 알아보고 맞이하려면 그 씨앗이 미리 뿌려져 있어야 하고(준비와 노력), 행운이 들어올 수 있게 대문이라도 열어놓아야 한다(개방적 자세). 또한 마주친 기회에 나의 의지를 실을 수 있어야 한다(결단과 실행).

행운의 여신은 심한 변덕쟁이라고 한다. 그럼에도 불구하고 '잘 풀렸다'는 말을 듣는 사람들에게는 행동 패턴이나 사물을 보는 관점, 사고방식 등에 공통점이 있다. 타고나는 부분도 있겠지만 재능과 노력, 기회를 능숙하게 활용하기 때문에 흐름을 이어가는 것이기도 하다.

운 따위에 의지해본 적이 없고, 남의 성취는 '운이 좋았을 뿐'이라고 굳게 믿어온 우리 두 사람이었다. 그러다가 이 책을 쓰는 과정에서 뒤늦게 깨달았다. 우리가 얼마나 많은 행운을 만나 그것을 누려왔는지 말이다. 행운은 나중에 돌아보고서야 비로소 발견하는 것이기도 했다.

하지만 당신에게는 행운을 전해줄 이가, 아무리 눈을 씻고 둘러보아도 없다고 생각되는가?

그라노베터 박사의 연구에 이 부분도 나온다. 박사는 우리 주변에 얼마나 많은 경로가 있는지 알아보기 위해 A가 아는 사람을 평균 300명(가깝거나 멀거나)으로 잡았다. 지인 300명은 많은 게 아니다. 이름만 아는 초중고 동창만 세어봐도 어지간하면 이보다 많다. 다음 단계로 그 300명이 아는 사람을 다시 300명으로 잡았다. 하지만 300명이 아는 사람들 중에는 A가 아는 사람이 겹칠 가능성이 높으니, 보수적으로 잡아 100명으로 줄였다. A의 아는 사람 300명이 A에게 소개해줄 수 있는, A가 모르는 사람을 100명으로 간주한 셈이다. 그래서 A가 아는 사람 300명이 각각 100명씩을 연결해줄 수 있다면….

그라노베터 박사는 연구 결과에 대해 이렇게 표현했다.

"대략 3만 명의 사람들이 우리에게 인생을 바꿀 기회를 제공할 수 있는 것이다. 그런 가능성이 언제나 열려 있다고 생각해보라."

우리 주변에 무려 3만 명의 행운 천사가 넘쳐나고 있는 것이다. 아직은 모르는 사이일 수도 있으나, 어떤 기회가 생기면 우연히 만날 가능성이 다분한 인연들이다. 기회나 일자리 말고도 우리 삶에 행운 천사는 수두룩하다. 이미 곁에 있는데도 알아보지 못하는 경우도 많다. 나의 곁에서 삶의 한 귀퉁이를 지탱해주고 있는 이가 바로, 그 천사임을 깊이 깨닫는 순간만큼 극적인 행복도 없을 것이다.

행운을 전해주는 사람들은 서로를 알아보는 표식으로 호의와 친절, 다정함을 가지고 있다. 때로는 채찍도.

　나의 삶을 변화시킬 실천을 매일 꾸준하게 해가며 안목을 키운다면 그들이 전해주는 기회를 통해 나의 내면에서 위대한 영감과 조우할 가능성이 높다.

　이를테면 이 책은 '생활밀착형 행운 맞이 지침서'다. 2010년 우리 둘이 썼던 국내 최초의 행운 분석서 《보이지 않는 차이》의 개정판을 준비하다가 아예 새로 쓰기로 결심했다. 이번 책에선 일상에서 흔히 접할 수 있는 크고 작은 일들과, 그에 대한 각자의 해석과 태도, 실천, 관리 같은 '그다지 눈에 띄지 않는 차이'가 그 주인공의 삶을 어떻게 바꿔놓는지, 우리 두 사람의 경험은 물론 주변의 다양한 사례까지 모아 하나하나 톺아보았다.

　나의 행운과 행운 천사를 어떻게 만날 수 있을지, 지금부터 알아보자. 우선, 마음부터 넉넉하게 열고! 그래야 비로소 보인다니까 말이다.

차
례

PART 2
행운이 따르는 사람, 행운을 쫓아다니는 사람

PART 3
행운을 관리하는 사람, 행운을 쫓아내는 사람

PART 1

행운을 보는 사람,
행운을 보지 못하는 사람

———

작은 영혼은 알을 깨고 나오는 게 두려워 변화에 한사코 저항한다.
그렇기에 더욱, 바깥에서 쪼아주는 '정이나 끌을 든 천사'의 도움이 절실하다.
그런 누군가 한 사람만이라도 알아뵐줄 때, 비로소 삶은 달라지기 시작한다.

———

1
인생, 모르는 거다

누구나 일생에서 몇 번은 행운을 만나게 된다고 한다. 나는 마흔 전에는 운이 좋다거나 혹은 나쁘다거나 하는 생각을 해본 적이 없다(연준혁). 그때그때 내가 할 수 있는 만큼 적응하며 살아왔던 것 같다.

우리 대부분은 살아오며 겪은 일들을 '점点'으로 생각하는 경향이 있다. 하나하나 개별적으로 일어난 사건이라고 생각하는 것이다. 수많은 일들이 기억 속에 파편처럼 흩어져 있는 모양새랄까. 하지만 운이란 '흐름'이라기에, 나는 어떤 흐름을 타며 오늘에 이르렀는지 궁금해졌다. 내 인생의 주요한 사건들을 점으로 찍고 연결했더니 선線이 나타났다. 내가 살아온 궤적이 그래프로 그려졌다. 나도 모르게 감탄이 나왔다.

'세상에! 내가 이토록 운이 좋은 사람이었다니!'

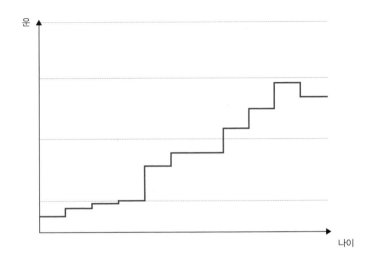

어릴 때는 몸이 약해 집에서 책만 읽던 외톨이 소년이었다. 학교 운동장에서는 해를 마주 보는 게 힘들어 언제나 눈살을 찌푸렸고, 교실에선 도시락을 도둑맞아 울던 기억이 있다. 그때 담임 선생님께서 도시락을 양보해주셨다. 그 지질했던 소년이 큰 출판사의 전문 경영인으로 성장했다. 계단 모양의 우상향 그래프를 그리면서 살아온 결과이기도 했다. 결과적으로 그렇다는 뜻이다. 내가 잘났기 때문이 아니라는 취지에서 이 책을 쓰는 것이다.

내가 이런 흐름의 삶을 살게 되리라고는 꿈도 꿔본 적이 없다. 사회에 진출할 때까지도 출판 분야를 염두에 두지 않았다. 어릴 적부터 책을 좋아했던 것뿐이다. 어쩌다 보니 이런저런 기회를 만났고, 그러다 보니 어느덧 여기까지 왔다. 초자연적인 무엇인가가 나를 여기까지 데려다놓은 것 같기도 하다.

출판사 대표이사에서 물러난 이후, 마음에 드는 곳에 집 한 채를 지었다. 무엇보다 나의 책들을 위한 충분한 공간을 마련했다는 점이 매우 만족스럽다. 퇴직금에 연금까지 더하니 '경제적 자유'도 누리게 됐다. 그럼으로써 '하고 싶은 일들'을 자유롭게 할 수 있게 됐다. 이제는 회사 일로서가 아니라 나의 마음대로 책을 쓰고 기획도 한다.

인생이 풀려가는 모습이라는 게 어쨌거나 다들 크게 다르지는 않은 모양이다. 타고난 자질과 환경 속에서 교육이나 훈련을 거쳐 각자 분야에서 각자의 길을 걷는 과정에 우연과 인연을 만나 자기 몫만큼 이루고 그만큼 누린다. 행운도 '하던 짓'에서 만나는 것이다. 로또를 꾸준히 사는 사람이 당첨 확률이 높은 것과 마찬가지다.

아차! 깜빡, 위험할 뻔했다. 나에게는 33년을 함께 살며 사이가 나날이 깊어진 아내가 있다. 이 부분이 내 인생을 통틀어 가장 큰 행운이다. 진심이다. 꾸준하게 관리한 결과 건강도 괜찮은 편이다.

이런 모든 게 내가 잘나서가 아니었다. 내가 잘난 게 있다고 한들, 그저 조금 거들었을 뿐이다. 진실은 운의 흐름을 잘 탔던 정도, 사실은 운이 거의 다 했다.

누구나 인생에서 몇 번은 큰 흐름을 맞이한다. 다만 행운을 누리는 양상은 사람마다 제각각이다. 어떤 이는 일찌감치 크게 솟구쳐 세상을 다 가진 것처럼 모두의 부러움을 사는가 하면, 어떤 이는 차근차근 쉬엄쉬엄 인생의 계단을 오른다. 전성기도 달라서 정점을 찍고는 가파른 내리막을 뜀박질로 내려오는 이가 있고, 능선을 타며 오르락내리락 서서히 하산하는 스타일도 있다. 비교적 꾸준한 흐름을 타는 사람과 천당과 지옥을 오가는 사람(예를 들면 다음 글 '행운은 사람의 얼굴로 온다'의 주인공?)이 엇갈린다.

나는 그래프에서처럼 중년 이후에 인생이 풀린 패턴이다. 그점이 만족스럽다. 세상살이가 어떤 것인지 약간은 깨달은 나이에 누리는 운이기에 더욱 그렇다. 물론 앞으로 어떨지는 알 수 없다. 운이 이 자리까지 나를 데려다놓았던 것처럼, 오늘을 잘 살면서 좋은 내일을 기대하고 준비할 따름이다.

누구나 일생에 몇 번은 행운을 만나게 되어 있다고 한다. 그러니 행운을 맞이해본 기억이 없다면, 역설적으로 희망을 품어도 되겠다. 아직 오지 않은 것일 뿐이니 말이다.

이 책에서 우리가 숱하게 언급할 테지만 운의 흐름이 바뀌려 할 때는 신기하게도 지인이 누군가를 소개하거나 낯선 사람이 등장해 인연으로 이어지는 경우가 대부분이다. 행운이 그렇게 시작되었음을 나중에 뒤돌아보고서야 알게 된다.

어쩌면 행운은 당신 곁에 이미 와 있는지도 모른다. 아직 눈치를 채지 못했을 뿐. 그러니 지금 이 시기가 숨 막힐 정도로 괴롭더라도 희망의 끈은 꼭 붙들고 있기를 권한다. 대운大運은 이따금 극심한 고통을 '등장 신호' 삼아 보내준다고 하니 말이다.

인생, 모르는 거다. 지금 어떤 상황이든 희망은 있다고 봐야 한다.

2
행운은 사람의 얼굴로 온다

어릴 적 친구 몇몇이 나에게 가끔 하는 말이 있다(한상복).

"저 자식, 완전 땡거지였는데….”

억울하다. 남이 떨어뜨린 걸 주워 먹은 적은 없다. 그래도 왜 그런 소리를 하는지 아니까 굳이 반박하지는 않는다. 기분 나쁘지도 않다. 힘들었던 옛 기억으로 인해 지금은 어지간하면 행복하니까.

열한 살 때 지옥문이 열렸다. 당시 나는 어디서도 눈에 띄지 않는 고만고만한 아이였다. 4월 무렵으로 기억한다. 담임 선생님이 몇몇 엄마에게 전화를 걸었다. 반장네 집에 갔더니 아이들이 모여 있었다. 나만 빼고는 부잣집 애들이었다. 선생님의 동생에게 과외 수업을 받는다고 했다. 과외비가 얼마인지 전해 들은 어머니가 한숨을 쉬셨다. 나 또한 낄 수 있는 자리가 아니란 걸 알았다. 다니지도 못하고 그만두었다.

공교롭게도 얼마 지나지 않아 다른 아이들마저 빠져나가는 바람에 과외수업이 무너졌다. 선생님의 '보복'이 시작됐다. 선생님은 '모든 원인이 저 녀석에게 있다'라고 선고를 내린 터. 쥐뿔도 없는 집의 녀석을 잘못 보았던 본인의 실수까지 나를 향한 원한에 덤으로 얹은 것 같았다. 기나긴 복수극이 막을 올렸다. 선생님이 물꼬를 트면서 몇몇 아이들이 앞장섰고, '똘똘 뭉치는 ○반'의 단합된 모습이 나를 향해 펼쳐졌다.

매 수업 시간의 일정 부분이 나에게 할애되었다. 나를 조롱하거나 태도를 문제 삼아 벌을 주곤 했다. 쉬는 시간에도 나만 쉴 수 없었다. 시빗거리를 피해 책을 읽으면 그걸 낚아채어 던지고 받는 녀석들이 있었다. 싸움이 벌어졌고 내 옷도, 빌렸던 책도 누더기가 됐다. 둘이 싸우든 셋이 싸우든, 혼이 나는 건 나 혼자였다. 그럴 때마다 선생님은 집에 전화를 걸어 학교에서 이룬 것처럼 집에서도 이뤄질 수 있게 꼼꼼하게 챙겨주셨다. 당시의 어머니와 아버지는 그들의 삶을 지탱하고 이어가는 것만으로도 충분히 힘들던 때였다.

그 이후 선생님이란 존재가 내게 공포의 대상이 되었다. 학년이 바뀐 뒤로 어떻게든 새 담임 선생님의 눈에 띄지 않으려고 기를 쓰고 숨었다. 어쩌다 이름이라도 불리면 몸이 먼저 반응해 진땀이 흘렀다.

나는 '인생이 꼬인다'는 말을 절감한다. 내 인생이 더 꼬이려고 그랬는지 줄줄이 야멸찬 선생님을 담임으로 만났다. 그런 분들의 공통점 가운데 하나가 구석에 숨으려는 나를 귀신처럼 찾아낸다는 거였다. '어쩐지 구린 놈'이라는 낙인이 찍혔다. 선생님에게 낙인이 찍히면 우주가 그대로 이뤄주는 시절이기도 했다. 연쇄반응 같았다. 만만하게 본 놈들이 시비를 걸고, 싸움이 일어나고, 힘이 없는 나는 얻어터지고, 혼나고 반성문 쓰고….

무시당하고 욕먹고 혼이 나면서 깊은 철학적 고민에 빠졌다.

'나 같은 건, 대체 왜 태어났을까?'

운은 나의 의지와 실력의 범주 밖에 있는 우연을 뜻한다. 나의 밖에 있으니 '남'의 영역, 타인을 통해 오는 것이라고 볼 수 있겠다. 애초에 나는 운이라는 걸 인정하고 싶지 않았다. 그런 건 미신이니까. 좋았던 기억이 없어서 한사코 운이란 걸 부정하고 싶었던 모양이다. 하지만 행운이라는 게 나에게도 어김없이 찾아왔음을, 오랜 시간이 흐른 뒤에야 되짚어보고 깨달았다.

고2 때였다. 쉬는 시간에 복도 맞은편에서 걸어오는 담임 선생님과 마주쳤다. 3월이었다. 선생님이 아직은 나를 알아보지 못할 거란 계산으로 황급히 시선을 내리깔고 못 본 척했다. 다음 순간, 흠칫 내 어깨에 닿는 손이 느껴졌다. 마지못해 고개를 돌리니, 선생님의 웃는 얼굴이 눈에 들어왔다.

"너 우리 반이잖아."

얼마 후 새삼스러울 게 없는 엉망인 성적으로 질책을 들었다. 그런데 마무리가 예전의 선생님들과 달랐다. 이렇게 말씀하시는

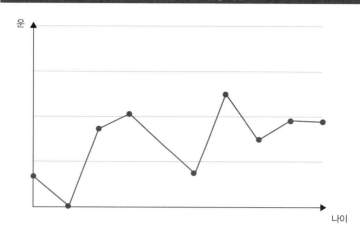

거였다.

"잘할 수 있잖아? 그렇지?"

눈을 마주쳐도 내게 불리한 일이 생기지 않는, 괜찮을 수 있는 선생님이 생겼다. 나로선 믿기가 어려운 행운이었다. 선생님과 마주할 때면 "어때?", "잘되냐?"는 질문을 들을 수 있었다. 그렇게 조금씩 나의 평범한 학교생활이 남들보다 늦게 시작되었다.

고교 동창들을 만나 그때의 이야기를 꺼내면 "그게 뭐? 어쨌다고?"라는 식의 반응이다. 그들에겐 그게 당연하였으니. 하지만 나로선 처음으로 따뜻한 응원과 관심을 보여준 선생님이었다. 선생님을 통해 '내가 괜찮은 존재'라는 느낌을 마치 신대륙을 발견한 것처럼 맛보게 되었다.

뒤늦게 공부를 시작했다. 대학에 진학했고, 신문기자로 사회에 진출했다. 많은 사람을 만났고 여러 가지 스타일의 글을 쓰며 경험을 쌓았다. 어쩌다 전업 작가가 되어 마주친 '반짝 행운' 덕에 여러 권의 베스트셀러를 냈다. 물론 그렇게 살아오는 과정에서도 굳은살처럼 박인 열등감과 피해의식, '재섭님'이란 본질은 어쩔 수 없어 행운과 불운을 극단적으로 오가는 인생 그래프를 그려왔다.

만약 그때 선생님을 만나지 못했더라면, 그래서 내 삶의 경로가 바뀌지 않았더라면 나는 지금의 내가 될 수 있었을까? 그런 생각이 가끔 든다. 선생님과는 지금도 인연을 이어가고 있다.

나는 '하와이 카우아이섬 조사 스토리'를 매우 좋아한다. 이 섬은 1950년대에는 '최악의 인생 집합소' 같았단다. 미국의 심리학자 에미 워너 박사팀이 이 섬에서 1955년에 출생한 사람들을 40년간에 걸쳐 조사한 결과, 열악한 환경에서 자라난 이들 대부분이 알코올과 마약중독, 정신병, 폭력 등의 악순환을 거듭했다. 그러나 일부는 가혹한 환경에서도 건실하게 성장해 행복하게 살고 있었다. 그들의 공통점은 '곁에 누군가 있었다'는 것이다. 즉, 자신을 믿어주고 사랑해주는 사람 말이다. 조부모나 부모 중 한 분, 친척 어른, 하다못해 이웃 아주머니라도. 조사 결과는 이렇게 요약된다.

'사람은, 자신을 알아주는 단 한 사람만 있어도 그를 기댈 언덕 삼아 어떻게든 살아간다.'

성취든 실패든, 우리가 만나는 일생의 사건들은 누군가와의 인연으로 빚어진다. 가장 고마운 인연이란, 나에게 관심을 가져주고, 내가 어려울 때 손 내밀어주는 사람이 아닐까. 행운은 그 손을 마주 잡는 순간 시작된다.

3
얼굴도 모르는 나의 행운 천사

때로는 의외의 사람들이 나를 행운의 길로 인도한다. 다양한 사람이 어우러지며 일으키는 물리·화학적 반응들, 그 접점에서 나의 기회가 열린다.

스물여덟 살 때 W사에 취업한 게 '인생 행운 1번'이었다(연준혁). 그 인연으로 출판·콘텐츠 분야에 발을 딛게 되었다. 내 인생의 업이자, 평생의 밥줄이자, 성공으로 끌어 올려준 밧줄이었다.

당시 인문계열 졸업자들은 금융권(은행·증권·보험)에 취업하는 게 대세였다. 뚜렷한 자기 목표를 가진 아이들 외에는 망설임 없이 금융권에 우르르 몰려갔다. 월급도 많고 처우도 좋았다. 하지만 나는 금융권이 내키지 않았다. 그쪽에 취업했다고 한들, 적성에 맞지 않을뿐더러 보람도 찾지 못해 힘들어했을 것이다. 결과적으로 남들을 따라가지 않은 게 나에게 커다란 행운이 되었다. W사에 입사함으로써 행운의 첫 단추를 채웠다. 무엇보다도 그곳에서 내 인생 최고의 행운인 아내를 만났다. 아내는 입사 동기였다.

W사와의 인연은 '아는 이의 아는 이' 덕분이었다. 선배의 친구가 선배에게 'W사가 사람을 뽑는다'는 소식을 전했던 것이다. 당시는 W사가 다른 사업에 진출해 뜨기 전으로, 교육 콘텐츠에 집중하던 시기였다.

채용 시험에 합격해 W사에 다니게 됐다. 선배의 친구분은 나와 일면식도 없는 사이였다. 그가 '행운 천사'가 되어준 덕에 내 인생에 맞는 방향을 잡아 현재에 이르렀다. 그럼에도 아직껏 그분을 만나본 적이 없다. 사람들은 '희한한 일'이라며 고개를 갸우뚱한다. 그렇기에 우연이고 인연일 것이다. 나에게 우연히 영향을 주었지만, 만날 인연은 아니었나 보다.

나의 경험이 희한한 건 아니었다. 존 크럼볼츠 교수가 발표한 '계획된 우연 이론Planned Happenstance Theory'에도 나온다. 교수는 수백 명에 이르는 직장인을 상대로 분석한 결과, 우연이 경력에 상당한 영향을 준다는 결론에 이르렀다. 누군가에게 전해 들은 이야기나 소개로 인해 진로를 선택하거나 바꾸는 경험에 대한 실증 연구였다. 크럼볼츠는 기회로 이어지는 인연이 '친한 사이'보다는 '잘 모르는 사람'에게서 비롯되는 경우가 많다고 분석했다.

운이 이처럼 남을 통해 받는 것이고, 때로는 얼굴도 모르는 천사에게서 기회를 얻을 수 있다면, 어떤 사람이 운이 좋은 사람일까? '곧바로 뇌리에 떠오르는 사람'일 것이다. 부담 없이 추천할 정도로 믿을 만한 사람. 소개의 책임이 뒤따르는 일자리를 주선하는 경우라면, 장단점을 훤히 아는 가까운 이보다는 그럭저럭 평판이 좋은 사람에게 먼저 제안할 가능성이 높겠다.

W사에서 콘텐츠를 기획하는 일이 나의 적성에 맞았고 결과도 만족스러웠다. 사람들에게 쌓인 나의 평판이 그 후 나의 인생행로에 징검다리가 되어주었다. 행운이 나에게 선사해준 계단형 우상향 인생 그래프가 이 시기부터 특징을 드러낸다.

바쁘게 살다 보면 스쳐 지나가는 사람이 대부분이겠으나, 어떤 인연도 함부로 대해선 안 된다는 걸 경험으로 배웠다. 언제 어디서 어떤 모습으로 다시 만날지 알 수 없다. '괜찮은 사람', '믿을 만한 사람'이라는 평판이 나의 커다란 사회적 자본이라는 깨달음을 나이 한 살 더 먹을 때마다 깊이 되새긴다.

'나를 힘들게 했으니 퇴사할 때 멋지게 복수해주겠다'는 투의 다짐을 들을 때마다 한사코 말리는 이유이기도 하다. 물론 대개는 장난으로 하는 말일 것이다. 그런 농담할 때 사이다 한 잔 마신 듯 속이 뻥 뚫린다는 것도 이해한다. 그러나 실행으로 옮기는 순간 회사에 남는 미운 사람들보다 떠나는 자신에게 더 큰 피해를 초래할 수 있다. 이왕이면 뒷모습까지 괜찮은 인상으로 기억되는 마무리가 좋다고 본다.

사람 사이를 잇는 행운의 연결 고리라는 게, 한편으로는 내가 하기에 달려 있다는 측면도 이런 점에서 옳다. 나의 언행이나 성취가 다른 사람들에게 긍정적으로 받아들여져 더 멀리까지 전파되고, 언젠가 그걸 내가 다른 형태로 돌려받게 되는 우연이 생기니 말이다. 친하지 않은 이의 성공도 함께 기뻐하고, 경쟁자의 실패에 아쉬움과 슬픔을 나누는 성숙한 인격까지 뒷받침되면 좋겠다.

좋은 우연을 불러들이는 데 중요한 것은 관계와 신뢰의 조합이다. 특히, 신뢰가 중요하다! 발이 아무리 넓고 아는 이가 많다고 해도 신뢰를 얻지 못한다면 좋은 우연을 만날 수 없다. 그러니 스치는 인연일지언정 허투루 넘길 게 아니다.

4
내 인생의 흐름이 바뀌려는 순간

　하루하루가 답답하기만 하고 견디기 힘들다면 인생에 변화가 필요한 시점이라고 봐야 한다. 일본의 석학 오마에 겐이치에 따르면 삶을 바꾸는 방법에는 세 가지 선택지가 있다. 첫 번째는 시간을 달리 쓰는 것, 두 번째는 사는 곳을 바꾸는 것, 마지막으로 새로운 사람을 사귀는 것이다. 물론, 이 중에 어떤 선택이든 '나를 알아가며 내 인생을 살아간다'는 핵심을 놓쳐선 안 된다.

　얼마 전, 모임에서 들었던 재밌는 이야기가 하나 있다. 사는 곳을 바꾼 사례에 해당하는 이직에 대한 이야기다.

　김 대리(편의상 이렇게 부르자)가 고민 끝에 퇴사를 결심했을 때 주변 사람들이 말렸다. 남들이 보기에는 좋은 회사였다. 하지만 당사자는 뭔가가 쌓인다기보다 소진된다는 느낌이 들었다. 안 맞는 곳에서 안 맞는 일을 하기 때문이라는 걸 알았다. 경쟁적으로 자기 어필하는 동료들 속에서 지내는 게 그에겐 고통이었다. 다시 구직자 신세가 되었으나 마음은 홀가분했고 이제야 산뜻하게 출발할 수 있겠다는 생각이 들었단다.

삶의 흐름이 바뀐다는 느낌이 아마도 이런 것일 터다. 운세 전문가들의 말로는 "맞지 않는 인연이 정리되고 어지간한 일들이 해볼 만하게 느껴진다"고 한다. 김 대리도 그랬다. 지원서를 넣은 회사와 면접 약속이 잡히면, 결과가 좋지 않을지언정 시도는 해봐야겠다는 심정으로 가뿐하게 나갔다. 연이어 탈락했지만 그럼에도 잘 풀릴 것이라는 자신감은 여전했다.

여섯 번째 도전 때 대기업 현직자와 나란히 면접을 치렀다. 경쟁자가 영국 대학 교환학생 경력에 기업 공모전 수상, 직무 경험까지 모든 면에서 유리해 보였다. 우호적인 질문을 독차지하고는 거침없이 대답하는 그를 보며 김 대리는 마음을 내려놓았다. '하… 이번에도 탈락이구나' 싶었지만 속은 편했다. 예의상 던져주는 뉘앙스의 질문에도 조곤조곤 대답할 수 있었다.

다른 곳 면접을 준비하는 중에 그 회사에서 채용이 결정됐다는 연락이 왔다. 뭔가 착오가 있는 게 아닐까 했는데 회사는 진심이었다. '살다 보니 이런 일이 다 있네' 싶었다.

필요 서류를 제출하러 방문했다가 인사팀 담당에게 "이게 대체 어떻게 된 일이냐?"고 물어보았다. 담당자도 질문의 의미를 바로 알아들었다. 김 대리의 직속 상사가 될 팀장이 그렇게 고집을 부렸다는 힌트를 주었다. 입사 후에 그 이유를 팀장 본인에게 직접 들었다.

"딴짓 안 하고 일만 열심히 할 것 같아서 그랬지. 당신 묵묵히 맡은 일을 우선으로 해내는 스타일이지?"

얼마 지나지 않아 자초지종까지 알게 됐다. 사내 지원 업무 특성상 다른 부서와 갈등을 빚을 때가 있는데 전임자의 활발함이 지나쳤던 탓에 여러 가지 문제가 있었다는 거였다. 이 같은 속사정이 김 대리에게 행운으로 작용했다.

어느 회사나 비슷한 부분이 있다. 인사 담당자든 실무 책임자든 '잘못된 고용만은 피해야 한다'는 절박함이 '최고의 인재여야 한다'는 기준을 앞설 때가 의외로 많다. 채용에 모험을 하지 않으려는 이유다. 조직의 특성에 따라 다르겠지만, 난처한 질문에 얼굴색 하나 변하지 않는 달변가보다는 귀까지 빨개져 더듬거리는 지원자를 선호하는 분위기도 없지 않다.

김 대리의 스토리에는 또 한 번의 반전이 있었다. 석 달가량 지났을 무렵, 회식 자리에서 팀장이 대기업 현직자를 거부했던 심경을 털어놨던 것이다.

"그 뺀질이, 옛날 남친을 닮아서 괜히 싫더라고. 그 자식 몇 번을 헤어졌다가 다시 만났는데 마지막까지 얼마나 짜증나게 굴던지….."

농담으로 말했으나 절반 이상 진심이었음을 짐작할 수 있었다.

'회사 차원의 채용인데 설마 그랬을까?' 싶을 수도 있다. 그러나 지구촌 어디를 가나 이와 크게 다르지 않다고 봐야 한다. 모두가 겉으론 이성적이고 합리적인 척하지만, 막상 결정을 내릴 때는 바위만큼 단단한 선입견과 편견을 한점 망설임 없이 선택한다. 중저음 목소리라고 가산점을 주는 사람이 있는가 하면, 곱슬머리나 옅은 색 눈동자를 자신의 취향이 아니라는 이유로 싫어하는 이도 있다. 인종이나 성별, 지역, 출신학교에 대한 호불호는 말할 것도 없다.

약간의 과장을 보태면, 그 회사의 채용은 김 대리를 위한 맞춤형이었다. 여러 사람이 마치 각본에 있는 것처럼 각자의 역할을 해냈다. '나대다가' 말썽을 빚은 전임자에, '맡은 일을 우선으로 해낼 것 같은' 김 대리를 고집한 팀장, '옛 남친을 연상시켜 비호감 낙인 찍힌' 면접 경쟁자, '화려한 인재'를 포기하기로 한 인사팀의 양보까지.

이 책을 쓰기 전의 우리 두 사람은 '운이란 환상 혹은 미신 나부랭이'라는 생각을 갖고 있었다. 때로는 운 좋게 기회를 잡은 사람들을 경멸하기도 했다. "어쩌다가 그렇게 되었을 뿐인데 무슨 의미가 있어?" 하고 말이다. 하지만 세상살이 경험에 내 생각의 모서리가 닳았는지, 콘크리트 같던 신념에 균열이 생기는 걸 불편한 마음으로 인정할 수밖에 없었다. 그저 우연일 뿐이라고 일축하기에는, 우연에 우연이 이어지며 인생 흐름이 바뀌는 경우가 너무나도 많았다. 노벨 경제학상 수상자 대니얼 카너먼 교수조차 "모든 성공담에는 운이 큰 역할을 한다"고 생각날 때마다 언급한단다.

우리가 따져보지 않을 뿐, 주변의 행운 가운데 상당수가 김 대리의 경우와 비슷하지 않을까 싶다.

어쩐지 예전과 다른 기분을 느낄 때가 많다면, 나만을 위한 행운이 준비되고 있을 가능성이 있다. 삶은 이럴 때 내가 어떤 선택을 내리느냐에 따라 달라진다.

5
행운은 양날의 검

6학년 때 반 석차가 10위권 밖까지 떨어졌다(연준혁). 이해할 수 없는 일이었다. 알아봤더니 담임 선생님이 우리 반 아이들을 열 명가량 모아서 비밀과외를 하고 있었다. 기출문제 중에 시험 문제가 다수 포함되었단다. 과외를 하지 않는 나로선 당해낼 재간이 없었다. 요즘에는 있을 수 없는 일이지만 당시에는 그런 선생님이 간혹 있었다. '내가 분연히 일어나 문제를 제기하고, 담임 선생님의 사과로 일이 마무리되었다'면 멋진 일이었겠지만… 어머니를 졸라 나도 그 과외에 꼈다. 석차가 다시 올랐다. 어릴 때는 몹시 지질했다고 앞에서도 고백했다.

당시 우리 반에 똑똑하지만 집안이 가난했던 아이가 있었다. 그 애는 나중에 비밀과외의 진상을 알았던 모양이다. 과외수업을 받는 집에 돌을 던지고는 달아났다.

시간이 흘러 이후 나는 대학에 진학했고 하고 싶은 역사나 사회과학 공부만 할 수 있는 자유로운 내 세상이 펼쳐진 것 같았다. 하지만 영화나 드라마도 그렇지 않은가. 멋진 장소에서 등장인물들끼리 웃고 즐기며 행복한 순간에 불안한 음악이 전조前兆처럼 깔리고 끔찍한 일이 벌어진다. 사실, 불행은 이미 곁에 와 있었다. 나는 '시대의 불운' 그 한복판으로 끌려 들어갔다. 전두환 군사독재 시절이었다.

계기는 과외수업 받던 집에 돌을 던지고 달아났던 그 친구였다. 시위 진압 경찰을 향해 돌을 던지는 그를 발견했다. 그러나 이번에는 그를 외면하지 못했다. 붙들린 그가 무참하게 당하는 모습을 보며 가만있을 수 없다고 결심했다. 지질했던 나에게 시련이 시작되었다.

'행운은 혼자 오지 않는다'는 말처럼 나중에 결과를 놓고 보면, 좌변과 우변 양쪽을 맞춰주는 경향이 있다고 한다. 회사가 주는 인센티브에서는 세금이 뭉텅이로 빠져나가고, 발탁 승진의 행운에는 기대의 몸집을 거인처럼 불린 실적의 압박이 따르기 마련이다.

나는 4학년 1학기 때 신문사 입사 시험에 합격했다(한상복). 입사 동기들이 재수, 삼수는 물론 다섯 살 연상, 아이 아빠까지 있던 걸 생각하면 횡재에 가까운 행운이었다. 여기까지는 좋았다. 내게 들른 행운이 정말로 나의 것이려면 그 이유를 입증해야 했다. 섣부른 성취가 독약이 되었다. 어리고 부족한 내가 보기에 세상은 대단한 사람들로 가득 차 있었다. 내가 몰랐던 게 너무 많아서 화가 났다. 다들 환하게 빛이 나는데 나만 옹색하고 초라해서. 그런 나라서 내가 뭘 해도 마음에 차지 않았다. 누가 호의로 한마디 해주면 그마저 나를 비웃는 의도로 들렸다. 밑에 깔렸다가는 또다시 어렸을 때처럼 지옥에 떨어질지도 모른다는 본능적 두려움이 나를 삼켜버렸는지도 모르겠다. 사실은 이런 감정과 생각이 불운의 전형적인 지표다.

그런 내가 나를 증명해 보이겠다고 선택한 방식은 무식하게 밀어붙이는 거였다. 온갖 곳을 쫓아다니다 보면 널리 인정받는 기회를 만나지 않을까 하는 '유치한 기대감'이기도 했다. 건강에 적신호가 켜졌는데도 행운을 과잉 섭취해 중독된 나는 무리한 생활을 멈추지 않았다. 결국 행운은 온전히 나의 것일 수가 없었다. 대학병원에서 11시간의 대수술을 받고 여섯 달 휴직을 했다. 지금까지 후유증에 시달린다.

인류의 모든 위대한 스승들이 그토록 강조했던, 거룩하지만 매우 간단한 교훈 '까불면 혼난다'를 나는 힘들여 죽음의 문턱까지 가서 깨달았다. 그 이후에도 어쩌다 행운을 만나면, 예외 없이 이어지는 불운의 세례를 받았다. 아파서 입원하거나 큰 손해를 보거나.

행운은 '양날의 검'이다. 좋은 운이므로 당연히 이익을 주지만, 갑작스럽게 상황이 바뀌는 순간, 나에게 돌연 커다란 해를 끼칠수도 있는 두 얼굴이다. 나를 일으켜 세워준 행운을 또 다른 관점으로도 봐야 하는 아이러니다. 그러니까 우리는 행운만큼이나 불운에 대해서도 관심 있게 자주 들여다보아야 한다. 좋은 흐름을 이어가는 사람들은 그 점을 이미 알고 있다. 행운을 맞이했을 때의 관리와 대처가 이후의 불운을 견디는 준비로 이어진다.

행운 직후의 불운에 대응하는 법을 스티브 도나휴의 《사막을 건너는 여섯 가지 방법》을 통해 배울 수 있다. 내용 중에 사막횡단용 SUV가 프슈프슈(사막의 미세한 가루모래로 이뤄진 웅덩이)에 빠지자, 거침없이 달려온 이 특수자동차가 무용지물로 전락하는 장면이 나온다. 빠져나오려고 가속 페달을 밟을수록 타이어는 모래 웅덩이 밑으로 파고든다. 점점 깊이 가라앉을 뿐이다.

도나휴는 "냉정하게 판단해 타이어의 바람부터 빼야 한다"고 노하우를 전한다. 오도 가도 못해 목숨을 잃는 것보다는, 타이어를 희생해 위기에서 벗어나는 게 옳은 선택이라는 것이다. 공기를 빼내어 접지면적이 늘어난 타이어는 지옥 모래를 박차고 탈출에 성공한다. 타이어에서 바람을 빼는 선택은 그간 나를 성공으로 이끌어주었던 노력과 노하우, 고집 등을 모두 내려놓아야 한다는 의미이다.

행운을 맞이했다면 성공의 고양감에 취하기보다는 곧이어 찾아올 시련에 흔들리지 않을 준비부터 해놓는 게 가장 확실한 '성공 이어가기'다. 깊은 바닷속만큼 고요한 마음으로.

6
노력과 운과 성공

수학능력시험 전국 수석! 대한민국 국민 중에 상당수는 이를 인생 초반부 최고의 성공이자 영예로 꼽는 데 주저하지 않을 것이다. 그들만의 독특한 뭔가가 있을성싶지만 정작 '공부의 신들'이 말하는 수석의 비결은 대동소이하다.

"개념을 튼튼하게 공부했고 기출문제를 꼼꼼하게 분석했다"는 정도다. "수업에 집중했으며 잠은 충분히 잤다"는 고백도 김밥의 단무지처럼 꼭 들어간다. "운이 좋았던 덕분"이라는 인터뷰 기사를 본 적이 없다. 설령 '운발'이라고 털어놓은들 미디어가 제목을 그렇게 뽑을 리도 없다. 어쨌거나 노력과 실력만으로 기록한 전국 1등이어야 하는 것이다.

하지만 수능 전국 1위가 과연 노력만의 소산이라고 할 수 있을까? 전국의 고등학교가 2,300여 개에 달하므로 이들 학교의 전교 1등만 줄잡아 2,000명이 넘는다. 추리고 추려내어 주요 지역의 공부 잘하기로 소문난 고3 학생과 N수생만 헤아려도 최소 수백 명에 이른다. 이들 대부분이 시험 당일 컨디션이 좋아서, 취약 과목이 쉽게 출제되는 바람에, 헷갈렸던 문제를 잘 찍어서 등등의 이유로 전국 1등을 차지할 저력을 갖고 있다고 해도 무리는 없을 것이다. 이른바 최상위 1퍼센트 학생들끼리의 경쟁이다. 미세한 차이로 결과가 갈리는 이런 경쟁에서 어디까지가 실력이고, 어디부터가 그날의 운일까?

성공과 실패의 경험을 숱하게 오가다 보면 알게 되는 진실이 있다. 노력 그 자체가 성공을 보장하지 않는다는 점이다. 노력은 필요조건일 뿐, 필요충분조건은 아니다. 역사 속 장면들을 봐도 그렇다. 성공 신화는 대개 영웅의 능력과 리더십에 초점을 맞춘다. 하지만 자세히 들여다보면 또 다른 맥락이 드러난다.

영웅이 아무리 신출귀몰 능력을 발휘했다 해도 운이 따르지 않았더라면 실패로 돌아갔을 장면들이 허다하다. 이순신 장군만 해도 그렇다. 퇴계 이황의 제자 정탁의 '맞춤형 상소문'이 아니었더라면 선조에게 어이없이 목숨을 잃을 뻔했다. 정탁의 상소문은 '이순신의 쓸모'에 집중함으로써 장군을 시기했던 선조의 '죽이고야 말겠다'는 결심을 희석시키는 데 성공했다. 여기에 유성룡을 비롯한 충신들의 간언이 이어져 장군을 죽음의 위기로부터 구해낼 수 있었다.

기록을 남긴 옛사람들도 영웅이 결정적인 순간에는 행운에 힘입었음을 인식하고 있었다. 오죽하면 필승의 책략을 수록했다는 《손자병법》에도 이런 대목이 나온다.

"용장勇將(용감한 장수)은 지장智將(지혜로운 장수)을 이기지 못하고, 지장은 덕장德將(덕이 있는 장수)을 이기지 못하고, 덕장은 복장福將(복이 많은 장수)을 이기지 못한다(사실 손자병법에는 덕장까지만 나오고 복장은 후대에 덧붙여진 글이다)."

모든 조건을 다 갖춘 장군일지라도 단 하나, 운이 따르지 않는다면 승리하기 어렵다는 뜻이다.

역대 수능에서 수석을 차지했던 이들 모두가 학습 능력이 뛰어나고 성취동기가 유달리 강하며 끈기와 노력의 정도에서 누구에게도 뒤지지 않았으리라는 점은 분명하다. 하지만 이런 부분마저도 부모에게서 물려받은 두뇌와 집중력, 신체 능력, 인내심은 물론, 좀처럼 꺾이지 않는 의지와 성실한 습관 등 유전자와 생활환경의 조합에 상당 부분 기인한 것이라면? 워런 버핏이 언젠가 언급했던, 얼마나 좋은 조건에서 태어났느냐를 뜻하는 '난소 복권Ovarian Lottery'처럼 말이다. 경제적으로 여유 있는 집에서 태어나 인텔리 부모와 식사 때마다 지적인 대화를 나누는 게 일상이고, 좋은 학교에 다니며 비슷한 친구들과 어울려 공부했다면, 이런 환경이야말로 태어날 때 이미 복권에 당첨된 인생이 아닌가?

그럼에도 우리는 '노력'에서 답을 찾고 싶어 한다. 찬란하게 빛나는 모든 대상에 원인(노력)과 결과(성공)란 딱지를 붙여놓아야 살아갈 동력 또는 안심을 얻는다. 몸과 마음을 다 바쳐도 잘되리라는 보장이 없다면 희망이 없는 삶일 테니까.

프랑스의 위대한 사상가 몽테뉴도《수상록》에서 이렇게 말한다.

"행운과 불운이 최고의 권력이다. 인생은 대체로 우연의 결과이지만, 우리가 좌우할 수 있는 여지가 많다고 과대평가하는 편이 좋다. 눈앞에 닥친 일과 내일을 생각한다면 이런 생각이 최선이다."

난소 복권까지 감안하면 '운칠기삼運七技三'도 과하다고 본다. 운이 9, 즉 '운구기일運九技一' 정도가 맞지 않을까 싶다. 그러나 9의 운을, 1의 노력과 관리로도 충분히 끌어들이고 다룰 수 있다고 생각한다. 세상에 태어난 것은 나의 선택이 아니므로 '주어진 운명(국가와 지역, 집안, 성별 등)'으로 시작은 하지만 성장할수록 나의 의지에 따라 조금씩 자유로운 주체로 살아가게 된다.

'운구기일' 중에서 '1만큼의 노력과 관리'가 '슈퍼 1'일 수도 있다. 적어도 내 분야에서는. 내가 갈고 닦는 나의 1에 여러 사람이 어우러져 그 가능성을 기하급수적으로 뻥튀기시키는 게 행운의 방정식이다.

이런 관점은 에디슨의 "천재는 99퍼센트의 노력과 1퍼센트의 영감"이라는 말에서도 드러난다. 1퍼센트에 불과해 비중은 적어 보이지만 그 1퍼센트가 결정적 차이를 만들어낸다. 그 1퍼센트가 아니라면 '평범'의 범주에서 벗어나지 못할 수도 있는 것이다. 그러니 '나만의 1'을 위해 혹시 놓친 게 있는지 나 스스로를 자주 돌아보자.

　사족 하나. '닥치고 노력!'이 반드시 보상받을 거라는 굳은 믿음
보다는 지금 필요하니까, 혹은 재미있으니까 하고 있을 뿐이라고
생각하는 게 나만의 1을 잘 다루는 태도라고 한다. 9의 행운은 이
런 태도를 선호하는 경향이 뚜렷하다.

7
산수 계산으로 세상을 보지 않는다

'서울에 아파트 한 채를 장만하려면 월급을 한 푼도 안 쓰고 모아도 이삼십 년 걸린다'는 표현이 절망의 레토릭처럼 쓰인다. 이런 뉴스를 접할 때마다 한숨이 나올 수밖에 없다. '내 집 마련의 꿈'이 영글기도 전에 퍼렇게 질린다. 하지만 후배의 서울 아파트 입성기를 들어보면 산수 계산처럼 딱 떨어지는 과정은 아니다. '뼈 빠지게' 돈을 모아야 하는 대목은 실제로도 맞지만 '한 푼도 안 쓰고 모아도 이삼십 년' 정도는 아니었다.

후배의 출발점은 결혼을 앞두고 전셋집 마련하느라 바쁘게 다닌 것부터다. 직장생활로 모은 쥐뿔만큼도 안 되는 돈, 거기에다 양쪽 집의 도움 약간, 사내 복지기금이며 금융권 대출 등 모두 끌어다가 서울 근교에 전셋집을 마련하는 데 성공했다.

그 후로는 맞벌이로 원금과 이자 상환하느라 허덕이는 노예 생활이 이어졌다. 아기자기한 단꿈은커녕 빛바랜 헌 돈 같은 신혼생활이었다. 부부가 아무리 계산기를 두드려봐도 내 집 마련은 어차피 불가능한 '헛된 꿈' 같았다. 차라리 포기하고 여행이나 취미생활 하면서 사는 게 나은 선택이 아닐까 싶었다.

"내 집 마련, 다음 생에는 가능하겠지? 여기 아닌 곳에서 태어난다면."

농담하다가도 가끔은 걱정이 됐다. 어쨌든 빚은 갚아야 하니 말이다. 전세금까지 올려달라고 한다면… 생각만으로도 아득했다.

아이가 태어났을 즈음, 시골의 부동산으로부터 전화가 왔다. 후배 명의의 땅을 좋은 값에 매입하겠다는 이야기였다. 외할아버지가 돌아가셨을 때 물려받은 임야였다. 후배의 어머니와 남매 명의로 쪼개어 받았지만 매년 재산세 2만 원을 내는 외에는 신경 써본일이 없었다. 왜 산다고 하는지 수소문한 결과, 가까운 곳에 신도시가 들어설 가능성이 있다는 정보를 들을 수 있었다. '돌아가신 할아버지 복권'에 당첨된 줄 알고 기뻐했다.

하지만 흥분은 금물. 매입하겠다는 가격이 실망스러웠다. 아내가 팔지 말자고 말렸다. 아이가 아직 어리니까 버텨보고, 나중에 땅값이 많이 오르면 그때 팔아서 더 넓은 전세로 옮기자는 거였다.

믿어볼 구석이 생기니 마음에 여유가 생겼다. 여유는 살아가는 태도와 직결된다. 대출금 갚으며 아이 키우는 생활을 이어갈 에너지가 생겼다. 바쁜 와중에도 부부간에 대화가 늘었고 서로 더 많이 이해하게 됐다. 후배의 말로는 "근거는 없지만 슬슬 풀려가는 느낌이 들었다"고 한다.

결국 후배는 결혼한 지 9년 만에 할아버지 복권을 현금화했다. 그러나 기대했던 만큼 상당한 금액은 아니었다. 신도시의 입지가 멀리 떨어진 곳으로 정해진 결과였다. 그럼에도 좋은 소식은 있었다. 그사이에 아내가 더 좋은 직장으로 이직했고 부부의 상여금에 인센티브, 특별수당까지 나오는 족족 긁어모은 끝에 빚을 청산할 수 있게 된 것이다. 할아버지의 소박한 유산은 넓은 전세로 이사하는 데 긴요하게 쓰기로 했다.

진짜 복권은 그 이듬해에 엉뚱한 곳에서 터졌다. 아내의 회사가 상장에 성공, 주식시장에서 연일 고점을 경신하는 덕분에 아내의 우리사주가 목돈으로 뻥튀기된 것이다.

수학의 한 치 어긋남 없는 필연과는 달리, 현실에선 예상하기 어려울 만큼 우연과 변화가 난무한다. 성공도 계산의 범주를 넘어 변수와 인연을 만나 옆길로 새면서 시작된다. 그러니 '죽었다 깨어나도 안 된다'는 산수 계산에 미리 겁부터 먹을 이유가 없다. 어떤 도전이든 노력을 쏟으면 한편으로는 운의 영역으로 진입하는 것이다.

후배 가족은 초등학교가 단지 옆에 붙어 있는 대형 아파트촌으로 이사하기로 했다. 전세가 아닌 내 집으로. 빚을 청산한 지 얼마나 됐다고, 다시 빚쟁이로 돌아가게 됐지만 이번엔 그렇게까지 힘들지는 않을 것 같다. 어쨌거나 서울의 아파트 집주인이 됐다.

후배의 성공에는 돈을 모으며 부채를 갚는 계산 외에 낯선 흐름과 우연이 크게 작용했다. 신도시 계획으로 인한 땅값 상승의 부푼 꿈이 앞길을 환하게 밝혀주었고, 이에 따라 반복되는 일상에 지쳐 서로를 원망하는 함정을 피해 어려운 시기를 잘 넘길 수 있었다. 신도시는 물 건너갔어도 함께 잘 살아온 시간이 우리사주 뻥튀기의 행운을 안겨주었다.

'한 푼도 안 쓰고 몇 년'식의 산수 계산만 따지면, 온 세상이 막막하게 보인다. 하지만 시간을 투자라 생각하고 발을 내디디면 돈에 복리가 붙는 것처럼 운도 불어난다고 한다. 복리의 마법은 고물가 시대를 맞이해 그 의미가 많이 퇴색되었지만, 매일 조금씩 실천해 삶을 바꾸는 '인생 복리의 마법'은 여전히 강력하다. 산수 계산에선 불가능으로 보이는 막막함도 인생 복리가 불러들이는 행운을 만나면 달라진다.

키에르케고르는 "모험은 불안을 유발하지만, 모험하지 않으면 자아를 상실한다. 가장 큰 모험이야말로 나의 자아를 의식하는 것이다"라고 말했다.

막막한 앞날을 놓고 계산이 안 나온다고 쫄지 말자. 삶에는 정답이 없지만 살아가다 보면 어떻게든 풀린다. 살다 보면 살아진다.

8
전부 주지는 않기에

우리는 '정의로 뭉친 국대(국가대표) 연합'이다. 원래는 책을 쓰려고 힘을 합친 게 아니다. 둘이 공교롭게도 우주의 기운을 받은 '국가대표급 비체육인'이어서 이 신비롭고 특수한 능력을 잘 살려 나라와 인류를 널리 이롭게 하자는 뜻을 모았다. 정의의 사도들인 만큼, 일명 '다 가진 놈들'부터 힘을 합쳐 미워해주기로 했다. 이른바 잘생기고, 공부 잘하고, 돈 많고, 운동 만능인 녀석들 말이다(그건 솔직히 반칙 아닌가). 이 과업에 자신이 있었다. 하지만 집중력이 떨어져 옆길로 새는 바람에 이 책을 쓰게 됐다.

나는 사교육 쪽으로 빠졌더라면 사회탐구 강사로 대박 났을 거라고 이따금 자부한다(연준혁). 틀림없이 '연사탐'으로 불렸을 것이다. 학원명도 '기가스터디'나 '테라스터디' 정도로 정했을 것이다. 사회과목 점수로 서울대에 간 사람이다, 내가. 그때는 사회 분야(국사, 세계사 등 포함) 배점이 지금보다 높던 시절이었다. 국어 점수도 좋았다. 사회는 흔히 암기과목으로 오해하는데 사실은 이해가 중요한 분야다. 흐름을 꿰고 다양한 개념과 그 연관성을 파악하는 게 관건이다.

수학은 싫어했고 영어도 잘하는 편은 아니었다. 우리 집 아이들과 이야기하다가 요즘 수능 기준으론 서울 소재 대학도 어려웠을 거란 진실을 알게 됐다. 내가 잘났다기보다는 시대를 잘 타고났던 거다. 독재 시절에 입시 운은 좋았다. 정권의 교육 평준화 정책으로 사교육이 없던 점도 내게 유리했다.

그 시절에는 국가 공인 '비체육인 지표'가 있었다. 대입 체력장이었다. 이게 대학에 진학해 인문 분야를 공부하는 능력과 무슨 관계가 있는지는 모르겠다. 어쨌든 20점이 만점이었다(학력고사는 필기시험 320점에 체력장 20점, 총 340점 만점이었다). 턱걸이며 윗몸 일으키기, 던지기, 제자리 멀리뛰기, 100미터 달리기, 오래달리기 등이었는데 거의 모든 아이가 20점 만점을 받았다. 나는 최선을 다했으나 전교 꼴찌였다. 18점.

나는 '성골급 국대'였다(한상복). 체력장 전국 꼴찌, 16점. 우리 학교에 나와 동점자가 있었는데 그 친구는 어릴 적 소아마비를 앓아 장애가 있었다. 체력장은 시험 장소에 가서 출석만 하면 16점을 받았다. 그 친구는 출석 체크 후 집에 돌아갔고 나는 마지막 오래달리기까지 끝내고 16점을 받았다. 몸살이 나서 고생했다.

어릴 때부터 몸 쓰는 일이 가장 싫었다. 앉아서 공부 쪽이 아닌 활자를 보거나 먼 산을 보거나, 체육 수업이 없어지도록 비가 오기를 빌었다. 체력장은 오래달리기로 인한 사망 사건이 발생해 1993년을 마지막으로 폐지되었다. '국대 비체육인 공식 인증'이 사라진 셈이다.

각자무치角者無齒라는 말이 있다. 뿔이 멋진 동물에겐 날카로운 이빨이 없다는 뜻으로 '아무리 복을 타고나 행운을 누리는 이라도 전부 가질 수는 없다'는 비유다. 운동 잘하고 얼굴도 잘생겨서 여자들에게 인기가 높던 녀석들을 미워하다가, 그들 또한 제각각의 결핍으로 인해 우리와 크게 다를 바 없는 불만족 속에서 살아가고 있음을 알게 됐다. 흔히 '돈이 많으면 걱정할 게 뭐가 있을까?' 하고 생각하지만 가족 문제나 건강, 성격 등으로 고통받는 게 인생이기도 하다. 우리만 해도 정의감은 세계적인 부호급이지만 체력장 점수는 전교 꼴찌, 전국 꼴찌 아닌가.

원하는 것, 좋은 것, 그래서 선택한 것과 피하고 싶은 것, 싫은 것, 두려운 것 사이에 어떤 역학관계가 있는지 나 자신을 돌아보면 어느 순간 깨닫는 때가 온다.

'좋은 운'이라는 것은 싫은 일이 하나도 생기지 않게 막아낸다는 뜻이 아니라, 그로 인한 난처함이나 고통을 최소화한다는 의미에 가깝다. 어려움이 닥쳐오더라도 어떻게든 균형을 잡아 원만하게 이끌어가는 게 나의 과제다. 내가 가진 것과 갖지 못한 것을 조금씩 손보거나 비중을 조절해가며 관리하는 게 더 나은 사람, 더 좋은 사람이 되는 길이다.

그래서 우리 비체육인 콤비는 남들보다 확연히 떨어지는 건강을 조금 더 관리하며 살아간다. 부지런하게 움직이고 잘 쉬며 지낸다. 가만히 쉬는 건 무엇보다도 자신이 있다. 대단한 행운이 아닐 수 없다.

한편으로는 도전정신도 발휘한다. 늦었지만 스키를 배워보려다 포기… 했지만, 그 대신에 꾸준히 걷는다(연준혁). 동료들과 계획을 세워 서울의 도성길이나 골목을 매번 10~15킬로미터 정도 순례하고 동네에서도 매일 산책하러 다닌다.

무서워했던 수영과 자전거를 4전5기 끝에 익히는 데 성공했다(한상복). 장거리 달리기까지 연습해 '철인 3종 경기'에 출전해 좋은 성적을 거두는 걸 한 번 생각만 해보고 곧바로 포기했다.

알고 보니 내게 모자람이 많은 게 지극히 당연한 거였다. 비어 있는 부분은 조금이라도 채우고, 모난 부분은 둥그렇게 만들어 두루두루 원만하게 갈고 닦는 게 운이 좋은 삶이라는 걸 깨달았다. 이 정도는 어렵지 않다. 돈은 조금 덜 벌더라도 가족과 더 많은 시간을 함께 보내고, 일할 시간을 조금 덜어서 건강을 관리하는 데 보태는 정도면 된다. 체력장 16점을 맞을 만큼의 노력이면 누구나 할 수 있다.

9
타이밍, 모든 것이 맞아떨어지는 순간

무엇이든 때가 있다. 같은 방향을, 같은 속도로 간다 해도 타이밍에 따라 결과는 천양지차로 달라진다. 타이밍이 좋지 않다면 만족할 만한 결과를 얻기 어렵다. 운은 흐름이며 세勢에 올라타는 것이다. 내가 타고난 것에(복), 잘하는 것과 노력(덕), 좋은 인연과 유리한 흐름(운), 여기에 국면과 도움(세)이 합쳐지는 순간 크게 흥한다.

나의 동료가 만났던 행운을 보자('지은 님'이라고 하자). 지은 님은 또래에 비해 집을 일찍 샀다. 결혼해서 전세를 살다가 임신했을 때 오래전 결심을 떠올렸다. '내 아이는 내 집에서 낳겠다'던 자신과의 약속을 지키기로 했다. 남편에게 뜬금없이 "집 구경하러 갈까?" 물었더니 "그러자"는 대답이 돌아왔다. 집값이 상대적으로 낮은 서울 외곽을 골랐다. 교통 좋고, 아이 키우기도 괜찮은 환경이었다.

휴일에는 부동산이 쉰다는 사정도 모르고 무작정 갔는데 딱 한 곳, 문을 연 곳이 있었다. 퇴직 후 개업한 지 얼마 안 됐다는 분이 사장이었다. 급매로 나온 집이 마음에 들어왔다. 집주인이 이민을 떠난다는 거였다. 급매로 나와 시세보다 조금 쌌지만, 부부의 능력에 견줘 터무니없이 비싼 가격이었다. 그럼에도 어떻게든 해보기로 했다.

전세금에 모은 돈, 기타까지 합쳤더니 집값의 3분의 1 정도가 모였다. 양쪽 부모님께 혹시 도움을 줄 수 있는지 상의도 드려봤다. 반대란다. "아파트값이 떨어지고 있는데 왜 위험한 짓을 하느냐"는 거였다. 주변을 탈탈 털어 십시일반 빌려보니 얼추 절반까지는 계산이 나왔다. 나머지는 은행 대출을 받기로 했다.

누구나 '때'를 기다린다. 꼼꼼하게 준비하며 유심히 지켜본다. 하지만 때는 좀처럼 오지 않는다. 막상 때가 오더라도 혹시나 하는 마음에 다시 관망 상태로 돌아가는 게 사람 심리다.

은행 대출금을 금방 갚을 수 있었다. 출산 후 근교의 친정 근처에 전세로 들어갔다. 아이가 자랄 때까지 어머니가 돌봐주기로 했다. 친정 부근 전세는 지은 님 동네의 절반 수준이었다. 서울 집을 전세 놓고 그 전세금을 받아서 대출금을 상환했다.

'때'는 그 이후에 본격적으로 펼쳐졌다. 아파트값이 강세로 돌아선 거였다. 집값과 전세값 모두 올랐다. 전세를 주었던 서울 집을 반전세로 돌렸다. 부부 맞벌이에 월세 소득까지 추가되니 돈을 모으는 속도가 빨라졌다.

'때'를 얻지 못하면 노력만으로 큰일을 이루기 어렵다. 삶을 바꿀 기회를 간발의 차이로 놓치기도 한다. 지은 님의 남편이 아끼던 후배가 그랬다. 남편이 몇 번이나 조언했다고 한다. "아파트 지금 사지 않으면 늦는다"라고. 후배는 "좁은 아파트보다는 넓은 집"이라며 신축빌라를 선택했다. 하지만 그 집은 오르지도 않고, 내놔도 팔리지도 않았다. 몰라서 그른 선택을 했던 것이다.

그러나 지은 님은 "우리 부부야말로 몰라서 할 수 있었다"고 말한다. 빠삭하게 공부해서 집을 사려 했다면, 이것저것 따지고 더 좋은 매물을 고르다가 허송세월했을 거란다. 면밀히 조사하다 보면 '알아보고 분석하는 일' 자체가 목적이 되는 경우가 있다. 지은 님은 몰라서 무모했고, 그래서 초심자의 행운을 만났다고 스스로를 분석했다. 일단 뛰어들고 시행착오로 배워가는 것이지, 한 번에 완벽한 행운(발바닥까지 기다렸다가 사서 머리카락 끝에서 파는) 그런 걸 기대하다가는 시작도 하지 못한다는 얘기다.

행운은 스스로 면밀한 분석을 해본 뒤에야 깨닫는 것이기도 하다. 지은 님은 "나중에 세상 물정을 알고 나니까, 나 스스로가 어떤 행운을 느닷없이 맞이했던 것인지 절감했다"라며 털어놓았다. 그 타이밍에 여러 일들이 일어났고, 그게 지은 님의 앞에서 하나로 합쳐진 거였다. 휴일에 문을 연 부동산, 딱 하나 급매로 싸게 나온 물건, 게다가 이민을 앞둔 집주인….

우리가 누리는 다른 행운도 마찬가지다. 나 혼자 잘해서 행운을 불러들인 것 같지만 하나씩 따져보면 여러 사람이 이 행운을 위해 함께 움직여준 게 드러난다.

지은 님의 내 집 마련은 은행에서 브레이크가 걸렸다. 부부는 집을 산다고 하면, 당연히 대출해줄 줄 알았다. 그러나 막상 은행에 갔더니 "직장 경력도 몇 년 안 된 사람들을 뭘 믿고 빌려주냐"는 식이었다. 얘기를 들은 부동산 사장이 "정말 아무것도 모르는군요?"하며 한바탕 웃었다. 그가 중간에서 집주인을 설득해주었다. 계약금을 건네며 명의이전을 받기로 했다. 명의를 바꾼 집을 담보로 은행 융자를 받는 데 성공했다.

아무것도 모르는 부부가 집을 사러 나섰다가 사기꾼에게 덜컥 걸리지 않은 것만 해도 큰 행운이었다. 그 수준을 넘어 절묘한 타이밍에 귀한 인연을 겹으로 만났다. 사업을 시작한 지 얼마 안 된 부동산 사장이 선량한 마음으로 중재에 나섰다. 이민을 앞둔 집주인 역시 젊은 부부를 좋게 봐주어 명의부터 이전해주었다. 두 사람의 행운 천사라고 할 수 있다. 이제는 부동산깨나 알게 된 지은 님도 "그분들이 뭘 믿고 그렇게까지 해주었는지 요즘도 가끔 생각이 난다"라고 말한다.

행운은 알고 보면, 모든 것이 빈틈없이 톱니바퀴처럼 맞물릴 때 나타난다. '한 사람의 행운을 위해선 우주가 움직여줘야 한다'는 주장도 틀린 게 아니다.

예전에 내가 만났던 집주인이 생각났다. 집 곳곳에 문제가 많아 수리가 필요한 상황이었다. 그런데 자기들은 이미 이사를 나가 놓고도 열쇠를 주지 않는 거였다. 나로선 이쪽 잔금을 받아야 줄 수 있는 사정이었으므로 "하자 수리만 먼저 하겠다"며 거듭 부탁했지만 싸늘하게 거부당했다. 살림이 들어간 후에 공사를 하느라 몇 배로 고생했다.

지은 님의 행운은 내 집 마련에서 그치지 않았다. 그와 남편 명의로 아파트가 모두 네 채다. 월세를 세 군데서 받는다. 그런 불의를, 정의감 빼면 시체인 내가 그냥 넘어갈 수 없었다. 엄중하게 따져 물었다.

"있는 사람이 그렇게 집을 다 차지하는 바람에, 집이 부족하고 집값이 올라서 더 문제가 되는 것 아닙니까."

지은 님이 내게 물었다.

"집을 빌려주는 사람이 없으면, 서울로 진학하거나 결혼하는데 돈이 부족한 사람은 어떻게 해요?"

그게 아닌데…. 그런 차원이 아니지 않나?

지은 님이 묻지 않은 것까지 대답했다.

"세 놓은 집들, 전부 임대사업자 등록해서 세금도 빠짐없이 잘 내고 있어요."

분했다. 다음 날 아침에 목이 말라 냉장고를 열어보니 즐비했던 맥주캔이 모조리 실종되고 없었다. 누가 범인인지 바로 알아챘다. 속이 두 배로 쓰렸다. 이유는 다음 장에 조금 쓰겠다.

지은 님처럼 좋은 타이밍에 올라가는 엘리베이터로 옮겨 타는 게 이른바 행운이다. 그 선택이 생각지 못했던 일로 이어지고 반가운 결과를 몇 배로 뺑튀기해준다. 좋은 타이밍이 언제인지, 우리가 미래를 내다보듯 알 수는 없다. 그래서 너무 일찍 시작했다가 안타깝게 망하는 경우가 종종 나온다. 그보다는 끝물에 들어갔다가 상투를 잡는 쪽이 훨씬 많지만.

꿈은 마냥 기다려야 할 신기루가 아니라 나의 실천으로 이루어질 미래의 현실이다. 그러니 너무 완벽한 때를 잡으려 하기보다는 내 마음의 소리에 귀를 기울여 용기 있게 실행에 옮기는 게 최선 아닐까 한다. 그것이 타이밍!

10
꾸준함은 행운을 놓치지 않는 재능이다

나도 아파트로 대박을 낼 뻔했던 사람이다. 2순위로 나왔던 신도시 희소 물량 여섯 채 가운데 하나에 당첨됐다. 입주 후 대출금을 모두 갚을 즈음, 이번에는 "아이 봐주겠다"는 장모님 찬스에 당첨되는 덕분에 그쪽 전세로 이사했다. 우리 집 전세 놓은 돈으로 그 동네에선 대형 평형대 전세를 구할 수 있었다. 넓고 편한 집에서 잘 살다 보니 우리 아파트값이 다섯 배쯤 올라 있었다.

'이 정도면 마이 무근 거 아이가?' 싶어 미련 없이 팔았다. 젠장! 지금은 스무 배 가까이 올랐다. 하지만 아내와 내가 오랫동안 염원했던, 우리 책을 전부 수납하며 각자의 작업 공간을 품은, 우리가 구상한 집을 한적하고 공기 좋은 곳에 마련해 살고 있으니 이걸로 만족한다.

다시 지은 님의 이야기를 해보겠다. 지은 님이 초등학교 시절

지방에 살던 가족은 아빠의 갑작스러운 이직으로 인해 서울의 주택 2층에 전세를 살게 됐다. 전학 간 학교에서 새로 사귄 친구들이 집에 놀러 왔다. 그중 하나가 대문의 문패를 보고는 말했다.

"어머! 얘네 전세야?"

문패의 성씨가 다른 걸 보고 알아챘던 모양이다. 어린 마음에는 그게 창피했다. 부끄러운 일이 아닌데 그때는 혼자만 다른 처지인 것 같아 상처받았다. 그것이 '내 아이는 꼭 내 집에서 태어나게 해줘야지'라는 자신과의 약속으로 이어졌다. 그 결심을 지켜냈고, 타이밍이 맞아 아파트 투자로 이어졌다. 서울에 세 채, 경기도에 한 채를 보유하고 있다.

첫 번째는 육아 때문에 이사 갔던 친정 부근에서 기회를 만났다. 어머니가 여윳돈으로 투자하고 싶다기에 근처의 작은 아파트를 모녀가 돈을 합쳐 구입했다. 그러나 어머니에게 목돈 쓸 일이 생기는 바람에 시세 상승분까지 감안해 돈을 빼드리고 지은 님 명의로 돌렸다. 그러고는 전세에서 월세로 전환했다. 상승기에 주변 시세가 많이 오른 데다, 얼마 전에 지하철이 개통된 역세권이어서 앞으로도 기대감이 크다.

행운은 타이밍이 맞다. 하지만 보다 근본적인 요구 항목이 있으니 '꾸준함'이다. 타이밍에 맞춰 그걸 새롭게 시작하는 게 아니다. 꾸준하게 해오던 일에서 변화가 일어나는 타이밍을 잡는 것이다. 또한 타이밍은 내가 오라 가라 할 수 없지만, 꾸준함은 내가 통제할 수 있는 나의 고유의 것이다. 그러니 '행운 맞이의 원천기술'이라 해도 과언은 아니다.

지은 님의 세 번째와 네 번째 투자는 서울 집으로 다시 이사 온 후에 이뤄졌다. 부동산 재테크 책들이 유행하던 시기였다. 그중에서도 '절대 사지 마라. 폭락한다'는 내용이 가장 유명세를 탔다. 지은 님은 양쪽 모두를 읽으면서 균형감 있게 공부했다. 그러다가 사야겠다는 쪽으로 결론을 내렸다. 강남에 투자하고 싶었지만 투자금이 부담스러워 이번에도 잘 아는 주변 지역으로 관심을 쏟았다. 세 번째는 급매로 나온 물건을 좋은 조건에 사들였다. 네 번째는 대세 상승기 초입에 막차를 탄 느낌으로 구매했다.

사람들이 "뻔한 소리"라고 욕하던 투자 지침서들이 도움이 되었다. 막연하게 남의 이야기로 읽는 것과 본인이 실제로 부딪혀가며 읽는 현실은 하늘과 땅 차이였다. 말 그대로 행간까지 절감하며 이해했다고 말한다.

어쩌다 마주친 행운은 근사해 보이지만 그 이후의 관리는 전혀 다르다. 특히 부동산 쪽은 좀처럼 특별한 일도, 짜릿하게 신이 날 일도 없다. 그보다는 지루한 일이 대부분이다. 매달 은행 대출 원리금을 갚거나 돈을 모아 전세 빼주고 반전세로 전환하는 계약 같은 것들. 인내심을 요구하는 일도 이어진다. 툭하면 공사비 들여 고쳐야 하고, 윗집 또는 아랫집과 누수 책임을 가리는 일들의 연속이다.

하지만 이렇게 쌓인 경험들이 다양한 일상사에 대한 분별력을 갖게 해준다. 또한 집주인으로서 여러 집을 관리하다 보니 확장된 일상의 영역에서 발생하는 여러 돌발 문제에 능숙하게 대처하는 자신감까지 키워주는 측면도 있다는 게 지은 님의 경험담이다. 그런 경험과 분석이 구조화되면 다른 사람들이 쉽게 접할 수 없는 인생의 다양한 가능성을 보고 이해하는 감각으로 이어지기도 한다.

이런 일도 있었다. 전세 들어오는 집의 아내가 먼저 이삿짐과 함께 도착해서는 "남편이 잔금을 가지고 곧 온다"며 열쇠(비밀번호)를 달라고 했다. 지은 님은 부동산과 상의한 결과 더 기다려보기로 했다. 하지만 아내의 기대와는 달리 남편은 끝내 나타나지 않았고 연락도 되지 않았다. 이번엔 지은 님이 누군가의 행운 천사가 되어줄 순간이었다. 울다 지친 아내에게 계약금을 고스란히 돌려주었다. 상대가 계약을 어겼으므로 내줄 이유는 없었다.

"경황이 없겠지만 이걸로 어디든 임시 거처라도 알아봐요."

나도 이야기를 듣고는 황당했다. 세상에 무슨 그런 일이 있단 말인가.

지은 님에게 소비 습관을 물어보았다. 재산이 많은 데다 수입 또한 맞벌이에 월세, 이자 소득까지 쌓이니 자금 여력이 상당할 터였다. 그의 대답은 "남들이 생각하는 만큼 쓰지는 않는다"는 쪽이었다. "옷이나 가방 같은 것으로 나를 보여주는 데에 관심이 없고, 적금이 끝나면 새로 또 하나 시작하는 재미, 그런 게 좋다"고 말한다. 그렇다고 수전노처럼 돈에 연연하지도 않는다. 그런 건 궁

상맞고 비참한 느낌이 들기 때문이다. 인내라는 표현 역시 좋아하지 않는다. '나에게 주는 선물' 투의 표현도 쓰지 않는다. 짬이 나면 계획을 짜서 국내든 해외든 여행을 간다. 여행을 좋아할 뿐, 목매는 정도도 아니다. 결핍을 느끼는 부분이 그다지 없다는 것이다.

이뤄낸 사람들은 자기 관리에 엄격할 거라고 여겨지는 경향이 있다. 하지만 당사자들은 의외로 별생각이 없다. '그냥 그렇게 하는 것'이다. 지은 님처럼 말이다.

매일 반복하는 삶, 이른바 '루틴'이다. 지루할 수도 있는 일과를 규칙적으로 이어가다 보면 마음이 안정되고 온화해진다. 그 과정이 소소한 즐거움으로 자리 잡는다. 일상에 마음을 쓰며 '꾸준히' 이어가기에 작은 변화도 예사롭게 지나치지 않는다. 행운 또한 그 과정에서 만나는 것 가운데 하나이다. 마음에 품고 있던 염원과 관심이 일상과 만나는 지점에서 인연이 되고 그걸 관리하며 키워가다 보면 그게 행운이 된다. 작가 로버트 콜리어의 "성공은 하루하루 반복해서 쏟는 작은 노력들의 총합"이라는 말처럼.

지은 님 이야기를 듣고 나서 꾸준함과 성실함이 주는 최고의 선물은 '안심'이라는 걸 알게 됐다. 매일 꾸준하게 살아가는 태도가 내일에 대한 불안을 잠재워주고 '이만큼 해냈으니 내일 역시 괜찮을 것'이라는 기대감을 갖게 한다. 좋은 흐름으로 이어지게 하는 성실함이 가져온 축복이다.

11
나를 알고, 나의 삶을 살아가는

스트레스에 예민한 동료가 있었다. 일이 안 풀릴 때마다 속이 뒤집혀 끼니를 걸렀고, 피부에 트러블까지 생기는 바람에 고생했다. 매일의 모습이 젓가락 들 힘조차 없어 보였다. 그런 사람이 회사를 그만두고 전업 주식 투자자가 됐다는 이야기를 들었다. 웬만큼 간이 큰 사람도 모니터에 뜬 파란색(주가 하락)을 보면 혈압이 오른다는데 하필이면 그걸 전업으로 한다니…. 그런데 당사자는 주식 투자에선 스트레스를 받지 않는단다. 믿기 어려웠다. 최근에는 한술 더 떠 초보자들을 위한 컨설팅까지 영역을 확대했다. 역시, 사람 일, 모르는 거였다.

삶이란 어찌 보면, 나를 알아가는 과정이기도 하다. 나 자신에 대해 의외로 알지 못하는 부분이 많다. 어떤 부분은 마음 깊은 곳에서 인정할 수 없어 무시하거나 부정하는 바람에 나의 문제로 여기지 않는다. 그리하여 내 인생을 살아가기 어려운 가장 큰 이유가 바로, 나 자신을 모르기 때문이다.

나를 안다는 것은 인생의 소중한 나침반을 가졌다는 의미다. 내가 어떤 사람이고, 주변은 물론 세상과 어떻게 어울리는지 아는 것이며, 내 생각과 감정, 행동을 검토할 수 있는 능력이며, 취향이나 호불호를 명확하게 인식한다는 것이다. 내가 아는 나로서, 납득할 만큼의 삶을 살아가고 있다면 그 자체가 이미 대단한 행운이다. 설령 나를 안다고 해도, 나 자신으로 살아간다는 게 쉬운 일은 아니기에 더욱 그렇다.

예전 직장에서 교류가 많았던 사람을 약 6년 만에 다시 만났다. "사모님은 건강하게 잘 지내시나요?" 하고 물었다가 후일담을 들을 수 있었다. 전에 들었던 오리지널 스토리는 아내와 딸의 갈등으로 살얼음판 위를 걸었다는 내용이었다.

발단은 딸이 어릴 때부터 모은 돈으로 엄마 몰래 대입 반수를 시작하면서였다. 그게 들통이 나서 난리가 났다. 딸은 경영학과 1학년이었다. 경영학을 권했던 엄마는 딸이 졸업 후 로스쿨에 진학하기를 기대하고 있었다. 하지만 딸은 교양과목을 고르다가 자기 적성을 확실하게 인식했다. 문과 적성이 아니었다.

엄마는 명문대 영문과 출신이었다. 딸이 초등학생 때 2년간 미국에서 함께 지냈다. 아이의 영어를 위한 유학이었다. 엄마도 커뮤니티 대학에서 공부했다. 하지만 아이가 따라주지 않아 미국 생활 내내 만족스럽지 못했다. 남편에게 불만을 털어놓곤 했다.

"다른 애들은 발표를 한마디라도 더 하려고 기를 쓰는데 얘는 입을 딱 다물고 버티는 거 있지?"

한국에 돌아온 뒤로는 토플 점수가 나오지 않아 대입에서 어학 특기자 전형을 준비할 수 없었다. 아이가 일부러 반항하는 게 아닌지 의심까지 들었다.

어쨌든 진로를 둘러싼 엄마와 딸의 신경전이 이어져 집안이 쑥 밭이 됐다. 급기야 아이가 가출 소동을 벌였다. 그가 아내를 설득해 재수를 돕기로 결정했다. 아이가 원하는 걸 할 수 있도록 지원하는 게 부모의 역할 아니겠냐는 결론이었다. 엄마가 오랫동안 딸에게 품었던 꿈(한국과 미국 양쪽에서 활약하는 로펌 변호사)은 물거품이 됐다.

상당수의 실패는 자신에 대해 무지한 데서 비롯된다. 내가 무엇을 좋아하는가, 어떤 일에 능숙하며 어디에는 소질이 없는가. 이런 부분만 알아도 삶이 앞으로 나아가는 느낌을 받을 수 있다.

나를 안다고 해도 다음 문제는 세상의 규칙이다. '세상에 맞춰 가며 살아가야 하는 나'와 '나 자신으로서 살아가는 나' 사이의 어디쯤 포지셔닝할 것인지. 특히 우리 사회에서는 '세상에 맞춰 살아가야 하는' 압력이 강해서 내가 진짜로 원하는 게 어떤 것인지 찾아내고 그 방향을 견지하기가 쉽지 않다.

딸과의 전쟁이 막을 내리자, 이번에는 엄마가 '마음 몸살'이 났다. 아내가 남편에게 마음속 이야기를 털어놓았다. 대략 이런 내용이었다.

"왜 그렇게 아이의 영어에 목숨을 걸었던 걸까. 미국에서 2년이나 살았는데도 토플 점수가 매번 그 모양이니 얼마나 속이 상하던지. 근데 생각해보니 옛날 내 모습이 떠오르더라. 영문과에서 정말 잘해보고 싶었는데 이상하게도 그게 맘처럼 안 되는 거야. 미국인 교수랑 마주하면 입이 떨어지지 않고. 다른 아이들이 신기했어. 두꺼운 원서를 사전도 없이 술술 읽는 모습을 보면 어떻게 저럴 수 있을까 싶더라."

그러다 떠오르는 장면이 있었단다. 왜 영문과를 선택했는지. 고등학교 입학했을 때, 아빠가 "영어교사가 되어라. 그걸 약속해야 서울 보내준다"는 조건을 걸었다. 그래서 서울로 올라오려고 더욱 기를 쓰고 공부했다. 사실, 영어보다는 수학을 잘했고, 물리며 화학, 지구과학도 재미있었다고 한다. 그때 왜 좋아하는 걸 이야기하지 못했는지, 어른들 시키는 대로 따랐는지 모르겠다고 회상했다. 아빠의 자랑, 영어 교사가 되면 그게 성공인 줄 아는 '말 잘 듣는 딸'이었고 성실하게 살아왔는데, 왜 이렇게밖에 안 됐는지 후회된다고 했다.

시키는 대로, 정해준 대로 따르다가 나중에는 원인도 이유도 잊은 채 '오로지 나의 노력이 부족해서'라고 결론 내고 스스로 채찍질하고, '내 삶 아닌 내 삶'이란 가시밭길을 걸었다. 부모가 되어서는 아이 인생에 쌍지팡이를 짚고 나섰다. 남편에, 아이에, 남들 걱정만 하고 살다 보니 스스로가 어떤 사람인지 발견할 기회를 여전히 만날 수 없었다. 딸의 반항이 공교롭게도 자신의 마음을 들여다보는 계기가 되었다. 왜 그토록 힘이 들었는지, 뭐든 만족스럽지 못했는지, 그 근본적인 이유를 찾아야 했다.

"나를 찾고 싶어. 그래서 나답게 살고 싶어."

지금 나는 행복한 삶을 살고 있는가? 그에 대한 대답을 얻기 위해선 내가 어떤 사람이며 무엇을 원하는지부터 알아야 한다. 상황이나 다른 사람들에 좌우되지 않는 본연의 나 말이다. 다양하게 시도해봐야 내 안의 나를 끌어낼 수 있다. 그런 시도들이 나의 가능성을 깨우고 각성의 즐거움을 선사한다. 그러다가 마음속에서 무한한 우주가 열린다. 그렇기에 '인생에서 가장 큰 행운이 나를 알아가는 것'이라고 하는 모양이다. 나의 취향부터 필요, 끌림, 바람(결핍), 감정에 이르기까지.

나를 알면 자연스레 내가 좋아하는 것, 관심 가는 일, 마음 맞는 사람이 내게 모여든다. 누군가와 자연스럽게 연결되며 기회의 새로운 문이 차례차례 열린다. 또한 나 자신을 이해하면 할수록 앞으로 닥쳐올 일들에 대한 근심이 줄어든다. 물론 우리는 죽을 때까지도 나 자신을 전부 알지는 못한다. 다만 지치지 않고 평생에 걸쳐 조금씩 깨달아갈 뿐이다. 삶은 그렇게 앞으로 나아간다.

행운과 함께 살아가는 핵심 키워드는 바로 '내가 왜 이러는지, 나를 이해하는 것'이다.

12
포기란, 다시 시작점에 설 수 있는 행운

앞선 동료 부인의 6년 전 스토리, 그 이후의 일을 이번에 새로 들었다. 그의 아내는 자기 삶을 찾아 새로운 여정에 나섰다. '꺾이지 않는 마음'을 동력 삼아 시작한 것, 그게 하필이면 또 영어였다. 집에서 영어 과외를 시작했다.

행운이 가까운 곳에서 '꾸준하게 하던 일'을 통해 만나는 것이라면, 불운 역시 크게 다르지 않다. 오래 접해왔다는 자신감에 '익숙한 일'을 선택하기 쉬우나 막상 그걸 '그 분야 프로의 세계'에서 접하면 전혀 다른 풍경이 펼쳐진다.

영어학원 수업을 따라가지 못해 과외를 찾아온 아이들을 붙잡아놓을 수 없었다. 목표한 단어들을 어떻게든 머릿속에 욱여넣어준다는, 과외 선생이 있다는 소문에 엄마들이 금세 그쪽으로 몰려갔다.

다음 시도는 번역가였다. 혼자 하는 일이니까 어렵지 않을 것 같았다. 인터넷에서 번역가 준비 모임을 찾아 오프라인 미팅에 나가보고는 실망했다. 영문 번역이 아닌 우리말 연구모임 같았다. 표현과 뉘앙스를 따지는 참석자들을 보자 대학 시절 기억이 떠올랐다. 영미 소설 수업 때 '작중 화자의 의식 흐름이 어쩌고' 하던. 고통스러웠다. 그때는 영어가 부족해서 그런 줄 알았는데….

"소설 쪽은 생각이 없다"라고 했더니 누군가 물어왔다.

"그럼 어떤 분야를…? 작업했던 원고 샘플들을 좀 보여줄 수 있어요?"

'무슨 소리지? 일거리를 받아야 번역하는 거 아닌가?'

혼자 외계인이 된 느낌이었다(소설가 지망생들이 습작을 쓰고 고치는 것처럼, 예비 번역가들 역시 비슷한 과정을 거치는데 그걸 몰랐다는 이야기인 듯싶다). 그녀는 "헛살았다"면서 한동안 자학했다고, 남편이 전했다.

내 생각에는 영어가 그녀의 '굵은 동아줄'이었기에 그처럼 집착했던 것 아닐까 한다. 동아줄 끝에 매달려 서울로 올라온 기억이 뇌리에 깊숙하게 박혔을 수 있다. 그걸 놓치는 공포란 가히 상상하고 싶지 않았을 터다. 누구든 근원적 공포에서 벗어날 수 없다. 아기 때 혼자 남겨졌음을 문득 깨닫고는 엄습한 두려움에 절박하게 울던 기억이라도 있을 것이다. 어떻게든 공포의 반대 방향으로 움직이려는 게 인간이다. 거부당할지도 모른다는 공포가 '어떻게 해야 내가 받아들여질까'를 발버둥치며 추구하게 만든다.

서울의 명문대 영문과에 다니는 자랑스러운 딸, 그러나 적성에 맞지 않은 수업이 힘겹고 고통스러웠던 영문학 전공자. 혼란 속에서 어떻게든 동아줄을 놓치고 싶지 않아 더더욱 힘을 주어 매달렸을 것이다. 결국 그녀의 영어와 관련된 자아 찾기는 중단되었다.

꾸준함이 행운으로 이어질 가능성이 희박해지는 시점이 언제인지, 어떻게 알 수 있을까? 조금만 더 버티다 보면 어떻게든 할 수 있을 것 같은 마음도 당연하다. 집착이 때로는 삶을 이어가는 동력이 되어주기도 한다. 하지만 '그래봤자 시간만 낭비'라는 생각의 빈도가 늘어난다면 그게 바로 신호일 수 있다.

웬만하면 포기해도 별다른 일이 일어나지 않는다. 해보고서 '내 것이 아님'을 알았다면 그것으로도 충분한 수확이 아닌가. "절대로 포기하지 마"보다는 "깨끗하게 승복합니다" 쪽이 때로는 더 가치 있다고 생각한다, 그쪽이 훨씬 현실감 있다. 왜냐하면 '나인 것'보다는 '나 아닌 것'이 세상에는 훨씬 많기 때문이다. 당연하다.

행운은 우연·재능·노력의 교차점에서 발생하므로 때로는 적절한 시점에 그만둘 때 또 다른 행운이 찾아오기도 한다.

그녀의 다음 선택은 엉뚱하게도 '공방 순례'였다. 목공으로 시작했다. 마치 교과서에 나온 것처럼 반상에 이어 의자를 손수 만들었는데 나무망치를 얼마나 달고 살았는지 팔 근육이 남편보다 단단해졌더란다. 남편은 팔씨름 내기를 했다면 아내에게 질 뻔했다고 농담했다.

그 나이의 도전이란 '인생의 다른 근육 써보기'와도 같기에, 수십 년간 안 썼던 근육을 써보는 과정에서 전혀 낯선 자신을 발견하는 시도일 수 있다. 실제로 그녀는 자신의 재능 하나를 찾아냈다. 한 치 오차 없는 정확한 작업을 좋아하며 꽤 잘한다는 거였다. 그걸 알고 나니, 마음속에 오랫동안 뭉쳐 있던 무엇인가가 스르르 녹아 풀리는 느낌이었단다.

목공을 그만두고 다음은 가죽 공방이었다. 남편의 명함 지갑에 딸의 필통이며 이어폰 케이스, 가족의 여권 케이스 등을 가죽으로 제작했다. 그러다가 먹는 분야로 점프해서 바리스타 공부를 했다. 커피를 종류별로 맛보고는 카페인 때문에 밤새 한숨도 못 자는 날이 많았다. 그 또한 프로가 되려는 것은 아니어서 즐거운 경험을 많이 했단다.

포기는 '선택의 불운한 엔딩'이겠으나 '다른 선택의 시작점'이기도 하다. 그게 반복되더라도, 우리를 앞으로는 이끌어준다. 어떤 시도든 중요한 건 '내 것이 아닌 것의 포기'다. 포기해야 나의 것을 찾는 새로운 시도에 나설 수 있다. 그런 시도야말로 아직 만나지 못한 나의 가능성을 끌어 올려주는 마중물 같은 것이니까.

영어 이후에는 편안한 포기의 행운이 줄줄이 이어졌다. 캘리그래피와 플루트처럼 두어 번 만에 포기한 것들까지 감안하면 헤아릴 수 없을 정도다. 골프나 수영 같은 건 운동 20분에 친목 다섯 시간, 주객전도에 자랑대회여서 '나를 찾는다'는 취지에 맞지 않왔단다.

남편이 궁금한 마음에 물었다.

"대체 뭘 하려고 그러는 거야?"

아내가 망설임 없이 대답했다.

"나는 원더러(방랑자)가 체질인 것 같은데… 그냥 더 방황해보면 안 될까?"

어떤 기술은 계획해서 익히기도 하지만, 또 어떤 감각이나 재능은 어느 순간 뒤늦게 깨닫게 되는 면이 있다. 오랜 세월을 방랑자처럼 떠돌다가 나중에야 발견해 정착하는 재능도 있는 것이다.

아내가 공방 순회 이후 발견했다는 재능을 보면 자로 잰 듯 정확도를 요하는 쪽이다. 빈틈없이 맞아떨어져야 하고, 작은 오차일지언정 허용하지 않겠다는 마음가짐. 그러니 영어나 영문학이 그리도 힘들었을 것이다. 그쪽은 정확성보다는, 뉘앙스와 느낌, 상상이 중요한 분야다. '신기하더라'는 영문과 친구들 때문에 위축됐다지만, 그 친구들은 그쪽 재능을 가진 것이었다. 각자 타고난 재능이 달랐을 뿐이다.

뒤늦게라도 그걸 알았다면 잘된 일이다. 오래전의 경험을 뒤늦게 재해석해도 여전히 성장의 자산이 된다. 어쨌거나 포기의 경험도 나 자신을 알아가는 소중한 시간이니까.

미래는 알 수 없다. 그의 아내가 다시 영어에 '삘'을 받아 관련된 뭔가를 해보겠다고 나설 수도 있겠다. 하지만 그렇더라도 그때에는 과거의 그녀와는 다른 사람이 되어 있을 가능성이 높다고 본다. 어떤 길을 가는지도 중요하지만, 그 못지않게 중요한 게 그 길을 걸으면서 우리가 어떤 사람이 되느냐이다.

영어는 그 아내의 이뤄지기 힘들었던 외사랑이었다(나의 경우로 역지사지해 본다면 수학이나 물리 정도 아닐까). 하지만 그녀는 그걸 끝끝내 자기 것으로 만들어보겠다고 발버둥을 치며 살아왔다. 대학 전공 4년에, 그 후로도 딸을 데리고 미국 유학, 영어 과외며 번역가 준비까지 거의 30년에 가까운 세월 동안. 그 인내와 불굴의 의지에 경의를 표한다. 성실했기에 더욱 힘겨웠을 테고 상처도 많이 받았을 거였다. 어떻게 그토록 오랜 세월을…. 마음이 숙연해졌다. 코끝이 매웠다.

이 글을 통해 꼭 전해주고 싶다. 당신의 행운은 다른 누군가의 간절한 바람도 아닌, 당신의 내면에서 시작하는 것이니, 당신이야말로 스스로 행운을 가져다주는 복덩어리리라고. 그러니까 그토록 무거웠던 짐, 당신이 아닌 모든 것들을 이제는 내려놓아도 된다고.

"홀가분하게. 포기해도 괜찮아요."

13
나를 알아가는 과정에서 만나는 행운

군 복무 시절, 거의 매일 배탈이 났다. 생존의 위협에서 살아남는 데 급급해 배탈에 시달리면서도 신경은 쓰지 못했다(보안대에 끌려가서 잘못 될까 봐 하루하루를 불안 속에서 살았다. 이 부분은 나중에 다시 언급하겠다). 제대 후에도 툭하면 탈이 나서 고생했다. 여러 병원을 전전하며 검사와 진단을 받았으나 매번 '문제가 없다'는 결론이었다. 납득할 수 없었다. 내 배 속에 대체 어떤 문제가 있는지 알아야 했다.

오랜 시간을 헤매다가 '나의 배 속 사정'을 한눈에 알아본 천사를 만났다. 큰 기대 없이 들렀던 한방병원에서 생각지도 못했던 관점을 접하게 된 거였다. 내가 '그렇게 생겨 먹은 것'이란다. 무슨 소리인가 싶었다. 그런데 수긍이 가는 부분이 있었다. 배가 찬 체질인 데다 스트레스에 취약하므로 따뜻함을 유지하도록 늘 신경을 써야 한단다. 진짜로 배가 다른 부위보다 차가운 느낌이 있었고 안 좋은 일이 생길 때마다 탈이 나곤 했다.

체질에 맞지 않는 찬 기운을 가진 음식을 삼가는 것만으로도 개선의 여지가 크다고 했다. 반신반의하며 시키는 대로 해봤더니 확실하게 효과가 있었다(육류, 뿌리채소가 내 체질에 맞고 어패류, 잎채소가 맞지 않다고 했다. 체질에 맞는 음식을 먹을 때 속은 편안했고, 체질에 맞지 않는 음식을 먹으면 어김없이 탈이 났다). 이렇게 관리하는 습관이 붙은 뒤로는 증상이 사라졌다. '족집게를 만났다'는 느낌이 이런 거구나 싶었다.

나 자신을 잘 안다고 생각하지만, 혼이 나고서야 뒤늦게 알게 되는 것들이 있다. 특히 내가 취약한 부분들, 타고났기에 근본까지는 바꿀 수는 없는 그런 것들 말이다. 그래서 평생 달고 살며 신경을 쓰고 관리해야 할 부분들이 그렇다. 그것들에 침식당하지 않고 그것들과 더불어 무리 없이 살아갈 수 있다면 이 또한 좋은 운을 누리는 셈이다.

몸뿐만 아니라 마음 역시 그렇다. 내 마음은 내가 잘 안다고 생각해왔다. 하지만 그것도 아니었다. 한동안 재수 없는 이(이 책을 함께 쓰는 사람 말고)와 어울려야 할 때가 있었다. 그는 억대 수입차며 명품 시계 같은 씀씀이를 연신 자랑해댔다. 듣고 있으면 귀에 고름이 날 것 같고 눈도 피곤했다. 몸을 뒤로 한껏 젖히고 턱을 치켜든 오만한 자세도 그렇고. 그를 만나는 게 힘들었다. 그럼에도 어쩔 수 없이 자주 봐야 하는 상황이었다. 고통스러워하다가 문득 융의 '그림자 이론'을 떠올렸다. 내가 끔찍하게 싫어하지만, 혹시 나에게도 그런 욕망이 어딘가에서 꿈틀거리기에, 하지만 겉으로 드러낼 수 없기에 마음이 괴롭고 힘든 것은 아닌지.

들끓던 미움의 에너지가 가라앉았다. 그럴 수도 있겠다는 생각이 들어서였다. 그 사람처럼 나대고 싶은 욕망, 그런 부류에 대한 혐오와 질시, 그렇게 하지도 못할 수줍은 나의 성정 등이 뒤엉키는 바람에 나의 무의식이 그 모순을 감당하기 어려웠던 것 같다. 그런 나를 알게 되는 순간 "그렇구나" 하고 납득했다. 혼란스럽던 마음이 비가 그친 뒤처럼 맑게 개었다. 이후 그 사람과 거리를 유지하면서 시간을 보낼 수 있었다. 하마터면 스트레스와 고통이 가중되는 것은 물론, 나의 표정에 드러난 혐오로 분란까지 빚어질 뻔했다.

이처럼 나의 이성과 감정의 충돌을 적절한 범위에서 수렴할 때가 있다. 그런 순간들을 겪으면서 나란 존재를 조금 더 이해하게 되었다. 나를 알수록 몸과 마음이 한결 편안해졌다.

대학원에 진학할까, 고심한 적이 있다. 포기한 게 매우 다행이라고 지금은 생각한다. 대학원에 들어갔더라면 한심한 꼴을 면치 못했을 것이다. 왜냐하면, 나란 인간이 호기심은 강하지만 끈기가 부족해 석박사 과정처럼 깊이 파고드는 공부를 해낼 그릇이 되지 못하기 때문이다. 하지만 그게 내 삶을 제약하는 요인만은 아니었다. 깊이는 떨어지는 대신, 수박 겉핥기식으로 잡다하게 망라하는 특성이 있으니 말이다. 스페셜리스트라기보다는 제너럴리스트 쪽인 것이다(이야기하다 보니 이 책을 쓰는 우리 두 사람 다 그랬다). 그럼에도 나 스스로에 관한 한, 스페셜리스트이고 싶었던 모양이다.

내가 어떤 사람인지, 나의 성향과 기질을 알아가는 과정에서 나의 행운들을 만났다. 내가 왜 이러는지 알아보기를 포기하지 않았기에 나의 배 속을 편하게 다스릴 수 있었다. 한방병원에 이르러 '그렇게 생겨 먹은 거'라는 말을 무시했더라면 어땠을까? 지금까지도 배탈을 달고 불편과 불만 속에서 살고 있지 않을까?

나를 되새겨보며 견디기 어려운 순간들을 버텨낼 수 있었고, 나 자신의 부족한 부분과 한계를 인식해 내게 맞지 않는 대학원 진학도 포기할 수 있었다. 내가 제너럴리스트임을 인식한 게 결국에는 커다란 행운으로 작용했다. 폭이 넓다는 접점이 각계의 전문가와 만날 때 '전체 윤곽 정도는 금세 알아듣는' 이점이 되어주었다. 전문적 소양은 턱도 없지만, 두루두루 대화 상대는 되니까 말이다. 다방면에 대한 관심도 분야에 치우치지 않은 책 기획에 큰 도움이 되었다.

나를 이해하고 나의 장단점을 분명하게 인식한다는 것은, 나의 스타일에 맞는 운의 생김새를 어느 정도는 구성해나갈 수 있음을 뜻한다. 나의 내면에서 행운 천사를 만나는 격이라고나 할까.

14
부모 잘 만난 행운과 불운

창업했다가 제대로 말아먹은 적이 있다. 버티면 만회할 기회가 올 거로 믿었지만 잠깐 사이에 어이없이 무너지고 말았다. 허탈하고 비참했다. 시작할 때는 '우리가 세상을 바꿀 수 있을 것' 같은 기세였다. 그러나 얼마 안 가 중요한 사실을 알게 되었다. 창업이란 결국은 돈 싸움이라는 것. 든든한 배경이 없다면 수익을 만들어낼 때까지 계속 투자받거나, 아니면 영혼까지 갈아 넣어 수익 창출을 해야 한다. 배경이 없는 보통 사람들에겐 넘기 힘든 벽이었다.

부모 잘 만나는 게 '인생 최고의 행운'이라는 점을 뼛속 깊이 느꼈다. 우리는 1루 출루하려고 세상의 난폭한 광속구에 뛰어들어 데드볼이라도 맞아야 할 판인데, 누구는 애초부터 3루에서 출발해 홈으로 걸어들어오는 인생이라니. 배경 좋은 경쟁자들은 튼

튼한 안전망 속의 다른 세상에서 살고 있었다. 망할까 봐 걱정할 이유가 없었고, 설령 망하더라도 수업료 조금 낸 셈 치는 분위기였다. '내가 저들처럼 돈이나 배경 있는 집안에서 태어났더라면 어땠을까' 하는 쓸데없는 상상은, 나 자신을 더 비참하게 만들 뿐이었다.

조금 다른 생각은 해본 적이 있다. '아버지는 왜 분당에서 농사를 짓지 않았던 겁니까?' 하는…. 아파트 대단지 사이의 광활한 밭에서 트랙터를 모는 재벌 농사꾼을 본 적이 있었다. 그 후로 딱 두 번 그 생각을 해봤다. 어떤 부모가 자식에게 좋은 것을 물려주고 싶지 않겠는가. 다만 우리의 부모님도 조부모님께 물려받은 삶에서 많이 벗어나지 못했던 것뿐이다.

그 후로 시간이 흘렀고, 앞서 말했던 '다 주지는 않는다'의 또 다른 진실을 알게 됐다.

부잣집에서 태어난 내 친구 하나는 결혼한 지 30년이 넘은 지금까지도 어머니로부터 "나는 그 애(친구의 아내)가 여전히 마음에 안 들어"라는 말을 자주 듣는다. 30년 내내 그의 아내는 이름도 없이 '그 애'로 불렸다. 어머니가 원하는 며느릿감이 아니었다는 이유다.

내가 아는 범주 안에서는 예외가 없었다. 생각해보면 그럴 만도 한 것이 많이 이룬 부모는 통제 욕구가 유난히 강했기에 성공했고, 그렇기에 그 성공을 이어갈 수 있었을 것이다. 문제는 이를 자식과 그의 가족에게도 발휘한다는 점이다.

명리학에서도 재물 운을 곧 통제력으로 본다. 그런 부모이니 자식의 문제까지 사사건건 통제하려고 의욕이 넘친다. 내 친구도 자기 인생의 운전대를 차지한 부모를 무기력하게 바라보며 옴짝달싹 못 하는 입장이다. 평생을 그렇게 살아왔고, 앞으로도 역시…. 상상만으로도 숨이 턱 막힐 것 같지 않은가.

'부모 복이 행운의 끝판왕'이라는 사실은 먹고사는 문제에만 그치지 않는다. 심지어 행복마저 '부모 복'에서 온다는, 기운 빠지게 하는 연구 결과도 있다.

미국의 심리학자 데이비드 리켄과 아우케 텔레겐은 "행복도 유전에 의해서 결정된다"는 연구 결과를 내놓았다. 유전자로 이어지는 행복의 요소가 44~52퍼센트에 이른다는 것이다. 문화적 환경까지 감안하면, 가족주의 성향이 매우 강한 동아시아의 경우 70퍼센트를 넘지 않을까, 생각해본다.

감정 습관과 가치관 등이 여러 면에서 닮은 데다 물질적으로도 긴밀하게 연결되어 있음을 생각해보면 연구 결과가 그리 놀라운 일도 아니다. DNA 암호 속에 닮은꼴 정보가 방대하게 담겨 전달된 데 따른 것이기도 하다. 구성원마다 유전자 농도와 밸런스 조절을 통해 회로가 조금씩 다를 뿐 매우 유사한 메커니즘이 세대를 거쳐 이어진다고 봐야 한다.

부모로부터 물려받은 부분들이 훌륭하다면 감사한 일이지만,

그 반대라면 대물림의 비극으로 이어질 수 있다.

대학 후배 중 하나는 술독에 빠져 지내는 아버지를 보면서 늘 되뇌었던 말이 "아버지처럼은 살지 말아야지"였다. 술을 입에 대지 않는 수도자 같은 삶을 살아왔다. 그런데 언제부턴가 한 잔 두 잔 하다가 결국 알코올 중독 진단을 받았다. 벗어나려고 기를 써봤으나 번번이 실패했다. 전문병원에 입원과 퇴원을 반복하고 있다. 그 똑똑했던 애가.

흔히 '공부 잘해 좋은 학교 나오면 팔자가 확 달라질 것'이라고 기대하지만, 대물림의 굴레에서 벗어나지 못하는 경우를 주변에서 적지 않게 봤다.

어릴 적 이웃 누나는 "흰 셔츠에 넥타이 매는 사람이랑 결혼할 거야"가 입버릇이었다. 화이트 컬러가 될 거라며, 자라온 환경에서 탈출하려고 꼼꼼한 계획을 세웠다. 스스로도 노력한 끝에 흰색 옷을 입는 직업을 가졌다. 하지만 상대를 깐깐하게 골라 결혼에 골인하고 나서 보니 "그저 넥타이만 맸을 뿐, 우리 집 남자들 같은 사람"이었단다.

의욕 과잉 부모의 통제만큼이나 징그러운 속박이 이런 부분 아닐까. 흔히 '운명'이라고 불리기도 하는 자기 테두리에서 벗어나지 못하는 것이다. 가족의 틈바구니에서 익숙했던 정서, 그 영향을 받아 좋든 싫든 '나'라는 존재가 빚어지는 이상, 의식적으로 부인해봐야 결국에는 무의식에 밴 '부모를 닮은 나'를 따라가는 경우다.

하지만 다행히도 우리의 인생은 우연·재능·노력의 교차점에서 늘 기회를 만난다. 태어난 운은 우리가 통제할 수 없으나 자라면서 터득하는 삶의 태도나 사고방식으로 내 의지의 비중을 높일 여지가 충분히 있다. 대물림을 극복해가며 내 인생을 어찌해볼 구석이 내 손아귀에 있는 셈이다.

부모님이 간섭의 고삐를 늦추지 않았음에도 불구하고, 우리 대부분은 원하는 길을 어느 정도 찾아내어 오늘에 이르렀다. 반대하는 일을 심술궂게 해버렸고, 등을 떠미는 건 버티고 버텨 안 해버렸다. 그들의 말씀을 듣지 않았기에 얻을 수 있었던 내 삶의 훈장들이 헤아려보면 꽤 된다.

융에 따르면 "우리는 부모를 그저 '나와 다른 성인'으로 볼 수 있게 된 후에야 비로소 어른이 된다"고 한다. 부모의 한계를 인식하고, 그분들의 어떤 점이 그토록 힘들었는지 깨달아, 나의 내적 갈등을 어떻게 해소하느냐에 따라 내가 어떤 어른이 될지 그림이 그려진다.

비록 부모 복이 다소 없었을지라도 좀 더 나은 사람이 되려 의식하고 실천한다면, 그걸로 충분히 훌륭한 어른이라고 생각한다. 자기 인생을 충실하게 살아가는 어른, 그리고 부모로서도.

"아이는 부모의 등을 보고 자란다"는 말에 공감한다. 타고난 바가 많이 부족하더라도, 꿋꿋하게 자기 인생을 살아가면 그게 커다란 자산이 된다. 행운의 열쇠 역시 그렇게 대를 이어 전해 내려오는 게 아닐까. 부모 스스로가 흡족하게 살아가는 삶, 그 자체가 아이에게 주는 최고의 선물이라고 생각한다.

나의 아버지 또한 분당에서 농사를 짓는 할아버지에게서 태어나지는 못했다. 어른들 말씀에 따르면 무뚝뚝한 성격까지 할아버지를 빼 닮았다고 한다. 그럼에도 딱 하나 달랐던 점이 있다. 이따금 닭 한 마리(명동○○센터 전기구이 통닭) 사 들고 오셔서 툭 내려놓고는 "이거 먹어라" 하고 우리가 게걸스럽게 먹는 걸 조용히 지켜보셨다.

오랜 시간이 지난 뒤, 어머니 말씀을 듣고서야 알았다. 밖에서 힘들거나 속상한 일이 있을 때마다 그렇게 주머니를 털어 뭐라도 하나 사들고 오신 거란다. 괴로울수록 식구들에겐 더 잘해주겠다는 마음이었을 것이다. 애꿎은 가족에게 인상을 쓰거나 "나는 나가서 이렇게 힘들게 벌어오는데" 식의 감정풀이는 하지 않겠다는 결심이었을 수도 있다. 그것만은 평생에 걸쳐 지켜오셨다. 당신의 아버지보다 좋은 아버지가 되고 싶었던 소망이었을까.

운이 좋은 사람들의 공통점은 '가족 운'이 좋다는 것이다. 건강한 가정은 문제가 없는 가정이 아니라 문제가 있음에도 불구하고 성장하는 가정임을 안다. 나의 부모님과 형제자매들로부터 좋은 운을 받지 못했더라도 내가 이루는 가족은 더 좋은 운을 일궈갈 여지가 충분히 있다.

15
실수와 실패의 옆길로 샌다

'성공이란, 불도저처럼 밀고 나가는 것'이라는 믿음이 있다. 고통을 기꺼이 감수하며 시련이 와도 뚝심으로 버틴다. 한 점 두려움 없이. 그래서 엄청 멋있어 보인다.

그러나 나는 그런 믿음의 반대편에 있었고, 거기서 벗어나본 적이 없는 사람이다. 실패를 언제나 두려워했다. 그쪽으로는 특히 감이 좋아서 잘못되는 쪽 예감만은 거의 매번 적중했다. 손꼽는 몇 번의 실패 외에도 자잘한 실패를 숱하게 해왔다. 실패의 느낌이 짙어질 때, 불도저 같은 사람은 그럼에도 불구하고 전진할 테고, 전략적인 사고에 익숙한 사람이라면 퇴각한 후에 다음 기회를 노릴 터이다. 하지만 나는 대부분을 옆길로 샜다. 사람들에겐 다소 지질해 보이더라도, 나는 괜찮다.

첫 직장 W사에서 일하던 중 창업 열풍이 불었다. 아동교육 분야의 다른 대기업이 콘텐츠 서비스 IT 자회사를 세운다는 소식을 들었다. 그리로 자리를 옮겼다. 하지만 일이 시작되자마자 생각과 다른 전개에 실망하고 말았다. 첫 번째 도전은 허무하게 실패로 돌아갔다.

그러나 옆길이 있었다. 역시 콘텐츠와 관련된 곳이었다. 국내 최초의 전자책e-book 프로젝트를 위해 100여 개 출판사가 자본금 50억 원을 모아 회사를 만든 것이다. 한국 실정에 맞는 전자책 시스템을 개발해 서비스하는 것이 목표였다. 이 회사에 나도 개인적으로 출자도 하고, 개발 책임자로 합류했다. 엔지니어는 아니지만 여러 프로젝트를 수행해본 경험을 인정받았다.

도전은 역시 불안을 동반했다. 앞날을 알 수 없다는 점이 불안의 원인이었을 것이다. 그러나 미래를 모르는 불안은 한편으로는 다행이기도 하다. 지금의 선택이 나중에 어떻게 될지 미리 알 수 있다면, 절대로 선택하지 않았을 경우가 대부분일 것이기 때문이다. 성공은 매우 드물고 실패는 흔하디흔하다는 게 현실 세계의 불편한 진실이다.

전자책 회사는 곧 한계에 맞닥뜨렸다. 시장이 열리지 않았던 것이다. 시기상조였다. 경영진과 주요 투자자들이 급히 사업 방향을 전환하기로 결정할 수밖에 없었다. 완전 새로운 시장(전자책)을 만드는 것보다는 인터넷 서점을 출범시키는 게 현실적이며, 출자한 출판사들에도 도움이 될 것이라는 판단에서였다. 지금은 간판급으로 성장한 인터넷 서점들 역시 사업 준비에 한창인 때였다.

하지만 이 또한 올바른 판단은 아니었다. 전자책 개발 때 투입 예산이 한 달에 트럭 한 대 분량이라면, 인터넷 서점은 말 그대로 '돈 먹는 화물선'이었다. 도서 정보를 전산 자원화하는 데만 1년 이상 걸렸다. 작업을 위해 대여한 커다란 강당을 가득 채운 오퍼레이터들이 일일이 수작업으로 도서 정보를 입력했다. 이와 별도로 전국 단위의 배송 시스템까지 구축하려면…. 자금은 곧 바닥을 드러낼 형편인데 끝이 보이지 않는 머나먼 길을 하염없이 가야만 했다.

성공한 사람들은 실패담을 자주 이야기한다. 자신이 실패를 어떻게 딛고 일어섰으며, 실패에서 무엇을 배웠는지 자신감 넘치는 목소리로 털어놓는다. 그러므로 실패를 두려워해서는 안 된다고 누누이 강조한다. 그런 그에게는 실패가 훈장과 다름없을지도 모르겠다. 하지만 나처럼 간이 작은 사람에게, 실패는 아무리 세월이 흘러도 여전히 아프고 힘든 주제다. 그래서 나는 "실패를 두려워하지 말라"고는 못하겠다.

1년 반 동안 머리가 하얗게 셀 정도로, 1주일에 이삼일 밤샘을 하면서 매달렸지만, 인터넷 서점 사업은 결국 자금난으로 실패했다. 사업과 개발을 모두 담당했던 나는 결국 책임지고 퇴사하게 되었다. 회사는 그 후에 대주주가 몇 차례 바뀌고는 대형 인터넷 기업에 인수되었다.

실패는 예외 없이 고통스러운 것이므로, 실패하지 않기 위해 최선을 다해야 한다는 게 나의 신념이다. 그러면서도 실패를 되풀이했으니, 실패는 나의 숙명 가운데 한 부분일 수밖에 없다.

백수가 된 뒤로 한동안 집에 틀어박혀 지냈다. 거울 속에서 마주 보는 삼십 대 이른 나이에 흰머리가 된 사내에게 적응이 될 무렵, 슬슬 밖으로 나돌기 시작했고 그러다가 또다시 옆길로 빠졌다. 첫 직장 W사에서 친하게 지냈던 선배가 온라인 화상교육 사업을 구상해 무려 대기업 S사의 투자를 끌어낸 거였다. 여기에 마케팅 책임자로 합류했다. 교육 콘텐츠 사업으로 복귀한 셈이다. 하지만 그 인연도 오래 가지 못했다. 시장이 열리기까지 지난한 시간이 흘렀고, 그사이에 또다시 자금난에 부딪힌 것이다. 그로부터 10년쯤 후에 교육 대기업들이 똑같은 서비스를 시작한 걸 보면, 우리가 트렌드를 너무 앞서갔던 게 실패의 원인이기도 했다. 전자책도 그랬지만, 앞서간다고 꼭 좋은 게 아니었다.

신도시에 학원을 차리기로 결심했다. 입지까지 물색이 끝났다. 곧 '연사탐'의 신화가 시작될 것이라는 기대감이 마음속에서 자라났다. 하지만, 그러다가 또 옆길로 새버렸다. 이번에는 출판 쪽으로.

담대한 사람들이야, 실패의 아픔을 먼지처럼 툴툴 털고 일어나겠지만 나는 실패할 때마다 실망하고 좌절하며 고통에 시달렸다. 그러면서도 뭐가 될지 모를 것들을 다시 시도해봤고, 이따금 내 눈앞을 스쳐 지나가는 '낯설고도 엉뚱한' 무엇인가를 어렴풋이 감지하기도 했다. 그게 아마도 나중에 맞이할 행운의 전조였던 것 같다.

지금까지 먹은 밥알만큼이나 많은 헛수고를 해왔다. 하지만 그 덕에 약간은 납득하게 된 게 있으니, 인생의 경험엔 버릴 것이 없다는 배움이었다. 실패했더라도 거기서 뭔가를 배우거나 누군가를 만나 다진 인연은 있으므로 '100퍼센트 순도의 불운'이란 있을 수 없다. 머리카락 몇 가닥만큼의 배움과 기회, 안목을 얻었다면 그 정도의 결실은 건진 것이다.

이따금 실패와 실수를 혼동한다. 실수가 깜빡하거나 부주의해서 벌어진 반갑지 않은 일인데 비해, 실패는 잘못하거나 능력이 닿지 않아 일을 망친 상황이다. 누구나 실수와 작은 실패를 겪으면서 스스로를 돌아보고, 다시 시도하는 과정에서 발전을 거듭한다. 그러다 정교하게 맞아떨어지는 게 행운이다.

'나는 왜 번번이 실패만 거듭하는 걸까?' 이런 생각에 힘겨워하는 사람들과 명언 한마디를 공유하고 싶다.

"지난 일은 후회해도 소용없잖아? 눈이 왜 앞에 달려 있다고 생각해? 앞으로 나아가기 위해서야."

도라에몽의 말이다. 매우 공감한다. 게다가 앞뿐만 아니라 '옆'도 있다.

16
나를 알아봐준 사람 덕분에

K대표는 나와(연준혁) 같은 대학 출신이지만 재학 당시에는 모르는 사이였다. 그는 나와 달리 공대를 나왔다. 졸업하고 시민운동을 할 때 실무자 모임에서 처음 만났다. 그는 다른 단체 소속이었고 얼마 후 외국으로 유학을 떠났다. 그사이 나는 W사에 취업해 직장생활을 시작했다. K대표가 학위 과정을 마치고 귀국한 뒤로는 1년에 한 번쯤 식사를 함께하는 정도의 관계를 이어갔다. 신도시에 학원을 준비하던 중 그에게서 연락이 왔다. 점심을 함께하던 그가 갑자기 제안했다.

"우리 출판사의 기획위원을 맡아보면 어떻겠습니까?"

K대표가 출판사를 설립해 운영하고 있다는 사실은 진즉부터 알고 있었다. 나는 첫 직장 W사에서 교육 콘텐츠를 기획했고, 전자책 개발과 인터넷 서점 준비 작업도 맡아봤다. 모두가 책과 연

관이 있는 분야다. 그러나 책을 직접 만드는 쪽은 아니었다.

어릴 때부터 책을 끼고 살았지만, 책을 만드는 일에 대해선 생각해본 적이 없었다. 하지만 K대표의 제안을 듣자마자 마음속에서 느낌이 왔다. 정확하게 표현할 수는 없었으나 '내가 그토록 돌고 돌아서 마침내 여기에 이르렀구나' 같은 감각이었다. 구체적으로 뭘 어떻게 해야겠다는 생각은 들지 않았다. 막연하게 나의 전공인 역사와 첫 직장의 교육 콘텐츠 분야에 경험과 인맥이 꽤 있으니까 어떻게든 되지 않을까, 하는 정도였다.

W출판사로 출근해 오전에만 근무하는 프리랜서로서 기획자 일을 가볍게 시작했다. 그런데 처음 기획한 책이 생각지 못했던 베스트셀러에 오르는 바람에 깜짝 놀랐다. 두 번째는 서점가는 물론 교육계에까지 반향을 일으킬 정도로 큰 성공을 거두었다. 하지만 나에게 그보다 고무적이었던 것은 출판 기획이 예상보다 재미있다는 점이었다. 다양한 자료를 수집하며 공부하고 저자와 함께 체계를 세워가면서 원고를 한 땀 한 땀 완성해가는 과정, 그 모든 세세한 일들이 흥미롭고 보람 있었다. 책과는 오랫동안 친숙했지만, 내가 책 만드는 일을 잘할 줄은 몰랐다. 게다가 내가 잘할수록 더 많은 수입을 올릴 수 있는 일이라니.

오랫동안 돌고 돌아, 지난한 과정을 거쳐, '나도 몰랐던 나'를 발견했다. 이렇게 내 인생 두 번째의 행운을 만났다(첫 행운은 첫 직장인 W사에 취업한 것이다. 그러나 최고의 행운은 그 회사에서 아내를 만난 것이다. 혹시나 하는 마음에 이쯤에서 다시 한번 강조한다).

반추해보면, K대표가 나의 가능성을 알아본 순간 나의 운이 움직이기 시작했다. 사업을 하겠다고 나섰다가 실패만 거듭하고는 한창나이에 머리만 하얗게 센 지질한 사내, 그런 나를 출판 일로 끌어들여 오늘에 이르기까지 계기를 만들어준 K대표야말로 내 삶의 방향을 바꿔준 '귀인'이다.

살면서 얼마나 많은 호의와 친절, 보살핌을 누리고 있는지 느낄 때가 있다. 하지만 그러다가도 나의 삶이 나의 '계획'보다는 다른 사람들의 '관심' 덕분에 힘을 얻는다는 사실을 종종 잊곤 한다.

어려울 때 힘을 보태주어 헤치고 나가도록 도와준 존재를 한중일 삼국에선 '귀인'이라고 부른다. 퇴사 이후에도 인연을 이어가며 묵묵하게 보살펴준 첫 직장 선배일 수도 있고, 울림 있는 한마디로 용기를 불어넣어준 친척 어른일 수도 있다. '나를 알아본' 귀인이 손을 내밀어주면 운이 좋아진다. 이런 분 덕에 인생이 바뀌는 터닝 포인트를 경험한다.

원래 나의(한상복) 꿈은 신문기자였다. 그중에서도 문화부 문학 담당. 어쩌다 보니 경제신문에 입사해 엉뚱한 분야의 기사를 쓰게 됐지만…. 경제신문에는 문학 담당이 따로 없다. 그럼에도 불구하고 나의 꿈, 아니 똥고집은 더욱 징그럽게 단단해졌다. 반도체가 어쩌고, 경기지표가 어쩌고 하는 기사를 작성하면서도 내 마음은 항상 다른 곳을 향해 있었다.

'내가 이런 거나 할 사람이 아닌데…. 지금 일은 어차피 임시일 뿐이야.'

나에게는 나름의 높은 지향점과 엄격한 기준이 있었다. 조이스 나 멜빌 정도는 되어야 소설가라 불릴 수 있다고 믿었다. 독서가 라면, 크리스테바(프랑스 현대 철학자)는 읽어야 하는 것 아닌가? 영화? 타르코프스키나 벤더스, 베리만 급이 아니면 나의 리스트 에 끼워줄 수 없다고 선을 그었다.

불운을 알아볼 수 있는 리트머스 색깔 가운데 하나가 '극단적' 이라는 지표다. 대단해 보이는 대상은 떠받들어 숭배하고 그 외 의 모든 걸 뭉뚱그려 '쓸모없음'이라 낙인찍는다. 열등감과 우월 감 사이를 롤러코스터 타듯 오가며 표변한다. 작은 영혼이 갑자기 넓은 세상을 만나면 나타나는 증상 중 하나란다. 자신의 초라함을 감추기 위해 유난을 떠는 것이다.

방송기자 친구가 나의 증세를 알아보았다. 황혼 녘 미네르바 부엉이처럼 날아올라 나에게 심오한 질문을 던졌다. 그로 인한 존 재론적 고뇌가 내 마음에 파문을 일으켰다.

"여자들이 제일 싫어하는 게 어떤 놈인 줄 알아?"

'너 같은 놈이겠지. 쓸데없이 잘생긴 주제에, 일말의 죄책감도 없이 다 가지고 있는 놈. 한마디로 인류의 적, 그게 너다!'

아니란다. 나란다. 겉멋만 잔뜩 들어간 놈. 있어 보이려고 무게 를 잡다가 그 무게를 견디지 못해 곧 땅속으로 파고들 거란다. 있 는 사람들은 있어 보이려고 애쓰지 않는 법이다. 그럴 필요가 없으니까.

경제신문 기자 일을 하다 보면, 피하려 해야 피할 수 없는 족속들과 마주칠 수밖에 없다. 취재 대상이 대한민국 톱클래스 성취를 이룬 사람들이니, 중고등학교 때 내가 먼발치에서 봤던 전교 1등을 모두 합쳐놓아도 범접 못 할 '존재 자체가 불가사의한' 인간이 한둘이 아니었다. 그런 부류의 한 분이 모임에 일찍 도착해 책을 읽는 모습을 보았다. 표지를 확인하고는 실망스러움에 한마디 하지 않을 수 없었다.

"왜 그런 책을 읽고 계세요? 자기계발서는 얄팍한 상술의 소산이 아닌가요?"

그가 온화한 미소로 대답했다.

"좋은 책, 나쁜 책이랄 게 있나요? 어떤 책이든 읽기 나름이잖아요. 무협지에서 인간의 심연을 통찰할 수도 있는 거고, 만화책에서 생각하지 못했던 세상을 만날 수도 있는 거죠."

어떤 책이든 읽기 나름이라니…. 그게 고수들의 세계였다. 선입견이 적어 폭이 넓으며, 깊이 읽고 남다른 안목으로 더 많은 것을 건진다. 그분의 몇 마디가 나의 마음에 남아 무겁게 가라앉았다.

시간이 흐르고, 내 책을 쓰는 데 참고하려고 그분이 읽던 책을 어쩔 수 없이 구입했다. 내가 폄훼했던 대로 책의 두께가 얄팍한 것은 맞았다. 그러나 내용에 담긴 함의는 상상 이상으로 두터웠다. 읽는 데 오랜 시간이 걸렸다. 감탄했다.

'이 작가, 천재잖아?'

진실을 말하자면 나 역시 '척하는 나의 삶'이 힘겨웠다. 나 아닌 존재로 살아간다는 자체가 고행과 고통일 뿐이었고 그래서 재수 없었고 불행했다. 많이 외로웠다. 지금의 나는 스티븐 킹의 소설을 좋아한다고 자신 있게 말할 수 있다. 분야와 장르를 가리지 않고 잡탕 독서를 즐긴다. 잔잔한 만화를 읽다가 마음에 스며든 감동에 먹먹해 어쩔 줄 모를 때도 있다. "자기계발서는 안 읽어요" 따위의 소리도 하지 않는다. '말이 씨가 된다'를 나의 인생으로 검증하는 중이다. 그 자기계발서를, 내가 쓰면서 골머리 앓게 될 줄은 몰랐다. 이 대목에서 또 다짐을 한다. 진짜… 까불지 말자.

똥폼을 잡던 힘을 빼는 대가로 편안함의 자유를 얻었다. '천사들'을 만난 덕분이라고 생각한다. 나의 이지러지고 비뚤어진 마음을 제대로 봐주고, 개차반 고집과 성질머리를 꺾어주어, 내가 몰랐던 나, 깨닫지 못했던 나를 알게 해준 사람들…. 그들은 내 멍청함이 전염될까 봐 멀찍하게 물러설 만도 한데, 굳이 위험을 감수하고 정과 끌을 들고 용기 있게 다가와 근성 있게 쪼아주었다. 그들을 통해 세상을 유연하게 헤엄쳐가는 법을 차츰 익혔다. 이후 몇 가지 포인트가 맞아떨어지는 순간, 행운이 마치 옆 골목에서 기다리고 있던 오랜 벗처럼 다가왔다.

책 한 권만 있으면 행복했던 청년은 실패를 거듭하다가 '임자'를 만나 옆길로 새는 바람에 출판 기획으로 우뚝 섰고, 작은 자아가 수치스러워 까치발을 했던 소년은 송곳 같은 '임자들'을 만나 단추 구멍만 한 세계에서 그나마 벗어날 수 있었다.

작은 영혼은 알을 깨고 나오는 게 두려워 변화에 한사코 저항한다. 그렇기에 더욱, 바깥에서 쪼아주는 '정이나 끌을 든 천사'의 도움이 절실하다. 그런 누군가 한 사람만이라도 알아봐줄 때, 비로소 삶은 달라지기 시작한다.

최소한의 진실을 알려줄 사람들을 주변에 둘 필요가 있다. 나에게 애정을 갖고, 더 넓은 세상으로 나의 고개를 돌리게 해줄, 때로는 콧대를 꺾어줄 가족이나 동료, 친구 등. 그들이 나의 단단한 외피를 바깥에서 쪼아줄 때 나는 좁은 세계를 무너뜨리고 비로소 새롭게 태어날 수 있다.

17
이것저것 마인드, 호기심

나의 실패담을 재미있다며 들은 어떤 '효율론자'가 이렇게 물어왔다.

"이것저것 좌충우돌, 지그재그에 빙빙 도느라, 얼마나 힘드셨어요?"

나의 도전들이 결과적으로 시간 낭비에 기력 낭비였을 뿐이라는 판단에서 나온 안타까운 표현일 것이다.

꿈을 반드시 이루는 사람은, 일찌감치 목표를 책상 앞에 붙여두고 오로지 그 생각만 한단다. 한 우물을 파는 정신으로, 가장 빠른 직선으로 성공에 도달한다나?

나도 그런 상상을 해본 적이 있다. 내가 한 우물을 파는 중에 다른 기회가 다가왔다면 어떻게 했을까? 바빠서 알아보지 못했을까? 아니면, 고개도 돌리지 않고 거절했을까? 아닐 것이다. 아마도 나는 '적극적으로 한눈을 팔아' 그걸 붙잡았을 것이다. 낯설고 새로운 게 궁금해서.

　오래전, 흥미롭게 읽었던 책 중에 이런 내용이 있었다.
　저자는 대형 로펌 소속의 변호사였다. 공항에서 만난 사람과 대화 중에 "고등학생 때는 멍청했던 친구가 당신네 법률회사에 다닌다"면서 "그 녀석이 어떻게 성공했는지 도무지 모르겠다"는 푸념을 들었다. 저자는 그 멍청이 동창의 이름을 듣고 깜짝 놀랐다. 로펌의 회장이었던 것이다. 그 일을 계기로 다양한 분야의 성공한 사람 100명을 인터뷰했고, 흔히 알려진 성공 방정식의 오류와 진실을 재정리했다는 내용이다. 나에게는 그중 두 가지가 눈에 들어왔다.

> (1) 성공하려면 목표의식이 분명해야 한다. (오류)
> 　성공하는 사람은 처음부터 뚜렷한 목표를 세우지 않았다. (진실)
> (2) 한 우물을 파면 언젠가 성공할 수 있다. (오류)
> 　성공하는 사람은 이삼 년마다 일(업무)을 바꾸어 활동 범위를 넓혔다. (진실)

　이 결과에 따르면, 인생이 잘 풀린 사람의 노하우는 '한 우물만 팠다'보다는 '여러 가지에 두루 관심이 많았다'는 특성과 더 가깝게 결부되어야 할 것 같다.

한 우물만 파는 사람들에겐 그들 나름의 장점이 있을 것이다. 그러나 나는 그런 쪽 성향이 아니다. 인생은 절대로 나의 계획대로 돌아가지 않는다는 것을, 이것저것 탕수육처럼 찍어 먹고 부어 먹으며 체험으로 재확인했다.

행운을 만나려면 나에게 다가온 '낯선 우연'에 반응하는 게 우선이다. 그게 나중에 행운이 되든 아니면 불운이 되든, 미지의 세계를 일단은 흥미롭게 받아들이는 마음이 있어야 한다.

낯선 게 궁금해 다가서는 이가 있고, 낯선 게 무엇이든 굳이 알고 싶어 하지 않는 이가 있다. 호기심은 자신감과도 연결된다는 사실을 알게 됐다.

성격을 연구하는 콜린 드영 미네소타대 심리학과 교수는 "호기심이야말로 개방성과 지능의 핵심"이라고 분석했다. 확실해 보이지 않는 우연이라도 "내가 기다렸던 바로 그것이 아니잖아"라고 걷어찰 게 아니라, 긍정적으로 받아들여 요모조모 탐구하는 마음이 먼저 일어나야 한다. 호기심을 드러내는 것은 배우려는 자세인 동시에 '내게 부족함이 있음'을 인정하는 것이다. 이것은 분명 용기다. 창피를 두려워하지 않고 문외한인 곳에 풍덩 뛰어드는 용기.

몽테뉴는 "어리석은 자들이 현자에게서 배우는 것보다도, 현자가 어리석은 자들에게서 더 많이 배운다"라고 했다. 나의 방향과 나의 방식만 신성불가침으로 고집하기보다는, 때로는 속도를 늦추고 이것저것 둘러보며 곁눈질도 해볼 필요가 있다. 어쩌다 한 번은 평소 다니지 않는 길로 빠졌다가 새로운 광경을 만나는 것처럼.

양귀자의 소설 《모순》은 삶의 다양한 측면을 알지 못한 채 성장한 인물(주인공의 외사촌)의 사례를 보여준다. 세상이 그를 단련시킬 수도 있었겠지만, 아빠의 성실한 방어로 기회들을 원천 봉쇄당한다. 작가는 이렇게 자신의 메시지를 전한다.

"인생의 부피를 늘려주는 것은 행복이 아니라 우리가 그토록 피하려 애쓰는 불행이다. 세상의 숨겨진 비밀들을 배울 기회가 없이 살아간다는 것은, 몹시 불행한 일이다."

행운은 그릇이며, 몸집이기도 하다. 목표에 일직선으로 빨리 도착하는 것이 잣대라면, 이는 행운이기보다는 '행운으로 위장한 불운'일 가능성이 높다. 행운은 의외로 느리다. 곳곳에 들러 더 다양한 것, 더 많은 것들을 받아들여 몸집을 불릴수록 더욱 알차고 든든해진다.

호기심으로 시작된 해찰(쓸데없는 딴짓)을 따라가다 보면 지금까지 만나보지 못한 사람들과의 조우로 이어지는 경우가 많다. 알아보는 안목이 있다면 이곳에서도 행운 천사들을 만날 수 있을 것이다. 해찰 덕분에 나의 삶이 더욱 다채롭고 풍성해진다. 이 또한 행운이다. 그러니 조급해하지 말자. 조급함은 불운의 시그널이다. 여유 있게 이것저것 궁금해하고, 하나하나 천천히 들춰보자.

PART 2

행운이 따르는 사람,
행운을 쫓아다니는 사람

―――――

어쩌다 성공할 수는 있다. 하지만 그 성공을 오랫동안 이어가는 것은,
도와주는 많은 사람들의 덕분이다.
덕분이란 남의 기와 운을 빌려오는 것이다.
국어사전에는 '베풀어 준 은혜나 도움'으로 풀이되어 있다.
실생활에서 '행복을 나눈다' 또는 '기쁨을 나눈다'는 의미도 있다.

―――――

1
자주 만나서 함께 밥 먹고 싶은 사람

'밥 한 끼 이론'은 '스케줄 보이'라 불리는 친구의 지론이다. 그 요체는 식사 자리에서 상대의 행동이나 선택, 태도 등을 관찰하면 그의 마음 상태는 물론 성향, 그릇까지 짐작하게 된다는 주장이다. "식사 자리야말로 사람을 입체적으로 볼 수 있는 원형 무대"란다. 그래서 사람들 대부분이 누군가를 새로 만나면 "식사 한번 함께하시죠" 하며 청하게 되는 모양이다.

스케줄 보이는 간단한 점심이라도 일찌감치 약속을 잡는 특유의 성격 때문에 붙은 별명이다. 그와 함께 모임에 다녀본 결과, 그의 주장이 납득이 가는 부분이 있었다. 주장이 맞는지 확인해보려고 잡은 약속은 아니었다. '괜찮은 사람'이라는 그의 몇몇 지인과 "서로 알고 지내면 좋을 것 같아서"라는 이유로 스케줄이 잡혔다 (그 사람들에겐 아니었을 것 같다. 나를 알고 지내봐야 뻔하니까 말이다).

초반에는 사소해 보였다. 그의 '괜찮은 사람'이 보여주는 특성은 우선, 약속 장소에 먼저 도착해 있다는 것이다. 이 부분은 새삼스러울 게 없었다. 그다음부터가 달랐다. 사람마다 차이는 있었지만 느낌은 대충 비슷했다. 나이와 직위를 불문하고 손이 부지런했다. 서로 수저를 챙겨주고 물잔이 비면 따라주는 등 매너가 태도에 배어 있었다. 메뉴를 금방 정하고, 모두가 고를 때까지 기다렸다가 서빙 직원을 부르는 프로세스도 다른 점이라고, 스케줄 보이가 말해줘서 알았다.

'뭐가 다르지?'

단순 매너의 차이가 아니라는 걸, 다른 모임에 다닐 때마다 '의식적으로' 비교해보고 깨달았다. 내가 만나는 쪽 사람들은 손이 대체로 무거웠다. 심지어 처음 만나는 사이에도 수저나 물은 서열이 낮거나 아쉬운 쪽에서 챙기는 게 당연한 분위기였다. '나의 편리를 위해 남의 손이 쓰이는 게 당연하다'는 것이 몸과 사고방식에 배어 있는 사람이, 즉 '괜찮지 않은 사람'이었다.

'안 괜찮은 사람'들은 음식을 고를 때부터 남다른 측면이 있었다. 여러 손님 응대하느라 경황이 없는 서빙 직원을 불러 옆에 세워놓고는 메뉴를 암기라도 할 것처럼 오랫동안 들여다보는 이도 있었다. 전재모(전국 재수 없는 사람 모임) 회장은 몰라도 총무이사 정도는 너끈해 보였다. 반면, '함께 밥 먹으면 즐거운 사람'의 차이를 스케줄 보이는 이렇게 해석했다.

"미리 알아보니까 메뉴를 금방 정할 수 있는 거지. 검색만 해봐도 다 나오잖아. 그 식당의 시그니처메뉴부터 곁들이면 좋은 게 무엇인지까지. 그걸 파악해놓으면 같이 밥 먹는 사람들한테 권하기도 좋고. 약속 장소에 먼저 도착해서는 혹시 바뀐 점이 있는지 확인도 해놓고."

식사 약속 때마다 여러 가지로 신경을 쓰니 그렇지 않은 사람에 비해 많은 경험이 쌓인다. 빠른 메뉴 결정과 서빙 직원을 배려하는 태도도 이와 같은 준비와 경험에서 빚어진 결과다. 단골 식당과 특별한 관계를 이어간다는 점도 이런 사람들의 공통점이다. 무엇이든 경험을 차곡차곡 쌓아 여러 사람을 위해 활용하는 사람이 있는 반면, 특별할 수 있는 기회마저 먼지처럼 허공에 날리는 사람도 있다.

식사 대접도 아니고, 밥 한 끼 먹는 일에 그렇게까지 진심이어야 할 이유가 있을까 싶었다. 그에 대한 스케줄 보이의 대답은 이랬다.

"맛있는 음식을 마음 맞는 사람들과 함께 먹으면 즐겁잖아. 좋은 경험을 나누는 거, 그게 행복이고."

뻔한 말이었지만, 마음이 1센티미터가량 쿵 내려앉았다. 진짜 일기일회구나, 하고. '일기일회一期一會'란, 다시 찾아오지 않을 단 한 번뿐인 소중한 시간이니, 정성을 기울여 이 순간을 잘 보내라는 의미다.

밥을 같이 먹을 때 화음까지 잘 맞추는 사람들이 있다. 마주 앉은 사람의 호기심 어린 표정을 살피고는 "제 음식이 양이 많은데 덜어드릴까요?" 하고 의향을 물어본다. 주문한 음식을 맛있게 먹으며 다른 이의 취향에 대해서도 좋게 말해준다. 서빙 직원이 "음식이 어떤가요?" 물어오면 두 엄지를 세워 칭찬해준다.

밥 먹을 때를 기준으로 사람을 본다는 게, 어쩌면 섣부른 판단이 될 수도 있다. 하지만 사람의 행동에는 일관성이 있기 마련이어서 짧은 식사 자리에서도 '평소 하던 대로'가 나오기 때문이다.

상대가 밥값을 계산하면, 다음번에는 비슷한 정도로 갚아주는 게 보통 사람들의 예의다. 처지가 서로 같을 경우 더욱 그렇다. 그런데 어떤 사람들은 얻어먹은 뒤에 "15만 원이나 나왔다"라고 자랑하면서도 자기 차례에는 3만 원짜리 짜장 탕수육 커플세트로 퉁친다. 평소 미식가 행세에 돈 자랑이나 안 하면 모를까.

딴에는 약은 선택으로 이익을 봤다고 생각할 수도 있겠지만, 이런 식의 이익을 자주 볼수록 같이 밥 먹을 사람이 없어진다는 점을 알아야 할 것이다. 식사 자리의 모습이 비단 그곳에만 그치지 않을 거라고 보는 게 상당 부분은 맞다. 그 사람 특유의 가치관이나 만족감, 태도와도 연결되어 있다. 남들은 바보고 나 혼자 똑똑하다는 믿음이 단단할수록 소탐대실의 결과가 줄줄이 이어진다.

좋은 운에 올라타려면, 좋은 운을 누리는 사람들과 어울리는 게 가장 단순한 비결일 것이다. 그들을 통해 좋은 기회를 만나거나 또 다른 인물을 소개받을 수도 있다. 게다가 사람은 자주 어울리는 과정에서 닮아가기도 한다니, 본받고 싶은 사람이 있다면 가까이 지내볼 만도 하다. 그러기 위해서는 내가 그들에게 '함께 밥 먹고 싶은 사람'이 될 수 있을지 스스로 돌아봐야겠다.

2
행운의 황금률

일본의 늙은 목수가 은퇴를 결심하고, 사장에게 자신의 뜻을 전했다. 그러자 사장이 마지막이라며 간곡하게 청해왔다.

"오랫동안 수고가 많으셨습니다. 죄송하지만 집 한 채만 더 지어주십시오. 부탁드립니다."

목수는 마뜩잖았다. 그러나 30년 넘도록 함께 일해온 사장의 부탁을 차마 거절할 수 없었다.

더운 여름날, 목수는 일을 하면서 끝없이 불평했다.

'이런 날씨에 무슨 고생이야. 평생 남 좋은 일만 하는 바보 같은 인생이로군.'

그는 짜증을 내다가 갑자기 못된 생각을 떠올렸다.

'에잇! 모르겠다. 어차피 남 좋은 일 하는 건데 아무려면 어때?'

꾀를 부려 집을 엉터리로 짓기로 한 것이다. 못질을 여러 번 해야 할 것을 한두 번만 했다. 목재의 이음 부분도 정교하게 짜 맞추지 않았다. 태풍이 몰아치기라도 하면 집이 무너질 위험이 있지만 알 바 아니었다. 어차피 남의 집이다. 대충 놀면서 시간을 보내다가 사장이 들를 때만 제대로 하는 척했다.

마침내 공사가 마무리됐다. 사장이 집을 둘러보고는 감격 어린 표정으로 말했다.

"고생 많으셨습니다. 그동안 고생해주신 데 대한 보답으로, 당신이 마지막으로 지은 이 집을 드리겠습니다."

목수는 깜짝 놀랐다. 사장이 집을 선물해줄 것이라곤 꿈에도 생각지 못했다. 그리고 눈을 돌려 집을 보는 순간, 자기도 모르게 긴 한숨을 내뱉고 말았다.

그는 그제야 '남 좋은 일'이 궁극적으로는 '나 좋은 일'로 돌아온다는 진실을 깨달았던 것이다. 마지막 일을 마치고 나서야 말이다.

이 글을 처음 접했을 즈음 나는 슬럼프에 빠져 있었다. 아침 출근길마다 우울했다. 나의 미래를 상상할 때마다 답답하고 막막했기 때문이었다.

'열심히 해봐야 회사에 이용만 당하다가 언젠가 쫓기듯 퇴직해야겠지. 월급 받아서 모은들 몇 푼 되지도 않을 테고, 손재주가 없으니 닭을 튀겨도 태워 먹을 테고…. 그때는 어떻게 살지?'

남 좋은 일은 이제 그만하고 나 좋은 일만 하면서 살 수 있다면 얼마나 좋을까 싶었다. 열심히 하나 안 하나, 어차피 월급은 거기서 거기, 아이디어를 냈다가 독박을 쓰느니, 내 앞가림이나 잘하는 게 똑똑한 선택이라고 믿었다.

내가 그렇게 깊은 우물 속에서 개구리로 지내는 사이에도, 어떤 사람들은 꾸준하게 보고 배우고 실행해보면서 외연을 키워나갔다. 나의 눈에는 '회사만 좋은 일'로 보였다. 그 성과 또한 회사의 것이었고.

하지만 그들 각자가 쌓은 다양한 경험과 노하우까지 회사가 머릿속을 해킹하거나 태도를 본뜨는 방법으로 빼앗아갈 수는 없었다. 그것은 그 사람들 고유의 것이었다. 그들은 '자기만의 것'을 발판으로 그 이후의 삶을 설계했다.

한 농부가 농산물 경진대회에 옥수수를 출품해 1등을 차지했다. 다년간의 노력이 만들어낸 품종 개량의 성과였다. 알이 굵고 맛이 다른 차원이라는 평가를 받았다. 대회에 참가했던 사람들 모두가 부러워했다. 그런데 놀라운 일이 일어났다. 농부가 마을로 돌아와 이웃들에게 그 옥수수의 씨앗을 나눠주기 시작한 것이다. 사람들이 씨앗을 받아 가며 물었다.

"그동안 고생해서 이제 겨우 결실을 보았는데, 왜 이런 귀중한 씨앗을 우리에게 나눠주는 겁니까?"

농부가 웃으면서 대답했다.

"사실은 제가 더 잘되려고 하는 일입니다. 바람이 불면 옥수수

꽃가루가 날아다니지 않습니까? 그런데 이웃에서 품질이 떨어지는 옥수수를 계속 기른다면 저도 손해거든요. 애써 품종 개량을 해놓았는데 이웃의 옥수수 꽃가루가 제 밭에 날아와서 자리를 잡으면 좋을 게 없죠. 그러니까 우리가 모두 좋은 품종을 기르는 것이 저한테도 좋은 것이죠.”

나중에 이 글을 읽고서, '나'라는 범위를 다시 돌아볼 수 있었다. 나란 존재는 '나 혼자'만으로 이뤄질 수 없다. 아무리 '나 좋은 일', 예를 들면 '조물주급 건물주'라고 해도 그게 다른 이와 '이익의 교집합'을 이뤄내지 못한다면, 세입자가 없을 터이니 소용이 없다. 다른 사람들에게 좋지 않은 일이 일어날 경우, 예컨대 경기가 악화되어 수입이 없으면 나에게도 그 영향이 미쳐 임대료 수입 감소로 이어진다는 깨달음이었다.

그러니 나의 이익에만 코를 박을 게 아니라, 한발 물러서서 '전체 이익의 조화' 또한 생각해야 한다는 결론에 도달했다. 나 좋은 일이라도, 그게 제대로 되려면 더욱 큰 맥락에서 볼 줄 알아야 한다.

기독교에는 '황금률'이 있다.
“무엇이든 남에게 대접을 받고자 하는 대로 너희도 남을 대접하라.”
신약성서 〈마태복음〉에 나오는 말이다. 로마 황제 세베루스 알렉산데르가 이 문장을 금으로 써서 벽에 붙인 데서 '황금률'이라는 말이 유래되었다고 한다.

　남을 위한 일이 곧 나 자신을 위한 일이므로, 나 자신을 위한 일에서도 남과 함께해 더 좋을 수 있는 교집합을 찾아내야 한다. 행운은, 큰 안목으로 볼 때 더욱 커지니까.

3
기회가 들어오도록 문을 열어놓는다

먹는 걸 좋아하다 보니 먹는 이야기를 자주 하게 된다. "그까짓 거 대충 한 끼 때우면 되지"로 일축하기엔 먹는 것이란 삶이 우리에게 허여하는 너무나도 소중한 행복이다.

나는 원래 '대충 한 끼'가 불가능한 '비 미식가 꿈나무'였다(한상복). 먹는 양이 적은 건 아니었지만 가리는 게 남들에 비해 많았다. 낯선 건 웬만하면 안 먹으려 했다. 예전에 내가 못 먹던 음식들을 나열해보면 이렇다. 치즈, 파스타(특히 크림), 청국장, 고등어, 굴, 젓갈, 해삼, 버섯, 오이 등등. 두부는 싫어서 먹는 시늉만 냈다. 생선회는 징그러웠고 밥이 뜸 들 때 나는 냄새도 싫었다.

내가 음식계의 '위정척사파(구한말 개항 및 외국과의 통상에 반대하던 운동)'라면 친구 한 녀석은 '흥선 대원군'이었다. 그는 나와 차원이 달랐다. 그에 비하면 나는 '먹보'라 할 수 있었다. 좋아하는 음식일 경우 과식도 하곤 했으니까. 반면 그는 타협하지 않았다. 마지못해 먹을 수 있는 것들만 그저 '섭취'하는 수준이랄까. 그가 못 먹는 음식을 꼽아보면 전국 방방곡곡에 척화비를 세우고도 남았을 것이다. 먹는 음식을 헤아리는 게 빠를 정도다.

나는 직장인이 된 뒤로 음식 스트레스를 많이 받았다. 느글느글한 메뉴나 모르는 외국 음식을 먹자는 사람들로 인해 신경이 곤두섰다. '나를 골탕 먹이려고 일부러 저러는 게 아닐까' 하고 의심을 해본 적도 있다. 낯선 냄새를 맡을 때마다 비위와 자존심이 동시에 상했다. 그 순간을 어떻게 모면해야 할지 당황스러웠고, 때로는 패닉에 빠져 남들 이야기가 들리지 않았다.

알레르기가 있다면 모를까, 먹지 않는 음식이 많은 것은 내세울 미덕도 아니고 우리나라의 자주독립처럼 소중히 지켜져야 할 가치도 아니다. 음식들을 꺼리는 이유는 분명 내가 편협하기 때문이었다. 이런 편협성은 대부분 두려움에서 온다. 특히 낯선 음식 앞에서.

사람 사이는 겹치는 지점에서 대화나 호감의 물꼬가 트이기 마련인데, 끼니때 자주 소외감을 느끼고 그걸 표정에 드러내니 사람들과의 사이에 투명막이 가로막은 느낌이었다. "촌놈이라 그렇다"라는 소리까지 들어봤다. 억울했다. 변두리라지만 서울 출신인데. 아이러니하게도 나를 '촌놈'으로 명명한 선배야말로 별이 잘 보이는 걸로 유명한 인구소멸 위기 지역 출신이었다.

'나 혼자만 달라서' 비롯되는 불안감에서 벗어나기 위해서라도 교집합을 만들려고 노력해야 했다. 그런데 대원군 친구가 나보다 먼저 문호를 개방하는 사태가 벌어졌다. '다녀오면 승진한다'는 외국 지사 발령에 사달이 나면서였다.

대원군이 결정됐다는 소식에 자기 팀원의 탈락에 불만이 많았던 다른 부서장이 공공연히 떠들었다고 한다. "걔가 외국 지사 간다는 게 말이 돼? 이웃나라 출장 가서도 김치가 없으면 단식투쟁을 한다던데. 그런 애를 2년이나 보냈다가 굶어 죽어서 미라로 발견되면 누가 책임을 지나?" 하고. 친구는 충격에 빠졌다. 부서장의 주장이 과장되기는 했으나, 사람들이 그런 부분까지 치부책에 써놓고 있다가 사내 정치에 써먹으리라고는 생각하지 못했단다. 결정적으로 그 부서장의 반대 논리가 그의 멘탈에 심대한 타격을 주고 말았다.

"외국에 가서 사업 기회를 찾아내고 성사시켜야 하는데, 걔는 단식투쟁하느라 현지 사람들과 어울릴 수나 있겠어? 식사 초대라도 받아봐. 아예 먹질 않는 걸 보면 상대가 얼마나 기분 상하겠어. 본데없는 녀석들은 이런 게 문제라고!"

'본데없다'는 표현이 대못처럼 마음에 박혔다고 한다. 어린 시절에 먹어본 게 없어서, 누려본 게 없어서, 보고 배운 게 없다는 '본데없다'는 우리처럼 변방에서 넉넉지 못하게 자란 비주류 인생들이 가장 듣기 싫은 말이었다.

해외 지사 근무를 양보한 그는 파우스트급 결심을 했다. 영혼이라도 팔겠다는 각오로 입맛 개조 프로젝트에 들어갔다. 도전 음식 리스트를 작성해 하나씩 시도해보았다. 팀원들이 즐거워하며 교대로 동참해주어서 외롭지는 않았다고 한다. 그의 기준에 냄새가 꺼림칙하고 씹는 느낌이 어색하며, 맛이 없어도 '어쨌든 죽지는 않는다'는 사실을 확인할 수 있었다. 도전과 재도전을 반복한 끝에 하나하나 도장 깨기에 성공했다. 찌푸리지 않고 먹을 수 있는 음식 종류가 늘어났다. '문'이 빼꼼하니 열린 것이다.

문이 열려 있어야 기회가 들어올 수 있고 제때 잡아챌 수 있다. 개방적인 태도가 다양한 시도와 선택으로 이어지는 건 필연이다. 하지만 대원군 친구와 위정척사파 나는 상대적으로 적은 기회에 좋은 것보다 안 좋았던 경험을 주로 학습한 끝에, 문을 닫아걸고 웬만하면 받아들이지 않으려 했던 것이다.

친구는 쇄국을 거두고 개방을 선택해 급기야 미식가의 반열에 올랐다. 미식의 기본은 '다양한 경험'이다. 썰면 피가 배어나는 덜 구운 스테이크부터 몽골 스타일 양고기, 고수가 듬뿍 들어간 중국 남쪽 요리, 취두부에 피단(삭힌 오리알)까지 가리지 않고 맛있게 먹는다. 성공한 요리는 맛이 없을 수가 없다는 게 변신에 성공한 그의 주장이다. 차이가 있다면, 어떤 음식의 경우 여러 번 먹어보고서야 그 단순하면서도 깊은 맛에 눈을 뜰 수 있다고 한다. 그의 변화는 입맛에 그치지 않는다. 어떤 것이든 낯설더라도 시도하고 경험해보는 스타일로 성격까지 바뀌었다.

입맛도 자기계발의 영역이다. 숱한 시도에 연구와 노력이 따라야 더욱 다양하고 맛있게 먹을 수 있다. 맛의 세계는 오묘하고 미묘하기에 알면 알수록 경험하면 경험할수록 더 넓은 신세계를 만나게 된다.

나도 친구의 주장에 동의한다. 내가 직장생활 초기, 여기저기 기웃거리고 다니게 된 계기 중의 하나가 음식 콤플렉스였다. 다양한 사람들을 만나 어울리면서 나의 좁았던 '스트라이크 존'을 넓힐 수 있었다. 먹어본 게 늘어나면서 낯섦에 대한 거부감이 줄었고, 경험이 쌓이자 여유와 자신감이 생겼다. 맛난 음식을 함께 먹으며 즐기는 행복은 누구와 먹느냐에 따라 또 달라진다. 맛을 폭넓게 알수록 다양한 사람들과의 '접점'이 늘어난다. 나의 이름이 '함께 밥 먹고 싶은 사람' 리스트에 더 많이 오르게 된다.

개방적인 사람은 어떤 분야에서든 새로움에 열린 태도를 가질 가능성이 높다(경험). 낯선 기회를 두려워하지 않기에 우선은 시도해보고(도전), 그보다 나은 정보가 생기면 믿음과 행동을 스스럼없이 바꾼다(유연성과 매너). 새로움을 추구하므로 미지의 영역에 자주 접하며 일상을 활기로 채운다(지식과 역동성).

지금도 낯선 음식을 발견할 때마다 도전해본다. 어쩌다 한 번씩은 깜짝 놀랄 맛을 발견하기도 한다. 그 행운을 가까운 사람들을 불러 나눈다. 즐거움과 함께 거듭나는 나를 느낀다.

4
남다른 사회 지능

　아내의 동네 친구 중 유독 운이 좋은 이가 있었다. 은행이나 마트의 경품에 잘 뽑히고, 백화점 가면 때맞춰 관심 품목 세일이 시작된다나. 아내가 목격한 바로는 "다음 주에 상품권 행사를 하니까 그때 오라"며 정보를 주는 직원까지 있더란다. 함께 있으면 덕을 보는 일이 생기니 가까운 이들 사이에 그 친구가 인기를 끌 만도 했다. 요령이 좋은 건가, 싶은데 아내의 해석으로는 '붙임성이 좋은 외향형'이라고 한다.

　요령이 좋다는 것은 '센스'랄까, '주변머리(일을 주선하고 변통하는 재주)'와도 통한다. 이런 사람을 보면 어쩐지 술술 풀리는 느낌이 있는데, 당사자가 예리해서 남들에 비해 더 많은 기회를 만나는 것일 수도 있다. 경험과 관찰이 축적된 결과로 볼 수 있다. 이를테면 평범한 척하는 '생활의 고수'라고 할 수 있다.

운이 따르는 사람을 가만 보면, 타인과 잘 어울리는 특성이 공통적이다. 이건 상당한, 때로는 엄청난 능력일 수 있다. '사회 지능'은 행운의 문을 여는 메인 열쇠 중 하나라는 말도 있기 때문이다. 타인과 잘 지내려는 의지가 바깥세상과 관심을 주고받는 생활로 이어지다 보니 운 또한 따르는 것이다.

외향적인 사람은 낯선 이에게도 말을 쉽게 붙이기 때문에 흥미로운 일을 만날 기회도 더 자주 얻게 된다. 노출도도 높아서 남들 눈에 띄고 기억되므로 다가오는 접촉 또한 많다. 하지만 기회가 많은 만큼 악연 역시 가까이 있다.

지인 중에 '사회성 아드레날린'이 흘러넘치는 사람이 있다. 누가 감사장을 주는 것도 아닌데, 자기 흥에 겨워 사람들을 엮어 모임을 만드는 게 그의 취미다('모임 메이커'라고 하자). 나는 이따금 그가 부담스러웠다. 분위기 메이커 역할까지는 좋았다. 그러나 너무 빨리 '친한 척', 초면에 거리를 제로로 만들고 싶어하는 욕심이 느껴질 때마다 마음이 불편했다. 무리하지 않는 모임이 무리 없이 오래 이어진다는 게 나의 생각이다. 각자 다른 '편안한 거리'가 수렴되기까지는 시간이 걸릴 수밖에 없으니까.

또 하나, 거북했던 장면이 그의 '사람 마케팅'이었다. 누군가를 소개하면서 굳이 띄워주려는 해설이 도를 넘을 때가 있었다. "이분이 어디 출신에 응? 원래는 이런 자리에 나올 분은 아닌데 응?" 하는 식으로 소개하곤 하는데, 내가 그 당사자였을 때에는 '쥐구

멍'을 파서 숨고 싶을 정도다.

'모임 메이커'의 흘러넘치는 사회성이 결국은 선을 넘고 말았다. 전 직장에서 친했다는 후배를 챙겨주겠다며 오지랖을 발휘한 게 시작이었다. 좋은 회사에 꽂아주려고 인맥을 총동원했다. 그런데 떠밀리듯 면접을 봤던 당사자가 분노에 타올랐다. "쓸데없는 이야기까지 퍼뜨려 나에게 모멸감을 주었다"라고 인터넷에 저격 글을 올린 거였다. 업계에 소문이 돌았고 그 소문이 불씨 하나를 살려냈다.

과거 '모임 메이커'가 거래처와 회식 중에 장난삼아 했다는, 당시 사과로 봉합했던 문제의 언행이 다시 부각되었다. 당사자가 고발하겠다며 변호사를 통해 의지를 전해왔다. 장난이었는지, 심했는지, 아니었는지를 나로선 알 수 없지만, 그 당사자가 모욕감을 느꼈다면 어쨌든 심각한 일이다.

'모임 메이커'는 좋은 흐름을 탔을 때는 특유의 친화력으로 승승장구할 수 있었다. 그러나 그게 도를 넘는 순간 흐름이 바뀌었고 승승장구가 불운에 재앙으로 돌변했다. 연이은 구설과 시비에 그가 오랫동안 힘들여 쌓은 경력이 종잇장만큼이나 가볍게 날아가고 말았다.

내향적인 사람이라고 행운을 만나는 데 불리한 것은 아니다. 내향형의 경우 표현이 상대적으로 적다는 차이가 있을 뿐 사회성이 떨어지는 것은 아니다. 내향형이었기에 큰 행운을 만난 유명한 사례도 있다.

영국의 한 엔지니어가 영업직으로 발령을 받고 상사에게 하소연했다.

"저는 엔지니어인 데다 내성적이라 영업에 맞지 않습니다."

상사가 그를 설득했다.

"영업직이라고 말을 잘해야 하는 것은 아니야. 거꾸로 고객의 말을 잘 들어보게. 불편에 귀를 기울이고 해결하려 노력한다면 그게 좋은 영업사원이지."

고객들에게서 들은 불편이 그에게 '행운 지도'가 되었다. 고객의 불편을 해결하려고 집중하다 보니 여러 가지 아이디어가 생겼다. 내향형 특유의 장점을 발휘해 몰입하는 과정에서 혁신이 일어났다. 먼지 봉투가 필요 없는 진공청소기, 날개 없는 선풍기, 머릿결을 덜 손상시키면서 빠르게 말려주는 헤어드라이어 같은 혁신적인 제품을 잇달아 만들어냈다. 바로 제임스 다이슨의 이야기다. 그는 내향형이었기에 행운의 지도를 얻었고 다이슨을 창업해 영국 제일의 부자가 될 수 있었던 것이다.

자신을 둘러싼 세상과 편하게 어울리는 정도로 충분하다. 아내의 '재수 좋은 친구'가 마트에서 시식할 때처럼 "깜짝 놀랐어요. 정말 맛있네" 하는 정도의 표현은 누구나 어렵지 않게 할 수 있다. 별것 아니지만 상대의 기억에 새겨지는 좋은 태도, 이런 마음은 어디를 가나 환영받는다. 모두를 휘어잡는 특별한 화술이나 거한 점심을 쏠 만한 두툼한 지갑이 없어도 두루 잘 통한다.

외향형이 행운을 만날 기회를 좀 더 많이 누리는 건 사실이지만, 자칫 선을 넘으면 남들을 힘들게 하고 상처까지 줄 수 있다는 점을 기억해두면 좋겠다. 내향형은 사람들과 편하게 지내는 거리에 익숙해진다면 사람을 보는 안목과 여러 입장에서 생각하는 지혜를 발휘할 수 있다. 사람마다 제각각 자신에게 맞는 사회 지능을 발휘하기 나름이다.

5
살짝 낙관적이면서 살짝 비관적인

풍선(열기구를 말하는 게 아니다)을 타고 나흘 만에 세계일주도 가능할 것 같은 친구가 있다. 땅에 발을 딛지 않는 그는 '내가 가는 길이 역사가 될' 거라고 믿는 이다. 그를 '둥둥맨'이라고 하자. 또 한 사람, 둥둥맨과는 한국과 우루과이만큼 먼 대척점에 존재하는 부류가 있는데 그는 '미스터 둠Doom'이다. 블랙 리얼리즘의 살아 있는 전설이라 해도 과언이 아니다. 판타스틱 둥둥맨과는 반대로 땅 밑으로 꺼져 들어가는 느낌의 비관론자다.

둥둥맨은 입만 열면 "다 된 거라니까?" 하고 목소리를 높인다. 걱정 붙들어 매라는 식이다. "그 회사가 이번에 상장만 되면", "그곳에 도로 하나만 뚫리면" 게임이 끝난단다. 미스터 둠은 "안 될 테니까 꿈도 꾸지 말라"고 기를 죽인다. "그게 되겠어?", "○○해서 안 돼"가 그의 주요 멘트다.

낙관론이든 비관론이든 많은 에너지가 필요한 모양이다. 둥둥맨의 경우 남의 에너지는 물론 남의 돈까지(큰돈은 아니지만) 아낌없이 가져다 불태운다. 미안해하는 것도 잠시뿐, 이내 새로운 풍선을 타고 신대륙을 찾아 나선다. 미스터 둠은 겨울왕국의 사신처럼, 분위기를 싸하게 만들어 남들의 에너지를 순식간에 앗아간다(이쯤에서 왜 실명으로 쓰지 않는지 짐작할 것이다. 자기 이야기를 쓴 걸 알면 최소 전치 4주다. 그래서 별명도 붙이고 각색도 했다. 누가 이 책을 읽고 당사자에게 "혹시 너 아니냐?"고 묻지 않기를 바랄 뿐이다).

낙관론도, 비관론도 '스스로에게 거는 주문'처럼 보이기도 한다. 잘될 거로, 혹은 안 될 거로 여겨 마음을 지켜내는 나름의 '보호 장치'랄까. 둥둥맨으로선 잘될 테니까 공격적으로 나서보고, 안 되면 다른 걸 찾으면 된다는. 미스터 둠은 실패를 디폴트로 설정, 안 풀리는 게 당연하니 실망할 일이 없고, 혹시라도 잘되면 예상이 틀렸더라도 좋은 일이다.

각자의 처지이자 인생을 보는 관점이기도 하다. 둥둥맨에겐 삶이 온통 주인 없는 기회로 보이는 것 같다. 어쩌다 하나만 터뜨려도 눈부신 성취를 이룰 수 있다는 신념을 가졌다. 미스터 둠에겐 세상이 위험천만이므로 나와 가족을 지켜내는 게 삶의 미션일 수 있다.

자, 이쯤에서 궁금한 부분, 희대의 낙관론과 희대의 비관론이 본격적인 대결을 벌이면 어떻게 될까. 난리가 날 것 같지 않은가?

하지만 이상하게도 둘이 은근히 잘 어울린다. 서로 딴지를 놓기는 하지만 그 '수위'가 늘 고만고만해서 어찌 보면 조화롭게 보일 때가 많았다. 신기할 정도로 죽이 맞는다고나 할까? 상극인 두 사람을 죽이 맞는다고 하긴 어렵겠지만, 그 와중에 나름의 균형을 유지하고 있는 셈이다. 창과 방패의 모순처럼.

존 크럼볼츠 교수는 "적극적이며 긍정적인 태도를 가진 사람이 '계획된 우연'을 만날 가능성이 높다"고 분석했다. 밝은 면을 주로 보기 때문에 기회를 남들보다 잘 발견하는 경향이 있다는 것이다. 또한 스스로가 운이 좋다고 믿으면, 그걸 어떻게든 입증하려는 행동을 하기 마련이어서 태도와 말로 자주 표출되며, 행운을 찾아가게 된다는 '행동확증Behavioral Confirmation'의 경향도 있다고 설명한다.

낙관론자가 아닌 입장에서 보면 맥 빠지는 소리로 들릴 수 있다. "비관적이면 평생 재수가 없는 것이냐"며 비관할 수도 있겠지만 그렇게 비관만 할 일은 아니다. 절대 안 바뀔 것 같은데도 바뀌기도 하는 게 사람 성격이기도 하니까 말이다. 특히 어떤 사람과 함께 지내느냐에 따라 영향을 받는다고 한다. 곁에 밝고 안정적인 사람이 있으면 그 덕분에 힘든 순간을 어렵지 않게 넘길 때가 있다. 나의 경우 그런 아내와 붙어 지내다 보니 성격이 다소 바뀌었다.

원래 나는 극단적인 ISTJ였다. 내향(I)-감각(S)-사고(T)-판단

(J). 현실감각과 체계성은 뛰어나지만 공감력은 떨어지는 스타일이다. 아이에게 원망을 자주 들었다. 시험 망쳤다고 하면 "네가 공부를 안 했으니 당연하지"라고 하거나 위로라고 해준 말이 "다음엔 잘 볼 수 있을 거야" 정도였다. 그러고는 이렇게 덧붙이기도 했다. "다만 공부를 제대로 했을 때에 한해서 그렇다는 거"라고. 아이가 화가 나서 펄펄 뛰었다.

재작년엔가 테스트를 다시 받아보니 INFJ로 나왔다. 내향(I)-직관(N)-감정(F)-판단(J). 타인의 감정과 필요를 이해하는 성향이라는 것이다. 놀라운 일이었다. 다른 이의 감정을 의식하면서 주파수 맞추는 연습을 해온 결과이기도 하다. 출판사 대표를 맡아 백수십 명의 직원에 온갖 분야 저자, 거래처 등 다양한 사람을 접하다 보니 경험이 쌓이고 생각이 많아진 영향도 있을 것이다. 요즘은 아이에게 위로도 해준다. "힘들지? 잠시 잊고 맛있는 거 먹자. 기운이 날 거야"라고.

그럼에도 나는 비관적인 쪽에 무게를 살짝 실어주고 싶다. 기회에 대해선 비관적인 입장도 가질 줄 알아야 이면에 감춰진 위험을 발견할 수 있다는 생각이다. 다만 사람들에 대해선 여유 있고 느긋한 태도를 갖는 게 좋다고 본다. 그래야 좋은 경험을 주고받으며 감각을 공유할 수 있으니까.

긍정적인 태도를 갖되 합리적인 기대로 냉정을 유지하는 쪽이 성공 가능성을 높일 수 있다고 본다. 걱정도 자꾸 해봐야 끝없이 살피고 조심하면서 어려움에 대비하게 된다.

베트남 전쟁 중 포로로 잡혔던 미군들의 생존기에서도 '막연한 긍정적 태도'는 도움이 되지 않았음이 드러났다. '조만간 석방될 것'이라고 믿었던 포로들은 하나둘 병에 걸려 죽음을 맞이한 반면, 포로라는 현실을 받아들여 하루하루의 생존에 충실했던 이들이 주로 살아남아 고향 땅을 밟을 수 있었다.

낙관형이든 비관형이든 어느 쪽으로 많이 기울지 않고, 여러 사람의 감각을 수렴하면서 균형을 유지하는 게 정말로 운이 좋은 게 아닐까.

6
다르게 보기

다윗과 골리앗 이야기로 시작해야겠다.

골리앗은 2미터 장신에 청동 투구와 갑옷을 걸쳤고 길고도 무거
운 창을 휘둘렀다. 갑옷 무게만도 60킬로그램에 육박했다. 이스
라엘의 지도자는 골리앗과 싸우게 된 다윗에게 투구, 갑옷, 칼을
주었다. 어리고 약한 다윗은 그것들 대신 양치기 지팡이, 개울에
서 주운 돌멩이 다섯 개, 마지막으로 돌팔매 끈을 가지고 대결 장
소에 나갔다.

두 사람이 마주 섰다. 아마도 골리앗은 이런 전략을 준비하지 않
았을까 싶다. 꼬마를 조금 놀려주고 위협해 기가 질리게 만든 다
음 기다란 창을 휘둘러 목숨을 빼앗겠다는. 그런데 다윗이 예상
치 못했던 행동을 했다. 용사들의 방식으로 마주 서기도 전에 돌

팔매 끈을 꺼내더니 돌멩이를 재어 골리앗을 향해 던진 것이다. 이마 한가운데에 정통으로 돌멩이를 맞은 골리앗은 즉사하고 말았다.

허탈한 승부였다. 비장감이 넘쳐야 마땅할 승부가 이처럼 상상할 수 없는 방식으로 순식간에 끝이 나다니. 게다가 투구와 갑옷, 칼과 방패도 없이, 부족 간의 전쟁이자 대표끼리의 대결에서 느닷없이 돌팔매질하는 건 뭔가? 전사들의 세계에선 상상할 수 없는 일이었다. 반면 다윗이 보기에는 중무장한 거인과 창칼로 싸운다는 것이 자살행위나 다름없었다. 그래서 선택한 게 돌팔매였다. 당시의 관념에서 보면 어이없는, 반칙 같은 전략이었다.

아이디어 하나로 큰 성과를 이룬 사람들을 흔히 다윗에 비유한다. 불리한 여건에서 골리앗과 대결을 벌여 승리했다는 맥락이다. 하지만 나는 극적으로 대비되는 양쪽의 외형보다는, 여기 등장하는 소품이 오히려 다윗과 골리앗 싸움의 본질을 보여준다고 생각한다. 다윗의 돌팔매 말이다. 이미 크게 이뤄낸 입장에서 보면 작은 도전자의 돌멩이 역시 기이할 정도로 초라하게 느껴질 것이다. 대다수의 경우 출발점이란, '작은 싹'에 불과하며 어느 각도에서도 소소하게 보이기 마련이다. 심지어 전문가로서도 새로울 게 없어 보인다.

세르게이 브린과 래리 페이지의 구글도 '학술 논문 인용 기법을 인터넷 검색에 결합해보면 어떨까' 하는 아이디어로 출발했다. 업계 전문가들에겐 새로울 게 없어 보였다. 당시의 IT 대기업 알타비스타와 야후 양사 모두 "기술을 사달라"는 두 사람의 제안을 거절했다. 그게 두 사람에게 행운이 됐다.

사람들이 가진 대표적인 선입견 중 하나가 '세상을 뒤흔들어 놓은 아이디어라면 뭔가 극적인 사건이나 경험을 통해서 얻어질 것'이라는 생각이다. 실제로는 전혀 아니다. 평범한 일상에서 얻은 경우가 대부분이다. 우연히 듣게 된 대화나 누군가의 퉁명스러운 지적, 경쟁자의 푸념 등이 계기가 되어 다른 시선으로 보게 되었다는 쪽이 진실이다. 다윗 역시 평소 하던 일에서 아이디어를 갖고 왔다. 자기가 돌보던 양 떼를 노린 짐승들과 맞선 적이 있는데, 골리앗 역시 덩치가 엄청나다고는 해도 그것들과 크게 다르지 않다는 생각이었을 것이다. 목동의 일을 인간 골리앗에게 적용해 본 것뿐.

행운은 낯설 수도 있지만, 의외로 평범한 얼굴일 때도 있다. '매일 보던 사람이 다른 표정을 하고 다가오는 정도'일 때가 많더라는 것이다. 그러니 약간 다르게 보면 지금까지와는 다른 맥락을 만날 수 있다. 이를 리프레이밍reframing 효과라고 한다.

나도 몇 번의 실패 후에 시작한 출판 기획으로 행운을 만났다. 그 후로 다윗의 관점을 자주 이용하게 되었다. 출판 기획의 핵심 역시 '남들과 다르게 보고, 포인트를 달리 잡는 것'이다. 이미 존재하는 이론이나 경험에 다른 관점을 갖다 붙이면 기존과는 다른 낯선 콘셉트와 이야기가 탄생한다.

책 제목을 붙일 때도 마찬가지다. 콘셉트를 몇 글자의 제목으로 표현하기 위해 흔한 아이디어를 수없이 꺼내어 낯선 개념들과 결합하는 과정에서 독자들의 마음에 꽂히는 제목이 뽑힌다.

'다르게 보기'는 음악이나 영화, 드라마, 출판 같은 문화 쪽 사업의 출발점이다. 크게 보면, 그 모든 비즈니스의 창의적 업무들 역시 그럴 것이다.

시작할 때는 확신이 서지 않는다. 사람마다 취향과 관점이 다르니, 반대에 부딪혀 잠시 중단되거나 업신여김을 당하기도 한다. 어느 정도는 들어본 것 같고, 그래서 익숙해 보이기도 하고, 부족해 보이는 와중에 이상하게 끌리는, 그런 아이디어가 상품으로 구현되어 사람들의 사랑을 받는다. 뻔하면서도 낯선 요소에 익숙한 분위기와 조금 앞선 트렌드, 여기에 우연이 만나 '히트 상품'이 만들어진다. 확신했던 기획은 망하고, 버릴까 망설였던 무쓸모가 쓸모를 넘어 대박을 낸다. 대형 출판사나 유명 저자들도 자주 경험하는 일이다.

우리가 매일 접하는 일들이 앞으로 어떤 양상으로 변하게 될지, 어떤 식으로 우리의 삶을 흔들어놓을지 섣불리 예단할 수 없다. 하지만 그것이 바로 운이 작동하는 방식이다.

운이 좋다는 이야기를 듣는 사람들의 공통점, '관점을 달리한다'를 자주 떠올릴 필요가 있다. 가만히 있는데 행운이 다가왔다기보다는, 남다른 관점으로 뻔하고 익숙해 보이는 일상을 다르게 보아 행운을 맞아들였다는 쪽이 맞을 것이다.

7
기회가 많은 곳으로 가서 어울린다

　인터넷의 독서 커뮤니티에 가입해 활동 중이다. 활동이라고 해봐야 별것 없다. 남의 글을 읽고 추천이나 가끔 눌러주는 정도. 이른바 '유령회원' 수준이다. 어쩌다 이틀인가 결석했더니 그사이에 큰일이 벌어졌다. 전자책 서비스, 밀리의 서재 1년 구독권 '반짝 세일의 광풍'이 지나가버린 거였다. 전국의 독서 애호가들이 눈이 빠지게 기다리는 1년에 한 번뿐인 기회, 그걸 놓쳤다. 마침 구독 기한이 만료 직전이라 '정가에 구독해야 하나?' 망설이며 커뮤니티에 올라온 회원들의 글을 훑어봤다. 그러다 누군가 1분 전에 올린 글을 발견했다.

　"부산인데요. 밀리의 서재 1년 구독권이 우리 동네 당근마켓에 올라왔네요. 혹시 필요하신 분 계신가요? 제가 중개해볼게요."

　익히 아는 대로, 당근마켓은 집이나 직장 부근에서 중고물품을 직접 만나서 거래하는 스마트폰 앱 장터이다. 먼 곳임을 핑계 삼아 택배 거래로 유도한 뒤 송금만 받고 잠수를 타는 중고장터 사기가 거의 없다. 우리 동네 당근에선 밀리의 서재 구독권을 구경해본 적이 없었다. 재빨리 답글을 달고 내 핸드폰 번호를 전했다. 잠시 후 부산의 판매자에게서 문자 메시지가 왔다. 그의 계좌에 송금한 뒤 구독권 번호를 받았다. 곧바로 밀리의 서재에 번호 등록 완료. 저렴한 비용으로 1년 연장에 성공했다.

세상에 이런 행운이 다 있네! 인터넷 커뮤니티의 '이름 모를 행운 천사'가 중개해준 덕분에 부산의 '믿을 수 있는 매물'을 안심하고 구입할 수 있었다. 밀리의 서재로 책을 읽다 보면 그 흐뭇한 기억이 종종 떠올라 웃음 짓게 된다.

운 좋은 일이란, 흔히 생각하듯 '오로지 우연으로만' 발생하는 것이 아니다. 행운과 마주칠 만한 공간과 시간에 자주 있으려고 의식적으로 노력과 관리를 해온 소산일 때도 있다. 딱 그 시간, 딱 그 장소에서 만난 것은 우연일 수 있겠으나 그런 일이 이뤄지기까지의 의식적이며 논리적이고 지속적인 흐름이 존재했다면 그 부분을 부인하기 어렵다.

나는 독서 커뮤니티에 하루 서너 번 들어가보는 루틴을 가지고 있다. 그러다가 용케 행운 천사의 글을 먼저 발견하고, 남들보다 앞서 댓글을 올려 기회를 선점한 거였다. 내가 부산의 판매자와 소통하며 돈과 구독권 번호를 주고받는 사이에도 몇 분 차이로 늦은 경쟁자들의 "내가 구입하고 싶다"는 댓글이 수두룩하게 달렸다.

나의 구독권 구입은 어쩌다 마주치는 소소한 행운이었던 반면, 일생을 좌우할 행운의 기회와 마주치기 위해 치열하게 살아가는 프로들의 세계도 있다. 업계 종사자들이 자주 모인다는 카페에서 연예인 지망생들이 아르바이트를 구하는 이유가 그렇고, 연결점을 만들고 싶은 이들이 주요 인사의 피트니스클럽이나 단골 식당에 시간을 봐가며 예약하는 속내 역시 다르지 않다.

그럴 만한 사람이 모이는 곳에 가면, 도움을 주고받을 인맥을 형성할 가능성이 높아지는 것이 당연하다. 우연이 일어나기를 수동적으로 기다리는 게 아니라 자주 마주쳐 인연으로 이어질 수 있도록 적극적으로 '얼굴 도장'을 찍어두는 것이다.

그렇지만 이와 반대로, 목표를 명확하게 설정하고 이로부터 역산해 성공을 계획적으로 만들 수 있다는 시나리오는 현실적이지 않다. 상대가 알지도 못하는 나의 대본에 손발을 하나하나 맞춰줄 턱이 없지 않은가.

테레사 수녀님이 비행기 1등석을 자주 이용했다는 글을 본 적이 있다. 그 이유에 대해서는 여러 가지 설이 분분하다. 항공사 회장이 수녀님의 취지에 감동해 평생 1등석을 지원해줬다는 설, 수녀님을 후원하는 자산가가 무제한 마일리지를 양도했다는 설, 그녀가 세상의 밑바닥에서 어려운 사람들과 함께했지만 비행기만은 1등석에서 편하게 쉬는 걸 좋아했다는 설까지…. 수녀님이 살아 있을 때에는 대놓고 비난하는 사람이 적지 않았다고 한다.

하지만 다른 관점에서 접근한 또 하나의 유력한 가설도 있다. 테레사 수녀님의 입장에서 보면 이른바 '가성비가 가장 좋은 곳' 중의 하나가 비행기 1등석이었을 것이란 점이다. 갑부들을 꼼짝할 수 없는 처지로 몰아 몇 시간 동안 기부와 후원을 거듭 설득하고 부탁할 수 있는 장소로 비행기만 한 공간이 어디 또 있을까? 문을 열고 뛰어내릴 수도 없으니, 이 점을 노린 선택이었다면 상당한 성과를 거두었을 것 같다.

사람들은 누군가를 만나면 그에게서 기회를 얻을 수 있다는 점을 무의식으로 알고 있기 때문에 공통의 관심사 혹은 이해관계를 위해 모이는 경향이 있다. 비슷한 사람들이 모여드는 곳, 그곳에서 행운을 만날 가능성을 비약적으로 높일 수 있다. 가급적이면 기회가 많은 곳에 가서 어울려보자.

8
부지런히 다니고 소문낸다

후배('용수'라고 하자)에게서 전화가 왔다. 용수는 삼사 년 전 유망하다는 아이템을 잡아 작은 회사를 창업했다. 일이 잘 풀려서 '얼굴 보려면 두어 달 전에 예약부터 잡아야 한다'는 말이 나올 정도로 잘나갔다. 그런 용수가 밥 좀 사달라고 연락했다. 회사 망했다고…. "얼마 못 갈 것 같아서 직원들 마지막 월급에 위로금 챙겨주고 회사 간판을 내렸다"고 했다. 투자금을 모두 날린 것은 물론 대표이사로 보증을 섰던 상당한 빚까지 떠안게 됐단다.

만나보니 의외로 표정이 어둡지 않았다. 밥 먹는 사이, 여기저기서 전화와 카톡이 왔다. 밥 먹는 스케줄 잡는 거였다. '회사 망해 빚이 천정부지라면서 한가하게 무슨 밥 먹자는 약속인가? 이놈, 뭐지?' 싶은데, 녀석이 부탁을 해왔다. "이야기 좀 많이 전해달라"는 거였다. 자기 망했으니까 이제 시간 많다고. 이게 무슨 자랑도 아니고, 말아먹었다고 소문내달라는 놈이 있다니. 그래도 원하는 대로 단톡방 두 군데에 글을 올려주었다.

"용수가 회사 망해 백수가 됐다네요. 밥 좀 사달랍니다."

용수는 망하고 나서 한동안 두문불출했던 과거의 나와는 확연히 다른 것 같았다. 불운의 무서운 점 가운데 하나가 '의욕을 빼앗아간다'는 것일 터다. 불운에 깊이 빠져들면, 다시 일어설 기회가 와도 귀찮아하게 된다는 말이 있을 정도다. 실의에 빠진 채 가만있으면 더욱 위축되기 마련이다. 심사도 뒤틀린다. 들어보니, 용수 역시 처음엔 집에 틀어박혔단다. "실패한 뒤로 마음이 옹졸해졌는지 걱정해주는 전화를 받아도 좋게 들리지 않았다"고 한다. 그래도 어떻게든 해봐야겠다고 마음을 먹었고 '집 밖으로 일단 나가보자' 하고 결론을 냈다.

심리학자의 칼럼에서 비슷한 대목을 본 기억이 난다. "힘겨운 국면에서 벗어날 방법이 좀처럼 보이지 않을 때는 몸부터 움직여 마음에 활기를 불어넣는 게 가장 좋은 새출발"이라는 것이다. 그 활기가 잠들어 있던 운까지 흔들어 깨워줄 수 있다. 아무리 지옥의 구렁텅이에 빠졌더라도 무엇이든 해봐야 하는 게 맞다.

용수는 "밥 사주겠다"는 연락이 쇄도한다며 즐거워했다. 백수의 자격으로 당당하게 얻어먹으러 다녔고, 그 소식이 이어져서 또다른 약속이 잡혔다. 격려도 배 터질 만큼 받았다. 녀석이 그만큼 잘 살아왔다는 방증이기도 했다. 그의 말로도 "태어나서 이렇게 관심받아 보기는 처음"이란다.

미국의 신경과학자 제임스 오스틴은 끊임없이 움직이면서 색다른 시도를 할 때 만날 수 있는 행운을 '케터링 원리Kettering principle'라고 명명했다. 노력을 기울이고 신경을 쓸수록 아이디어가 더 많이 샘솟고 정교해지기 때문이다. 케터링 원리는 1900년대 초반, 버튼식 자동차 시동장치를 개발한 공학자 찰스 케터링의 이름에서 따왔다. 케터링은 자동차 부품회사의 경영자이기도 했는데, "가만 앉아 있다가 뭔가 혁신적인 걸 발견했다는 이야기를 내 평생에 들어본 적이 없다"며 직원들에게 우선 움직이라고 주문했다는 일화가 있다.

돌아다니다 보면 최소한, 고장난 녹음기처럼 반복 재생되는 자기 의심과 번민을 멈추고, 그 대신 활기차게 흐르는 일상을 다시 만날 수 있다. 그러고 보니, 나도 비슷한 경험이 있다. 원래 약속이 많아 행동반경이 넓지만 이따금 몸이 안 좋거나 힘든 상황일 때에는 고민에 빠질 때가 있다. 나갈까 말까, 망설이게 되는 것이다. 하지만 그럴수록 컨디션을 조절하고 상황을 바꿔나간다. 거절한 뒤에 남을 내 마음의 부담이나 상대에 대한 미안함을 생각해보면 역시 움직이는 쪽으로 결론이 나고 만다. 그렇게 나간 모임에서는 "역시 나오기를 잘했어"라며 기분 좋게 돌아올 때가 많다.

데일 카네기도 언급한 적이 있다.

"아무것도 하지 않으면 의심과 공포가 생긴다. 행동하면 자신감과 용기가 생긴다. 두려움을 정복하고 싶다면 집에 앉아서 생각만 하지 말고, 나가서 바쁘게 움직여라."

용수도 그랬다. "백수가 되더니 엄청 얻어먹고 다닌다"는 소문이 났고, 사람들의 근황 토크에 그의 이름이 오르내렸다. 그 소식이 마침 전문경영인이 필요했던 회사 오너의 귀에 들어갔다. 넉살좋은 놈이 어떻게 생겨먹었는지 궁금하기도 했을 것이다.

용수는 백수가 된 지 석 달이 채 안 되어 신설법인의 전문경영인으로 영입됐다. 나는 그제야 그가 소문을 내달라며 부지런히 여기저기 쫓아다녔던 의미를 깨달았다. '백수 신세'와 '얻어먹는다'는 소문에는 다른 정보가 부록처럼 따라다니기 마련이었다. 그가 뭘 하다 망했는지, 어떤 분야에 강점이 있고, 어느 정도의 내공과 인덕을 가졌는지…. 녀석은 결국, 남들의 입을 빌어 떠들썩하게 구직활동을 한 셈이었다. 물이 흘러야 바다에 닿을 수 있는 것처럼 사람도 움직여야 행운을 만날 수 있다.

뉴스를 보니 링크드인 같은 커리어 중심 SNS를 통해 1분마다 여섯 명꼴로 고용이 이뤄진다고 한다. 실직처럼 힘든 상황에 처해 있다면 더욱더 사람들을 만나 소문을 내는 게 낫다. 소문이 우리보다 더욱 부지런하고 빠르니까 말이다. 내가 지금 어떤 처지이며, 내가 무엇을 원하고 있는지, 더 많은 사람들이 알게 하는 것이다. 사람들 사이에 나의 정보가 회자되어야 나를 떠올릴 확률이 높아진다는 점도 분명하다.

9
매일 행운 포인트를 적립한다

　존경하는 사람이 없었다. 어릴 때부터 그랬다. 수업시간에 발표
하라고 해도 딱히 그럴 만한 대상을 꼽기 어려웠다. 남들처럼 '부
모님' 혹은 '세종대왕', '이순신 장군'으로 대충 타협하는 게 이상
하게도 싫었다. 그래서 "없다"고 했다가 '이상한 녀석' 취급을 여
러 번 받았다. 그런 내게 이제야 존경스러운 인물이 생겼다. 일본
인 메이저리거 오타니 쇼헤이가 그 주인공이다. 겨우 서른을 넘겼
으니, 나보다 한참 어린 사람이다. 완벽한 인간의 전형을 그에게
서 본다. 출중한 능력에 잘생긴 외모, 그보다 놀라운 인성!

　그는 베이브 루스에 이어 100년 만에 투수와 타자 양쪽에서
'사상 최고'라는 찬사를 듣는다. 투수로 마운드에 오르면 시속
161킬로미터의 강속구를 던진다. 타석에서도 시즌 홈런 기록을
매년 갈아치울 태세다. 발까지 빨라서 메이저리그의 도루 기록을

몸 관리	영양제 먹기	FSQ 90kg	인스텝 개선	몸통강화	축을 흔들리지 않기	각도를 만들기	공을 위에서부터 던지기	손목강화
유연성	몸 만들기	RSQ 130kg	릴리즈 포인트 안정	제구	불안정함 없애기	힘 모으기	구위	하체 주도
스태미나	가동역	식사 저녁 7수저 아침 3수저	하체 강화	몸을 열지 않기	멘탈 컨트롤 하기	볼을 앞에서 릴리즈	회전수 업	가동역
뚜렷한 목표, 목적 갖기	일희일비 하지 않기	머리는 차갑게 심장은 뜨겁게	몸 만들기	제구	구위	축을 돌리기	하체강화	체중증가
펀치에 강하게	멘탈	분위기에 휩쓸리지 않기	멘탈	8구단 드래프트 1순위	스피드 160km/h	몸통강화	스피드 160km/h	어깨 주위 강화
마음의 파도를 만들지 않기	승리에 대한 집념	동료를 배려하는 마음	인간성	운	변화구	가동역	라이너 캐치볼	피칭 늘리기
감성	사랑받는 사람 되기	계획성	인사 잘하기	쓰레기 줍기	청소하기	카운트볼 늘리기	포크볼 완성	슬라이더의 구위
배려	인간성	감사	장비 아껴쓰기	운	예의 바르게 심판을 대하기	늦게 낙차가 있는 커브	변화구	좌타자 결정구
예의	신뢰받는 사람 되기	지속력	플러스식 사고하기	응원받는 사람 되기	독서하기	직구와 같은 폼으로 던지기	스트라이크 에서 볼을 던지는 제구	거리를 이미지화 하기

연이어 갈아치우는 중이다. 인품마저 훌륭하다. 누구에게나 친절하며 맞붙는 상대 팀에도 깍듯하게 예의를 지킨다. 아내 또한 밝고 겸손한 인물을 맞이했다. 그를 싫어하려면 아마도 죄책감 테스트부터 어렵게 통과해야 할 것 같다.

그가 사상 최고의 야구 선수라는 사실은 대부분 알지만, 그가

인사하기	쓰레기 줍기	청소하기
장비 아껴쓰기	운	예의 바르게 심판을 대하기
플러스식 사고하기	응원받는 사람 되기	독서하기

오타니의 만다라트 '운' 항목

최고에 이르기 위한 자신의 계획을 어떻게 준비해 매일 실천해왔는지 아는 사람은 그다지 많지 않다. 설령 들어보았더라도 대수롭지 않게 넘겼던 경우가 대부분이다.

그가 고1 때 만들었다는 만다라트를 보면 경이로운 수준을 넘어 '인간이 맞나?' 싶을 정도다. 만다라트란 일본의 경영연구소가 고안한 습관 관리표다. 불교의 만다라 모양을 닮았다고 해서 만다라트라고 불린다. 그는 선수로서 핵심 기량(몸 만들기, 제구, 구위, 멘탈, 스피드, 변화구) 외에 '인간성'과 '운'을 성공의 필수 요인으로 꼽았다. 더욱 기가 막힌 부분은 운을 '우연과 확률'이 아닌 '관리와 노력'의 영역으로 보고 운을 모으기 위한 구체적인 지침까지 설정해 매일 실천했다는 점이다.

오타니가 작성한 만다라트의 '운' 항목을 보면, 정중앙에 '운'이 있고 그 주위를 8개의 사각형이 에워싸고 있다. 각각의 사각형에는 '인사 잘하기', '쓰레기 줍기', '청소하기', '장비 아껴 쓰기', '예의 바르게 심판을 대하기', '플러스식 사고하기', '응원받는 사람 되기', '독서하기'라고 쓰여 있다. 오타니는 특히 쓰레기 줍기에 대해 "남이 떨어뜨린 운을 줍는 것"이라고 말한다. 우리가 물건을 사면서 포인트를 적립하는 것처럼 그는 일상적으로 운을 모아온 것이다.

황당하게 보일 수도 있다. 이게 무슨 세계 최고를 향한 '나만의 뾰족한 노하우'란 말인가. '착하게 사는 법-실천편' 정도에나 어울리는 행동들 아닌가.

그러나 사실, 이게 간단한 게 아니다. 일주일이나 한두 달이라면 모를까? 1년을, 3년을, 십수 년을 그렇게 살아왔다면 말이다. 쓰레기를 줍고 청소에 앞장서며 장비를 아껴 쓰는 등…. 그렇다면 그 하루하루가 자기관리이며 일종의 '수행'이다. 독서하고, 인사를 잘하며, 심판을 예의 바르게 대하는 노력과 관리(덕)가 쌓여 사람들의 응원과 지지를 이끌어낸다. 주변의 사랑과 관심 속에 자신감을 갖고 미지의 영역에 도전, 자신의 한계를 돌파한다. 사람은 타인의 응원과 지지 속에 안전하다는 믿음이 있을 때 더욱 과감하게 도전한단다. 플러스적 사고로 마음을 열고 세상의 다양함을 받아들인다. 그렇게 선순환을 거듭해가며 나날이 성장한다.

도대체 세상의 어떤 '고1짜리'가 이런 이치를 스스로 깨달아 실천했단 말인가.

우리도 일상에 스며 있는 '행운 포인트 적립의 법칙'을 만난다. '덕'이며 '복'이란 말을 쓰는 것부터가 그렇다. 새해 인사 또는 세배할 때에는 "복 많이 받으십시오"라고 축원한다. 덕담德談을 나눈다. "올해에도 열심히 해", "건강하고 꾸준하기를"…. 덕은 노력해서 쌓는 것이며 덕을 쌓으면 복이 온다고 했다. "덕분입니다"라는 말처럼, 덕은 다른 사람에게 베풀고 나누며 감사를 전하는 것이기도 하다.

덕의 개념은 서양에도 오래전부터 있었다. 이탈리아의 도시국가 피렌체에서 르네상스를 선도했던 메디치 가문, 그들의 사명이 '비르투스virtus의 실천'이었다. 비르투스는 영어 'virtue(덕)'의 라틴어 어원이다. 메디치 가문은 리더에게 주어지는 기회를 '포르투나fortuna(행운)'로 정의했다. 한데 그들은 '포르투나'보다는 '비르투스', 즉 덕을 쌓는 것이 위대하다는 교훈을 후대에 전했다.

덕을 쌓는 것은 노하우라기보다는 태도에 가깝다. 늘 씨앗을 뿌리는 자세로 산다. 매일매일의 노력과 자기관리로 나의 밭에도 심고, 신경을 쓰고 도와주며 타인의 마음에도 뿌린다. 오타니가 누리는 포르투나는 어린 시절부터 심고 뿌렸던 비르투스가 흐드러지게 만개한 것으로도 볼 수 있겠다.

쌓은 덕이 없다고 복이 붙지 않는 것은 아니다. 다만 그런 복은 한 바퀴 돌아 불운 또는 악운으로 돌변하는 경우가 많다. 고액 복권 당첨자들이나 뻥튀기 사업가들의 좋지 않은 후일담이 바로 그것이다.

명리학 전문가에게 오타니의 사주 풀이를 부탁했더니 그분 역시 "이렇게 좋은 사주는 난생처음"이라며 놀랐다. 사주라는 게 단 하나라도 충이나 극, 살 같은 반갑지 않은 기운을 포함하기 마련인데, 오타니의 사주는 전 생애에 걸쳐 둥글둥글한 것이 극히 드문 경우라고 한다. 두뇌가 비상하면서도 노력형에 깊은 사고능력까지 갖춘 더할 나위 없이 좋은 사주라는 것이다.

나는 그럼에도 '다 주지는 않는 게 인생'이니 그에게도 어려움이 닥칠 거라고 본다. 그가 힘들더라도 스스로를 잘 지켜내며 좋은 성과를 이어가기를 빌고 싶다. 언젠가 그의 기세가 다소 약해질지라도, 또 어떤 차원의 다른 감동을 사람들에게 전해줄지 그 부분도 기대가 된다. 나 또한 그에게서 배운 대로 매일 꾸준하게 행운 쿠폰을 적립해가며 그를 지켜볼 생각이다.

10
행운은 눈썰미가 절반

4학년 1학기 기말시험과 신문사의 입사시험이 겹쳤다. 운이 좋았다. 1차 필기시험이 일요일에 우리 학교에서 치러진 것이다. 도서관에서 공부하다가 내려가서 입사시험을 치르고 다시 기말시험 공부를 할 수 있었다. 재수 삼수를 각오한 터라 테스트 삼아 가볍게 응시했다. 그런데 1차 합격자 발표에 내 번호가 있었다. '별일이 다 있네' 싶었다.

2차 작문 시험도 대충 썼다. 한데 예정에 없던 '적성 테스트'가 기습적으로 이뤄졌다. 말이 적성이지 아이큐 테스트였다. 제기랄, 허를 찔렸다. 나의 바닥이 드러나고 말았으니 '이 동네에 더는 얼씬거릴 일이 없겠다'는 예감이 들었다. '아무렇게나 대충'이라는 각오가 확고해져 그 기세로 면접에서 힘을 낼 수 있었다. 면접은 2인 1조로 각 면접관의 테이블을 옮겨 다니며 질문에 답하는 형태로 진행됐다. 나와 같은 조는 머리 벗겨진 아저씨였다. 신입기자 채용인데 논설위원급 인물이 왜 왔나 싶었다.

마지막 면접관이 좀 많이 달랐다. 뜨악한 눈초리에 반팔 티셔츠, 패션의 완성은 신발이라고, 슬리퍼 차림이었다. 더운 날씨에 혼자만 시원하게 있는 건 반칙 아닌가. 면접관은 다리를 달달 떨면서 지원서와 자기소개서를 읽기만 할 뿐 말을 걸어주지 않았다. 뭘 어떻게 해야 하는 건지 혼란스러웠다. 옆자리를 곁눈질했다가 외모는 이미 논설위원인 지원자와 눈이 마주쳤다. 그 역시 어쩔 줄 모르고 내 눈치를 살피는 중이었다.

일부 학자들에 따르면 다른 동물들과 달리, 인간의 눈이 가로로 길게 발달한 이유가 주변의 사람들을 살피는 방편이었다고 한다. 매우 오랜 세월에 걸쳐 사냥이나 채집 같은 공동 작업을 하는 과정에서 그렇게 진화되었다는 것이다. 한마디로 '눈치'를 보기 위해서. 무리에서 쫓겨나지 않으려면 동료들이 나를 어떻게 보는지 끊임없이 신경을 써야 했다. 그 옛날, 추방은 곧 죽음이므로.

마침내 면접관이 옆 사람에게 질문을 던졌다. 그는 "최선을 다하겠습니다"라고 비장하게 각오를 다졌다. 나에게는 첫 질문이 "뭐야? 졸업도 안 했는데 왜 왔어?"였다. 곧이곧대로 대답했다. "고졸 이상이면 자격이 된다고 요강에 나와 있던데요? 김훈 기자도 대학 중퇴한 걸로 압니다만"이라고. 이 신문사와 한겨레만 '고졸 이상 지원 가능'이었다. 김훈 씨는 그 신문사 문화부에서 일하다 퇴사했고 나중에 소설가로 등단했다.

그가 단호하게 말했다.

"하여튼 안 돼."

나도 거기 맞춰 대답했다.

"네, 그럼 졸업하고 내년에 다시 오겠습니다."

면접장 밖으로 나오자, 논설위원급께서 곁눈질로 나를 보며 한 말씀해주셨다.

"사장한테 그렇게 말하면 어떡해요?"

넌 이미 끝장났고, 내년 역시 올 일 없다는 표정이었다.

"사장요? 그분이요? 어떻게 아셨어요?"

"척 보면 몰라요?"

옆에서 누군가 한마디 보탰다.

"신문기자 하겠다는 사람이 그 정도 눈치도 없나?"

아! 어쩐지…. 반팔 티셔츠와 슬리퍼가 생각났다. 애초 합격을 기대하지 않았지만 "눈치도 없냐"는 게 너무 맞는 말이라 기분이 나빴다. 기자는 눈치가 많이 필요한 직업인데.

"눈치 없다"는 말을 들어도 언짢지만, "눈치가 빠르다"는 말 역시 온전히 칭찬으로 들리지는 않는다. '영악한 인간'으로 여겨질 것 같아서 반갑지 않다. '눈치를 본다'는 말 자체에 부정적인 느낌이 배어 있기 때문일 것이다. 눈치를 봐야 하는 불리한 처지에 있어 남들에 의해 좌우되는 형편이니 어쨌거나 바람직하지는 않아 보이는 것이다.

그러나 눈치가 꼭 부정적인 것만은 아니며, 만족스러운 삶을 위해 필요한 재능이라는 주장도 있다. 〈뉴욕타임스〉의 칼럼니스트 데이비드 브룩스는 저서《사람을 안다는 것》을 통해 '일루미네이터illuminator(타인을 환하게 밝혀주는 사람)'라는 개념을 소개한다. 관심의 빛을 다른 사람들에게 비춰주어 상대가 스스로를 더 크고, 더 깊고, 더 존중받는 존재라고 느끼게 하는 것이다. 특히 이와 같은 존재방식을 "한국 사람들은 '눈치'라고 부른다"며 "다른 사람의 생각이나 기분에 민감하게 대응하는 능력"이라고 풀이한다. 독일에도 상응하는 개념이 있는데, 헤르젠스빌둥herzensbildung, '타인을 온전하게 보도록 훈련한다'는 뜻이라고 한다.

부정적인 느낌을 살짝 걷어내고 보면, 눈치란 유연한 인간관계 유지를 위해 다른 사람의 생각과 느낌을 순간적으로 파악하는 기술을 의미한다. 상대의 말이나 표정 등을 파악해 그때그때 맞춰 적절히 대처해야 해서 임기응변처럼 빠른 생각과 판단이 필요하다.

그럼에도 눈치보다는 '눈썰미'로 표현해볼까 한다. 눈치가 타인의 기분이나 생각, 분위기를 읽는 것이라면, 눈썰미는 외양이나 단서를 통해 기분과 생각뿐만 아니라 성향이나 관심사까지 한눈에 알아본다는 뉘앙스가 있다. 보거나 들은 것, 아는 것에 경험까지 많아야 두루 통하는 기량이 눈썰미이기도 하다. 눈치와는 달리 좀 더 당당한 느낌이다.

특히, 눈썰미는 주의를 기울여 기회를 알아채는 쪽으로도 요긴하다. 면접장에서 눈썰미를 발휘하면 면접관 가운데 '어느 분의 입김이 가장 셀지' 짐작해낼 수 있다. 그들의 자세나 태도, 말투, 표정, 질문 타이밍 등을 종합해 어느 쪽을 집중 공략할지 선택하는 데 도움이 된다.

데이비드 브룩스의 분석처럼, 말보다 시선을 통해 '관심의 빛'이 먼저 전달된다는 점에 착안해보면, 눈을 마주치면서 상대의 반응과 호응을 관찰해 답변 내용과 호흡을 잘 조절할 경우 그의 공감을 끌어내어 서로 함께 빛나는 만족의 순간을 만들 수 있다.

나의 그날 면접은 그렇지 못했다. 눈썰미가 없어 슬리퍼 면접관이 사장인지 알아보지 못했다. 사장 역시 그날 운이 좋지 않았기에 '초특급 인재'를 내치고 말았다. 한순간의 감정에 치우친 판단이 회사 차원에서도 큰 손실을 초래하고 만 것이다, 라고 지금도 믿고 있다. 면접에서 떨어진 나를, 같은 미디어그룹의 경제신문(2지망)이 거저 줍는 행운을 누리게 됐다. 3지망은 무려 스포츠신문이었다. 국대급 비체육인이 무슨…. 다만 내 운의 흐름이 그즈음부터 급격히 안 좋아지는 바람에 초특급 인재다운 기여를 하지는 못했다. 안타까운 일이다(면접을 같이 치렀던 이는 1지망에 합격해 어쨌거나 입사 동기가 되었다. 수습기자 시절부터 '논설위원급' 외모로 널리 유명세를 탔다).

그 후에도 나의 삶에 많은 기회가 있었다. 좋아질 기회 혹은 나빠질 기회, 크고 작은 숱한 기회…. 재수 없는 놈답게 내 생각과 기분에만 빠져 좋아질 기회를 여러 번 놓쳤고, 잘 살피지 못해 나 혼자만 나빠질 커다란 기회는 자주 붙잡았다. 잘나가는 사람들을 볼 때마다 '눈치와 요령을 빼면 산 송장'이라고 미워했다. 내심은 그들의 초능력 같은 능력이 부러웠다. 어떻게 처음 만난 상대의 취향이든 경험이든 소중한 뭔가를 금세 알아채고는, 마치 수십 번은 만난 사이처럼 편안하게 어울리는지 이해하기 어려웠다.

한참 지난 뒤에야 그들의 탁월한 눈썰미와 풍부한 경험 때문이라는 걸 깨달았다. 실제로, 인간은 뇌의 3분의 1을 시각 정보 처리에 할애한다. 그러니 동양의 '백문이 불여일견'이나 서양의 '보는 것이 믿는 것이다Seeing is believing'처럼 눈이란 감각을 가장 중요하게 여기는 것 아닐까?

행운의 절반은 눈썰미에서 온다고 생각한다. 늘 주변을 살피고 둘러보는 과정에서 더욱 탁월하게 발휘된다. 눈썰미는 관찰력이기도 해서, 선배들의 어깨너머로 봐가며 일을 요령껏 배우는 데도 요긴하다. 상대의 말이나 태도, 표정과 행동에 담긴 의중을 읽고 섬세함을 발휘할 수 있다. 상대가 좋아하거나 싫어하는 걸 금방 알아채 공감·교감 능력으로도 이어간다.

눈썰미는 그러나 보기만 해서는 늘지 않는다. 유심히 보고, 헤아려보며, 다가가 대화를 통해 확인해보는 마음 씀씀이로 길러진다고 한다. 이런 의미에선 '마음 습관'이라고 할 수 있겠다. 이와 같은 일상이 쌓여 인생으로 만들어진다. 그러니 눈썰미는 세상을 향해 열린 마음이라고도 할 수 있겠다. 삶의 다양한 기회와 인연, 사소한 것들로부터 큰 울림을 잡아내는 안테나이기도 하고.

11
새겨듣기

데이비드 브룩스의 《사람을 안다는 것》에 등장하는 일화다.

처칠 영국 수상의 어머니 제니 제롬이 젊었을 때, 정치가 글래드스턴과 저녁 식사를 함께했다. 그녀는 그의 이야기를 들으며 '이 정치인이야말로 영국에서 가장 영리한 사람'이란 생각이 들었다고 한다. 하지만 글래드스턴의 경쟁자 디즈레일리와 식사를 한 뒤에는 제니 제롬 자신이 그런 사람이란 생각이 들더란다. 디즈레일리 같은 '일루미네이터'가 어떻게 다른지 보여주는 한 대목이다.

대학 때 내 주변의 많은 사람들이 금융권에 취업했다. 그중에 특출난 후배가 하나 있었다. 자산가들을 상대로 한 금융상품 영업에서 독보적인 실적을 쌓으며 우리와는 숫자 단위가 다른 수입을 올리고 있었다. 나중에 만났을 때 그 비결이 궁금해 물어보았다.

"세 가지가 중요해요. 사람들을 만나서 잘 듣고, 고개 끄덕이고,

질문을 하는 거죠."

대실망. '그게 뭐야?' 싶었다. 하지만 그게 진실이었다. 사람들이 그를 좋아했던 이유가 디즈레일리 스타일 '일루미네이터'라서였다. '실적 1위'라고 하면, 만나자마자 금융상품 소개부터 할 거로 생각하기 쉽다. 하지만 그는 그렇지 않았다. 상대가 어떤 얘기를 하든 재미있게 듣는 소양을 가지고 있었다. 영화든 여행이든 운동 혹은 음식 이야기든 관심을 가지고 들었다. 고개를 끄덕이며 맞장구를 쳐가면서.

흔히 '총명聰明하다'를 지혜롭다는 뜻으로 사용하는데, 원래의 총명이란 문자 그대로 '귀와 눈이 밝다'는 의미, 즉 '잘 듣고 잘 본다'는 뜻이다. 지혜도 중요하다. 하지만 잘 보고 잘 듣는 능력이 먼저 갖춰지지 않으면 독선에 빠지기 쉽다. 독선에 빠지면 대개 끝이 안 좋다.

귀를 기울이는 것은 그만큼 많은 기회를 얻을 수 있다는 의미도 된다. 다양한 경험과 생각을 접하며 나의 견문이 넓어질 뿐 아니라, 답답한 마음을 토로하는 상대에겐 들어주는 것이 덕을 쌓는 일이다.

어떤 사람들은 이 후배에 대해 "말을 참 예쁘게 한다"고 평가하기도 했는데 사실은 질문이었다. 이야기에 고개를 끄덕이다가 수첩을 꺼내며 물어보는 경우가 있었다.

"거기가 어디라고요? 저도 양갈비 좋아하는데 식구들이랑 가

봐야겠어요."

질문은 상대에 대한 관심의 표현이다. 특히 '이룬 사람'이라면 자기만의 취향과 세계관이 뚜렷하고 자부심 또한 상당할 테니 마주 앉은 젊은이가 잘 알아들으면서 관심을 가지고 요모조모 물어오는 게 대견하게 여겨질 것이다.

또 하나, 취향을 논하는 것이야말로 상대를 인정하고 존중하는 고급스러운 대화의 기법이다. 오죽하면 취향에 대해 '그 사람의 내면에 이르는 지도'라는 말이 있을까.

브룩스는 "일루미네이터라면 상대에게서 무엇을 찾아야 하는지, 상대에게 언제 어떻게 질문해야 하는지 항상 잘 알고 있다"면서 일루미네이터의 반대쪽 개념으로 디미니셔diminisher(타인을 보잘것없게 만드는 사람)를 제시했다.

우리 주변에서 흔히 만나는 디미니셔는, 누군가 기쁜 마음에 자랑하고 싶을 때 그것을 애써 외면하거나 재를 뿌리는 유형이다. 예의를 아는 일반적인 사람은, 남의 자랑에 웬만하면 덕담을 한마디 조미료처럼 뿌려준다. 그가 행복감을 조금 더 만끽하게 도와주려는 마음일 뿐만 아니라 그의 좋은 기운을 나눠 받고 싶은 '구복求福'의 기대감도 있을 것이다. 한데 디미니셔는 시기심을 참을 수 없어 소극적으로는 못 들은 척하거나, 적극적으로는 재를 뿌리는 잔인한 말을 폭탄처럼 던져 분위기까지 망쳐놓고 만다. 아이의 합격을 자랑하는 사람에게 이런 말을 내뱉는 사람도 봤다.

"걔는 살부터 빼야지, 그게 뭐야? 하마도 아니고….."

이게 그 유명한 '구업口業'이구나 싶었다. 그 순간, 나에게 그는 확실하게 '재수 없는 존재'로 각인되었다. 앞으로 이 '재섭님'은 부르지 말아야지, 결심했다. 나와 비슷한 생각을 한 사람이 또 있다면, 디미니셔는 그에게서도 기회를 잃을 것이다.

사람은 누구나 일루미네이터 혹은 디미니셔의 양면성을 갖고 있으니 어느 상황에서 어떤 성향을 자주 드러내느냐에 따라 삶이 바뀐다고도 볼 수 있겠다.

다시 후배 이야기로 돌아가면, 그의 듣기는 '새겨듣는다'는 점에서 큰 차이가 있었다. 일테면 덤으로 알게 되는 것들까지 염두에 두고 있다가 나중에 관심을 담아 물어보는 것이다.

"그때 이런 말씀을 언뜻 하셨는데요. 그 후에는 어떻게 됐는지요?"

이런 사람을 어떻게 좋아하지 않을 수 있을까? 자신의 일상, 그 맥락을 이해하고 인정해주는 사람, 만날 때마다 더 알고 싶다고 질문을 해대는 사람을. 마음이 늘 먼저다. 비즈니스는 따라올 수도 있고 아닐 수도 있는 것이다.

나도 비슷하게 시도해본 적이 있다. 몇 년 만에 만난 분에게 "이거 좋아한다고 하셨죠?" 하고 음식 접시를 가까이 놓아드렸더니 놀라면서도 매우 기뻐하셨다. 아내에게도 깜짝 선물을 해봤다.

"이거 갖고 싶어하지 않았어?"

사람은 누구나 자신을 짐작하게 하는 수많은 계기와 단서들을 먼지처럼 흘리고 다니는 존재다. 잘 듣고 염두에 두면 함께 기분 좋은 일을 만들 기회가 훨씬 늘어난다. 하지 않아도 될 실수와 그에 따른 어처구니없는 불운까지 막을 수 있다. 최소한 상대가 열중해 있는 아이돌을 생각 없이 비난했다가 관계가 틀어지는 일 정도는 예방이 된다.

출판일을 하게 된 뒤로는 후배에게 배운 대로 더욱 신경을 써서 노력하게 됐다. 잘 듣고 맞장구치고 질문을 하다 보니 좋은 저자들을 만나는 행운으로 연결됐다. 여기저기서 주워들은 이야기들을 염두에 두고 있다가 맞는 시기에 접점을 찾아 좋은 성과를 이어갈 수 있었다. 염두에 두는 태도, 이게 얼마나 중요한지 더욱 깊이 마음에 새겼다.

어느 분야나 마찬가지다. 행운을 누리는 사람은 타인에 대해, 여러 사항에 대해 염두에 두고 있다가 겉보기에는 무관해 보이는, 그러나 알고 보면 긴밀한 연결 지점을 찾아내어 이어 붙이는 데 탁월한 능력을 가지고 있었다. 그렇기에 지나치는 기회를 예사롭지 않게 포착한다.

12
덕분에, 행운의 선순환을 부르는 마음 표현

"면접에서 왜 자신의 약점과 그걸 어떻게 극복하는지를 물어보는지, 이유를 아세요?"

모 대기업 인사 담당 임원이 "고개를 숙이는 값이 비싼지 아닌지 알아보기 위해서"라고 말한다. 원론대로라면 '자기관리와 협업 능력'을 체크하기 위해서일 것이다. 특히, 협력은 자신의 약점을 흔쾌히 인정하는 데서 시작된다. 약점의 인정은 다른 이에게도 미흡한 구석이 있을 테니, 나 역시 도와야 한다는 생각으로도 이어진다. 하지만 채용 담당이 그보다 주안점을 두는 부분은, '잘못을 저질러놓고도 자존심에 끌어안고 있다가 문제를 크게 키울 골칫덩이'를 혹시라도 채용해 대형 참사가 빚어지는 일을 사전에 차단하는 것이다.

불운을 행운으로 바꾸는 핵심 요소는 역경에 맞닥뜨렸을 때 그것을 중화하는 능력이다. 내 힘으로 어떻게 해볼 도리가 없다면, 다른 사람의 도움을 적극 청해야 한다.

남의 힘을 빌리는 데도 '능력'이 필요하다. 무엇을 어떻게 얼만큼 도와주면 좋을지, 분명하게 청해야 서로를 위해 좋은 선례를 만들기 때문이다. 그러기 위해선 평소 사람들과 좋은 관계를 맺고, 도움을 자주 주고받으면서 경험을 쌓을 필요가 있다. 도움을 주고받을 사람이 많다는 것은 분명 큰 자산이다. 일을 잘하는 사람이 기브 앤 테이크에도 능하다. 반면 준비나 생각 없이 막연하게 도움을 청하거나 일방적으로 의존하면 비호감으로 낙인찍히는 지름길이다.

출판사에서 관상 만화를 만들기로 했을 때다. 만화가 H선생님께서 작업을 하기로 결심했으나 선생님도 전혀 모르는 분야여서 국내 최고로 꼽히는 관상가분께 도움을 받기로 했다. 그분이 우리들의 관상부터 봐주셨다. 만화가 선생님과 기획자, 편집자 등 우리 팀의 면면을 보더니 이렇게 말씀해주셨다.

"서로가 덕을 보는 상이네. 아주 좋은 조합이군요. 이분이 어려울 때는 요분의 덕을 보고, 요분이 힘들 때는 저분 덕에 일이 술술 풀리겠어. 서로 덕 보는 거, 이만큼 좋은 일이 어디 있겠어요?"

어쩌다 성공할 수는 있다. 하지만 그 성공을 오랫동안 이어가는 것은, 도와주는 많은 사람들의 덕분이다. 덕분이란 남의 기와 운을 빌려오는 것이다. 국어사전에는 '베풀어 준 은혜나 도움'으로 풀이되어 있다. 실생활에서 '행복을 나눈다' 또는 '기쁨을 나눈다'는 의미도 있다. 반대는 '탓'이다.

생각해보면, 인간관계란 '덕분'과 '탓'의 사이를 오간다. 잘되면 나의 덕, 안 되면 남의 탓을 하려는 게 보통 사람의 심리다. 가까운 사람을 탓하는 습관이 태도에 배어 있으면 운이 떠나버려서 '재수 없는 사람'이 되고 만다.

당시 우리 회사는 서로 덕을 보면서 성과를 키워내는 시스템을 가지고 있었다. 오픈된 논의 및 생산 구조가 그 특징으로, 관계자 모두가 회의에 참여해 마감 때까지 무제한 토론을 벌이는 경우가 많았다. 참여자들의 다양한 경험과 아이디어, 관점 등이 책 한 권에 오롯이 담겨야 한다는 게 공유된 철학이었다. 모두가 '나의 것이 제대로 녹아들어 갔다'는 만족감으로 책을 만들고, 그렇게 완성된 책을 마케팅 성공으로 이어가도록 서로 도왔다. 그 성공이 또 다른 기회로 이어져, 새로운 인연을 만들었고 그 인연이 다시 새로운 아이디어와 결합되었다.

그 과정을 함께하면서 나 역시, 삶과 성공이 나 혼자만의 것일 수 없다는 진실을 깨달았다. 엄밀하게 보면 사람은 누구나 '남의 덕'을 보면서 살게 되어 있다. 선생님과 선배들 덕에 모르던 것을 배워 알게 되고, 고객들 덕에 매출을 올려 먹고살 수 있으며, 동료들 덕분에 인센티브를 챙길 수 있는 것이다.

내 사정이 여의찮을 때는 가까운 이들 덕분에 곁불을 쐬기도 한다. 곁불 쬐는 신세면 어떻고 들러리면 또 어떤가. 그걸로 나와 내 가족을 지켜낼 수 있다면 충분히 가치가 있는 일이다. 내가 여유로울 때는 당연히 그 신세를 갚아야 한다.

고립된 행운은 금방 끝난다. 성공에 도취해 함께 해온 동료들을 쳐낸 이의 말로에서 확인할 수 있다. 나의 성공을 남의 덕분으로 해석하면 더 많은 기회와 인연으로 이어가며 그릇을 키워갈 수 있다. 행운의 선순환 구조다.

'덕분'이라는 단어는 도움을 준 상대에게 고마움을 전하는 말이기 때문에, 말을 하는 이와 듣는 이 모두가 기분이 좋아진다. 그래서 호의를 지속해서 주고받게 된다. 그 과정에서 상대의 좋은 점을 더 많이, 더 자주 찾아내게 된다. 흔히 듣기 때문에 별것 아닌 듯하지만, 위대한 리더들은 이 말의 힘으로 세상을 변화시켰다.

"이 모든 게 당신들 덕분입니다."

13
대화를 통해 나의 운을 알아보는 법

'근황 공격수' 스타일이 있다. 만나면 근황으로 치고 들어오는 사람을 말한다. 세상살이 경험이 적을 때에는, 할 말이 없어서, 말주변이 없어서 그런 줄 알았다. 의도가 드러나는 질문이 이어지는 걸 보고 그게 아니란 걸 알았다.

"만나는 사람은 생겼어?", "이번엔 승진했냐?", "아직도 그 후미진 동네에 사나?" 등 상대가 적당히 넘어가려 해도 집요하게 캐묻는다. 그가 강슛을 날리면 맞은편 골키퍼가 쳐내고, 쳐내면 또 날리고…. 공격하는 얼굴에 심술 꽃이 잔뜩 피었다. 무슨 축구도 아니고, '아! 좀!' 그만해줬으면 좋겠는데.

지켜보던 다른 이가 '분위기 수비수' 역할로 나선다. "알아서 하겠죠. 요즘 그런 거 물어보면 꼰대 소리 들어요" 하고 공을 멀리 뻥 차내 다른 화제로 돌리려 해도 어느새 씩씩거리며 다시 몰고 오는 공격수다.

"그러는 너는 요즘도 매일 부부싸움 하면서 사냐?"

이런 태도가 NG라는 건 300년 후 지구에 도착할 외계인도 안다. 겪다 보니 이런 분들, 자기 속이 좋지 않아 사람들을 세워놓고는 면전에 숫을 날리는 거였다. 사람의 속 한 치 안에 수만 가지 생각과 의도, 감정이 두루 섞여 있기 마련이다. 삶의 흐름이 괜찮을 때에는 밑바닥에 깔려 있던 심보나 악의가, 불운의 시기에 분화구의 용암처럼 넘쳐 밖으로 흘러나온다. 약하니까 인간이다. 하지만 '악해질' 필요는 없지 않은가.

본인이야 '애정 어린 관심'이라고 강변할 수도 있겠지만 다른 사람들은 '쓸데없는 참견' 혹은 '나잇값 못하는 괴롭힘'으로 생각한다. 궁극적으로는 '복 달아나는 짓'이다! 그래선지 사람들의 언행을 유심히 관찰하면 그의 운을 어느 정도는 짐작할 수 있다.

근황이 정말로 괜찮은 사람은, 재미있는 쪽으로 대화를 끌어간다. 신경을 써서, 상대의 어두운 부분보다는 밝은 부분에 초점을 맞춘다. 이런 사람과의 대화에서는 좋은 기운이 전해진다.

삶이 잘 풀리지 않는 사람일수록 부정적인 언행이 두드러진다. 맛집에서 밥을 사줘도 불만이다. "맛있다"고 한마디 해도 되는 것을, 굳이 "돈값 못한다"라고 하거나 "이 집에서 물이 제일 맛있다"라며 재를 뿌린다. 누가 뭘 샀다고 보여주면 "그 돈이면 ○○를 사는 게 낫다"하고 약을 올린다.

스스로는 인식하지 못할 수도 있지만, 이렇게 배어 있는 말투와 행동이 다른 이에게 뜻하지 않은 실망과 분노를 촉발할 수 있다. 오프라 윈프리의 멘토로 알려진 미국의 시인 마야 안젤루의 경고처럼 말이다.

"사람들은 당신이 말한 것과 행한 것은 잊을 것이다. 하지만 당신이 그들에게 어떤 감정을 느끼게 했는지는 절대 잊지 않는다."

그렇다면, 나는 어떤가? 남들에게 괜찮은 사람일까? 아니면 피하고 싶은 기피 대상일까? 대화란 한편으론 상대를 통해 '내가 괜찮은지' 알아보는 기회다. 내가 사람들에게 얼마나 흔쾌하게 받아들여지는지, 혹은 튕겨져 나오는지 주변의 반응을 통해 나 스스로를 관찰할 수 있다. 나의 말과 태도에 사람들이 반색하는가. 만족하는가. 아니면 언짢아하는가.

전에 함께 일했던 동료 가운데 반경 10미터쯤은 환하게 밝혀주는 일루미네이터가 있었다. 그에게는 뭔가 다른 느낌이 있었는데 어느 순간 그 차이를 인식하게 됐다. 그는 좀체 '미안하다'거나 '죄송하다'는 말을 쓰지 않았다. 그 대신 '감사하다'는 표현을 썼다. 회의에 늦었을 때에는 "늦어서 죄송해요"가 아니라 "기다려주셔서 감사합니다"라고 한다. 실수했을 때에는 "죄송합니다. 앞으론 조심하겠습니다" 대신 "큰일 날 뻔 했네요. 지적해주셔서 감사합니다"라고 하는 것이다.

회식 자리에서 슬며시 물어보았더니, 이런 대답을 들을 수 있었다.

"잘못했을 때 사과만 하면 불편한 분위기도 생기잖아요. 잘못은 인정하되 감사까지 전하면 서로가 뿌듯해진달까. 그런 생각 때문이죠."

우리가 하는 말과 느끼는 감정은 신경줄처럼 연결되어 있다. 상대의 아픈 곳을 찔러, 그의 부정적인 반응을 읽어내면 득의에 찰 것 같지만, 뒤돌아서는 순간 나에게도 좋지 않은 게 돌아온다. 면박을 주는 게 습관으로 붙으면 만인의 '기 빨아가는 도둑'으로 몰린다. 반면, 좋은 말을 하면 상대는 물론 내 마음도 흡족해진다. 즐거운 일들을 이어가는 징검다리가 되어준다.

미국 노스캐롤라이나대 심리학과 마셜 로사다 교수팀이 60여 개 기업의 10년 치 회의록을 분석한 결과, 발전하는 기업에선 긍정적인 표현이 부정적인 표현보다 3배가량 더 많은 것으로 나타났다. 연구팀은 "능력이 비슷할 경우 우호적인 분위기의 조직이 그렇지 않은 조직보다 발전 가능성이 크다"는 결론에 이르렀다.

운은 마음의 상태이기도 해서 그 영향이 말과 행동으로 이어질 수밖에 없다. 또한 그렇게 표현된 말과 행동이 구르고 다시 굴러 나에게 길 또는 흉을 불러들인다. "언행을 조심해야 한다"는 성현들 말씀이 괜한 게 아니다.

나는 특히 좋지 않은 일이 있을 때, 마음속에 비상등부터 켜기로 했다. 내가 남들을 어떻게 대하는지 조심스럽게 체크해볼 수 있다. 친구의 말을 끊진 않았는가? 초면인 사람들을 예의 있게 대하고 있는가? 퉁명스럽게 대꾸하진 않았는가? 누군가 나의 약점을 쿡 찔러도 잠시 멈춰 목소리를 부드럽게 녹이며 마음을 가다듬어본다.

14
인사는 불운에서 나를 지켜내는 방파제다

아이가 학교를 졸업하고 사회생활을 시작했을 때 잔소리를 늘어놓고 싶지 않아 조언을 딱 한 가지만 해주었다. 신경 써서 인사를 하라는 것이었다. 사회생활 초기에 필요한 가장 중요한 '능력'이 바로 인사라고 생각하기 때문이다. 내 경험도 그랬다. 첫 직장 W사에 입사해서는 보는 사람마다 공손하게 인사를 했다. 그게 의외로 효과가 있었는지, 맡은 일이 없는데도 '일 잘하는 녀석'이라는 평판을 들었다. 그렇게 봐준 분들이 사회생활 초창기 나의 지원군이 되어주셨다.

인사는 '내가 먼저' 하는 데 의미가 있다. 단순한 예의 차원을 넘어 "당신을 인정합니다"란 메시지가 담겨 있기 때문이다. 누구나 타인의 인정을 받고 싶은 마음이 있기 마련이니 그걸 만족시켜주는 이에게 호의를 가질 수밖에 없다.

인사는 낯선 상대의 마음에 다가가는 빠르고 효과적인 수단이기도 하다. 나의 동료 지은 님은 첫 직장이 외국계 회사였는데, 부임하자마자 직원들 마음을 휘어잡은 본사 출신 지사장이 지금도 기억난다고 한다. 매일 아침 회사 내 모든 자리를 다니면서 눈을 맞추고 인사를 전했다는 것이다. 어설픈 한국어까지 섞어가며 실수하는 인간미에 금방 친해졌고 분위기도 최고였단다.

간혹 인사를 해도 못 본 척하거나 무시하는 윗사람이 있다. 어떤 이는 인사를 '마음속으로만' 하는 게 자신만의 특권이라 믿는지, 똑같이 해줄 경우 뒷담화로 흙탕물을 끼얹는 보복을 가해온다. 나의 인사를 무시하는 윗사람의 속마음에는 '저 녀석이 어떻게 하는지 두고 보자'는 심술궂은 호기심과, '혹시 쫓아와주지 않을까?' 하는 적극적으로 존경받고 싶은 기대감이 엉켜 있을 수도 있겠다. '너는 아직 우리 사람 아니잖아! 며칠 지나면 안 나올 것 아닌가?' 투의 불신 또는 유보 심리도 없지 않을 테고. 물론 이런 분이 마음을 열면 꼼꼼하게 잘 챙겨주는 선배로 변신하는 경우도 여럿 봤다.

예절과 매너는 상대를 위한 것인 동시에 나를 지키기 위한 차원이기도 하다. 특히 인사는 상대를 안심시켜 혹시 모를 공격으로부터 나를 지키는 방편으로 발달한 것이다. 오래전부터 이어져온 유전 정보가 우리 내면에 자리 잡고 있기에 인사를 할 때 뭔가 거슬리면 기분이 상하고 때론 상대에게 적개심까지 품게 되는 것이라고 한다. 그러니 인사에 더욱 각별하게 신경을 써야 한다고 인생 선배들이 누누이 강조한다.

자존심 문제가 걸려 있을 때도 있다. 서로 비슷한 입지일 경우, 누가 먼저 인사하느냐를 놓고 기 싸움이 벌어질 수 있다. 특히나 꺼리는 상대라면 영 마뜩잖을 수밖에. 그럼에도 모든 '셈법'을 털어내고 먼저 인사를 건네는 것이 덕을 쌓는 선택이라고 생각한다. 내가 존경하는 오타니 쇼헤이가 '운 모으기'의 하나로 인사를 특히 강조한 이유이기도 하다.

아무것도 아닌 듯 보였던 평상시의 인사 습관이, 불운의 순간에 커다란 도움으로 내게 돌아오는 경우가 있다. 거센 파도에 끄떡없는 방파제처럼 나를 지켜주기도 한다.

오래전 지인이 단톡방에 올려준 글 중에 '매일의 인사가 모여 기적을 만들었다'는 에피소드가 있었다. 이런 내용이었다.

냉동식품 가공 공장에서 일하기 시작한 여성이 있었다. 그녀는 퇴근 전 매뉴얼대로 냉동창고에 들어가 마지막 점검을 했다. 그런데 도중에 갑자기 쾅 하고 문이 닫혀버렸다. 그녀는 문을 두드리며 목이 터져라 도움을 청했다. 그러나 밖에서는 아무 반응도 없었다. 퇴근 시간에 맞춰 모두가 집으로 돌아간 것이다. 한참 동안 도와달라고 외쳤지만 아무도 오지 않았다.

추위가 엄습해왔다. 이러다 여기서 얼어 죽고 마는 것인지…. 손끝 발끝부터 차츰 감각이 무뎌졌다. 살아온 날들이 눈앞에 펼쳐졌다. 기뻤던 일, 슬펐던 일, 후회로 남은 일…. 눈앞이 흐려졌다.
이렇게 죽는구나, 하는 순간에 돌연 눈앞이 환해졌다. '이게 사후
세계인가?' 싶은데 누군가가 그녀의 이름을 불렀다.

"OO 씨 정신 차리세요."

흔들며 깨우는 목소리가 분명해졌다. 경비원 아저씨였다.

병원으로 문병을 와준 경비원 아저씨에게 물어보았다. 퇴근 시
간이 지났는데 어떻게 창고 안에 있는 줄 알았는지. 아저씨는 그
날 퇴근 시간이 한참 지났는데도 그녀가 퇴근하는 모습을 볼 수
없어서 찾아다녔다고 했다.

회사에서 아저씨는 마치 '그림자와 같은 존재'였다. 어느 누구도
말을 건네는 사람이 없었다. 최근에 입사한 그녀가 유일하게 출
근하면서 인사를 전하는 이였다. 돌아갈 때도 잊지 않았다.

"매일 인사해줘서 고마웠고… 그러다 보니 나도 모르게 아침저
녁으로 기다렸는데…"

혼자라는 생각에 젖어 있던 그는 매일 아침저녁 인사를 주고받
는 낙을 선사해준 그녀에게 고맙다는 생각을 하고 있던 터였다.
그녀가 인사도 없이 퇴근했을 리는 없을 것 같아 찾아 나섰다가
혹시나 하는 마음에 냉동창고를 열어보았던 게 그녀를 구하는
행운으로 이어졌다.

결국 매일 아침저녁으로 나누었던 인사 한마디가 그녀의 생명을
구한 거였다.

우리가 평생에 걸쳐 적응해야 하는 생태계가 바로 '타인'이라는 존재일 것이다. 오래전부터 그랬듯이 지금도 여전히 우리의 생존은 '어떻게 하면 타인에게 받아들여지는지' 제대로 알고 행하느냐에 달려 있다. 나의 노력과 성취, 안위의 상당 부분이 타인과 긴밀하게 닿아 있다.

위의 에피소드를 쓰다가 인사의 효용이 또 하나 떠올랐다. 나의 밝은 에너지를 주변 사람들에게 나눠주는 것. 사람들을 밝게 비춰주는 일은, 앞에서도 강조했지만 행운을 일상에 불러들이는 초대장이다. 활기찬 목소리로 아침 인사를 전하는 것은 그날의 스위치를 켜는 행동과 같다. 나 스스로도 기운이 솟고 하루를 충분히 만족시킬 만큼의 에너지가 솟는다. 사람들과 어울려 즐겁게 지내는 이런 날은 작은 행운이 이어지거나 흥이 날 만큼의 보람이 따라오기도 한다.

15
행운을 담는 그릇, 그릇에 넘친 불운

그릇은 작은데 운이 너무 좋으면 흘러넘치기 십상이다. 좋은 운과 비례해 괴로운 일이 늘어나다가 어느 순간 역전된다. 그릇이 작은 사람들에겐 공통점이 있는데, 하나 같이 스스로가 매우 크다고 진심으로 믿는다는 것이다.

능력은 없는데 낙하산으로 좋은 자리에 앉은 사람이 있었다('낙하산'이라 하자). 내막을 모르는 이들은 부러워했지만, 정작 본인은 남들이 이해 못 할 불행으로 힘겨워했다. 외견상 그의 특징은 일도 하지 않으면서 불만이 많았다는 점이다. 그러면서 동료들을 매우 싫어했다. 알고 보니 분에 넘치는 자리에서 비롯된 구조적 문제였다.

'좋은 자리'일수록 고도의 전문성을 필요로 하며 책임 또한 무거울 수밖에 없다. 한데 그 자리에 앉은 낙하산이 일을 넘겨받으면 블랙홀처럼 삼켜버리거나 엉뚱한 방향으로 엉망을 만드니, 이걸 다른 사람들이 바로 잡느라 전체의 일거리가 곱절로 늘어나는 동맥경화가 일어났다. 그의 배경을 아는지라 면전에서 뭐라 할 수도 없었다.

그들 팀에 단톡방이 두 개였는데 하나는 전부가 모인 방, 또 하나는 낙하산만 제외하고, 심지어 '윗분'까지 모인 방이었다. 뒤늦게 눈치챈 낙하산은 "이것들이 나를 따돌려? 어디 두고 보자"하며 칼을 갈았단다. 그러나 동료들에게도 사정이 있었다. 중요한 일들은 낙하산의 방해를 피해 윗분에게 전달해야만 했다. 일을 하려면 어쩔 수 없었던 것이다.

낙하산 딴에는 '두고 보자'던 건수를 잡아 반격에 나서기도 했다. 하지만 '건수'란 게 말이 안 되거니와 그의 몇 마디로 모두가 경악할 만큼의 무식과 무능이 드러나는 통에 그걸로 더욱 유명세를 타게 됐다. 그 후에도 간간이 기를 써봤으나 '그릇'이 안 되는 건 어쩔 수 없었다. 그런 이유로 좋은 자리에 앉아 있으나 마음은 언제나 지옥이었다. 다르게 표현하면, '운이 좋은데도 운이 좋다고 하기 어려운 처지'였다.

사람마다의 그릇 크기에 따라 담을 수 있는 양이 다르다. 위장과도 비슷해 과식했다가는 탈이 나고 만다. 지위뿐 아니라 재산이나 명예 등 모든 욕구가 그렇다.

그릇은 이런 점에선 '분수'와도 비슷한 맥락이다. 분수를 넘친

부분은 '내 것이지만 내 것이 아닌' 형국이 되기도 한다. 분에 넘는 뭔가를 이루면, 즉각 도취되어 자만에 빠지는 경우가 그렇다. 그게 나였다(한상복). 내게 있어 수학은 늘 '운의 영역'이었는데, 모의고사 때마다 1번 집합과 2번 명제는 반드시 풀었다는 자부심을 가진 '양심적 수포자(수학포기자)'였다.

그런데 한번은 믿을 수 없는 행운을 맞이한 적이 있다. 신의 손이라도 빌린 듯, 무려 50점(백 점 만점 환산)이 넘었다. 성적이 수직상승. 곧바로 의기양양 '자만 왕'에 등극해 펑펑 놀았다. 그러고는 다음 시험에선 다른 과목까지 골고루 망쳐버리는 위업을 이룩했다.

자만보다 많이 넘친 형국이 '권태' 아닐까 한다. 단어가 풍기는 뉘앙스는 나른하지만 때로는 무지막지한 결과로 이어지기도 한다. 약물이나 도박, 중독 등.

인간이란 존재가 합리적이면서도 어떤 면에선 심히 비합리적이어서 넘치는 복을 주체하지 못해 밥그릇 깨는 짓을 저지르고 만다. 스스로를 파괴할 권리를 확인해보고 싶은 건지도 모르겠다. 멀쩡한 사람이 성공을 구가하다가 아슬아슬한 행각을 벌여 선을 넘는다. 말 그대로 폭망하는 경로이다. 그릇에 많이 넘친 행운이 '맹독'이 되고 마는 것이다. 욕망이 분수를 넘으면 삶이 길을 잃는다. 아니, 흘러넘치는 행운을 누릴 때조차 불행 역시 곁에 와 있는 것인지도 모른다.

나를 안다는 것은, 자기 그릇을 아는 것이기도 하다. 유명 방송인에게 MC가 물었다.

"왜 변두리에 사세요? 돈을 많이 벌었다고 들었는데, 요즘 핫하다는 반포나 성수동으로 이사하실 계획이 혹시 없나요?"

방송인의 답변이 귀에 쏙 들어왔다.

"저의 그릇에는 과하기 때문이죠. 집값 비싼 동네로 이사 가면 그곳 사람이 될 것 같지만 그저 주민등록상으로 그럴 뿐이죠. 저한테 맞는 동네에 사는 게 복이라고 생각해요."

오랫동안 인기 가도를 달려온 방송인답게 신중함이 느껴졌다.

성공은 어쩌다가 만난 기회나 운이 잘 맞아떨어진 결과일 수 있다. 하지만 그것을 누리며 이어가는 것은 또 다른 차원의 일이다. 그게 바로 '그릇'이다. '당신은 딱 그만한 그릇이니 어쩔 수 없다'는 의미가 아니다. 그보다는 지금의 그릇에 걸맞은 선택과 노력으로 넘치지 않게 주의하며, 한편으로는 다양한 경험을 쌓아 크기를 키워가는 쪽이 좋은 삶이란 이야기다. 특히 생각과 눈썰미, 그리고 품격.

독서나 배움, 대화, 모임, 다양한 자기계발 활동이 생각을 풍성하게 가꾸는 데 도움이 된다. 마윈 알리바바 회장도 "같이 일하기 가장 힘든 부류가 바로 생각이 가난한 사람"이라고 지적한 적이 있다.

그릇은 성격이기도 하다. 느긋한 성격이 운과 잘 어우러지면 웬만한 일에도 흘러넘칠 일이 없다. 어릴 때는 '성적이 전부'라고 믿는 좁은 세계에 살았지만, 나이가 들어갈수록 '성격이 곧 인생' 임을 자꾸 되새기게 된다.

그릇이 큰 사람은, 스스로를 작다고 여기는 경향이 있다. 그래 서 '덜 채우고 여유를 두는' 선택으로 이어진다. 모자란 듯, 그러 나 언제든 넉넉할 수 있는 삶. 계영배戒盈杯라는 술잔의 '7할만 채 우라'는 교훈과도 맞닿아 있는 지혜다.

16
행운 여신의 변덕에 맞춰

'포르투나 에스트 카이카Fortuna est caeca.'

로마의 스토아 철학자 키케로가 남긴 글의 한 대목이다. '행운 (의 여신)은 장님이다'라는 뜻이다.

중세 유럽에도 이런 생각이 이어졌다. 중세 화가들의 그림에 등 장하는 행운의 여신 포르투나는 대체로 눈이 멀었거나 눈을 천으 로 가리고 있다. 때로 여신은 '행운의 수레바퀴Wheel of Fortune' 와 함께 등장해 이를 굴려 행운을 선사하는데, 바퀴에 필사적으 로 매달린 인간들을 보며 즐거워한다. 어떤 장면에서는 여신이 한 손에는 트로피, 다른 한 손에는 징벌의 도구들을 쥐고 있다. 행운 을 주었다가도 가혹한 징벌로 금세 마음을 바꿀 태세다. 일부 중 세 화가들은 여신이 머리를 칭칭 동여맨 모습으로 그려냈다. 그녀 가 떠나지 못하게 머리채를 잡으려 해봐야 소용이 없다는 뜻이다.

여신이 둥근 공 위에 서 있는 장면도 있다. 공이 구르는 대로 가야 하므로 어디든 머물 수 없음을 상징한다. 이 모든 그림이 공통적으로 나타내고자 하는 바는 이렇다.

"행운? 나 역시, 알다가도 모르겠다니까?"

몇 년 전, 넷이서 외국 대도시로 여행을 갔다. 일행 중에 딱 한 사람, 정교하게 계획을 다듬어 꼼꼼히 준비하는 이가 있었다('준비왕'이라고 하자). 그 나라의 특성상 각별한 준비가 필요하다는 점도 그에게는 그다지 장벽으로 인식되지 않았다. 준비왕이 알아본 바, 스마트폰에 네트워크 접속을 우회하는 등의 잡동사니 앱을 여러 가지 깔아야 했다. 여행을 위한 준비부터가 나머지 세 사람의 난폭한 귀차니즘, 그 코털을 세게 건드리고 말았다.

"비자를 받아야 하는 것도 짜증이 나는데, 비자용 사진은 뭔가 요구하는 게 많고, 스마트폰에는 무슨 앱을 깔아야 하니…. 아! 귀찮아서 못 가겠어!"

타협이 이뤄졌다. 준비왕 혼자 스마트폰에 이런저런 앱을 설치하는 대신, 모두가 준비왕의 그림자가 되기로 했다.

"몸만 챙겨서, 머리는 텅 비워서, 바짝 따라다닐 테니 부디 허락하여주옵소서."

현지 공항에 내리자마자, 준비왕이 우회경로를 거쳐 스마트폰에 '지도의 여신'을 불러내는 데 성공했다. 해당 국가가 이 지도앱을 특히 싫어하기 때문에 우회해야 했다. 게다가 봐야 할 게 많은 도시라서 오늘 스케줄을 마치고 예약한 식당에 시간 맞춰 도착하려면 바쁘게 움직여야 했다. 하지만 여행이란 게 어디 마음대로 되는가.

첫 목적지에 이를 무렵, 지도의 여신이 변덕을 부렸다. 우회 앱 설정이 풀리는 통에 방해받은 것 같았다. 화면에 나와 있는 경로를 따라갔지만 목적지가 아니었다. 근처를 헤매던 중 지도가 뱅뱅 돌더니 마침내 먹통이 되어버렸다. 이어서 우회 앱까지 무력화되고 말았다. 우리나라의 검색 사이트에도 접속할 수 없게 됐다. 여행 가이드북은커녕 종이지도 한 장 없으니 말 그대로 속수무책이었다. 지나가는 현지 사람에게 손짓 발짓 해봤지만 서로 답답할 뿐이었다. 계획이란 '그저 계획에 불과할 뿐'임을 무거워지는 발걸음으로 깨닫게 됐다.

어림짐작해 지하철역 방향으로 되돌아오다가 길을 잘못 들어서고 말았다. 낯선 이면도로였다. 그런데 거기 펼쳐진 풍경이 이채로웠다. 삼사 층 붉은 벽돌집이 길게 이어지는 가운데, 각각의 집마다 창밖으로 길게 뻗어 있는 대나무 막대들, 거기에 형형색색의 빨래가 걸려 있었다. 그것이 주변의 풍광과 조화를 이뤄 그렇게 멋져 보일 수가 없었다. 골목을 따라가며 구경하느라 길을 잃었다는 사실마저 깜빡 잊고 말았다.

"앗. 저거…."

일행 중 한 사람이 손가락으로 가리키는 곳엔 담벼락을 타고 한가롭게 움직이는 동물이 있었다. 고양이인가? 개 같기도 하고.

개가 저렇게 담을 타고 다니나?

"너구리다!"

이면도로 주택가라지만, 대도시 한복판에서 너구리를 만나게 될 줄은 몰랐다. 녀석은 우리를 무심하게 마주 보다가는 이내 담 반대편으로 사라졌다. 뒤에서 따라오던 준비왕이 그제서야 "무슨 너구리?" 하고 물었다. 분명 10초가 넘게 담 위에 있었는데. 돌아갈 길을 찾느라 정신이 팔린 그에게는 아무것도 보이지도 들리지도 않았던 것이다. 스트레스를 받으면 시야가 좁아진다더니….

그 후로도 헤매다가 구경하다가를 반복한 끝에 호텔로 돌아올 수 있었다. 하루치 계획을 날려버린 네 사람은 저녁을 먹으면서 생각을 재빨리 전환하기로 의견을 모았다. 망한 오늘, 최고로 좋았던 부분을 선정하는 데 이견의 여지가 없었다. 만장일치였다. 너구리!

"그래도 너구리를 만났으니까 오늘 여행은 성공한 걸로."

그때 마음에 남은 교훈이 있다. 여행 계획을 만들 때는 포인트 몇 가지만 정하고, 그 외에는 현지에서 상황을 봐가며 조정하는 게 최적이라는 것이다. 빡빡하게 계획을 짜서 지도 따라가느라 바쁜 여행에서는 '의외의 즐거움'을 만난 적이 없다. 뻔한 장소에서 찍은, 뻔한 사진밖에 남지 않았다. 그보다는 생각 없이 걷다가 반쯤은 헤맸던, 계획에 없던 곳의 기억이 더 선명하게 남아 있다. 눈에 띈 곳에 들렀다가 누군가를 만나 몇 마디 나누던 중에 추천받은 곳, 그곳에서 마주쳤던 작은 울림이 스마트폰 사진들 중에 '즐겨찾기'로 남아 있다. 예상치 않았기에 더 깊이 새겨졌을지도 모르겠다. 너구리를 만났던 것만큼.

생각해보니 행운 자체가 의외의 만남이니, 철저한 계획으로는 마주칠 수 없는 게 당연하다. 삶도 그렇지 않을까. 계획을 세우고 방향을 잡아 노를 젓다가도, 때로는 물결이 흘러가는 대로 맡겨본 쪽이 의외의 멋진 결과를 만나는 방법일 수 있겠다.

존 크럼볼츠 교수는 1999년에 발표한 '계획된 우연' 이론을 통해 '융통성'을 행운을 맞이하는 핵심 역량 가운데 하나로 꼽았다. 상황에 따라 유연하게 자신의 태도와 행동을 바꾸는 이가 우연한 만남 혹은 사건, 경험 등을 통해 행운을 만날 가능성이 높다는 것이다.

여신의 변덕에 맞추어 오늘 하루를 유연하게, 만족스럽게 보냈다면 그걸로 충분하다고 생각을 바꾸었다. 여신 또한 내가 그런 마음을 가졌을 때, 또 다른 행운의 길로 인도해주는 변덕을 부릴 수도 있지 않을까. 워낙에 변덕쟁이라니까.

17
행운을 부르는 입버릇

미쓰비시중공업의 선박 설계 기사 야마구치 쓰토무는 1945년 여름(당시 그의 나이 28세) 히로시마로 출장을 갔다. 8월 6일, 히로시마에 원자폭탄이 투하됐을 때 그는 폭심에서 3킬로미터 떨어진 곳에 있었다. 엄청난 빛과 굉음, 폭발의 열기에 한쪽 청력을 잃고 몸의 절반에 화상을 입었다. 겨우 목숨을 부지한 그는 사흘 뒤 몸을 겨우 추슬러 나가사키의 본사로 돌아갔다. 사무실에서 상사에게 히로시마의 상황을 설명하던 중, 번쩍하는 빛이 방 안을 가득 채웠다. 그러나 이번에도 목숨을 건졌다. 야마구치는 피폭의 후유증에 평생 시달리면서도 93세까지 살았다(2010년 사망).

아이러니하게도, 그는 '세상에서 가장 운이 좋은 사람'과 '가장 불운한 사람'으로 함께 이름이 오르내린다. 원폭의 피해를 두 번이나 당했으니 이처럼 운이 나쁜 사람이 어디 있을까? 하지만 원

폭을 두 번이나 겪고도 살아남았으니 이렇게 운이 좋은 사람이
또 있을까?

미국 블룸스버그대 철학과 스티븐 D. 헤일스 교수가 이에 대한
사람들의 반응을 분석했다. 그는 저서《운이란 무엇인가》에서 야
마구치에 대한 낙관주의자와 비관주의자의 견해를 소개했는데,
양쪽 모두 그가 원폭의 피해를 두 번 입은 부분에 대해서는 불운
이며, 그럼에도 불구하고 살아남았으니 행운이라는 견해가 일치
했다. 하지만 야마구치의 삶 전반에 대해서는 의견이 엇갈렸다. 낙
관주의자는 그를 행운아로, 비관주의자는 불운아로 각각 정의했
다. 야마구치가 스스로를 어떻게 정의했는지는 알려진 바가 없다.

누구나 살면서 원치 않는 상황에 놓일 때가 있다. 불운에 힘겨
워하는 사람들의 공통점 가운데 하나가 '끝없이 되뇌는 말'이다.
"이래서 내가 벌을 받은 것인가, 저래서 내가…"하며 자신에게서
원인을 찾아내고 자책과 자학을 한다. 아니면 남 탓을 하면서 미
움의 우물을 끝없이 판다. "그 인간만 아니었더라면…"이라고 억
울한 피해자 역할에 빠져든다.

불운의 시기에 중요한 것은 이에 대한 우리의 태도이다. 생각
이 말로 이어지지만, 말이 거꾸로 생각을 증폭시키는 경향이 있
다. 습관으로 정착된 게 입버릇이다.

'운'이란 이미 일어난 일에 대한 우리의 해석이기도 해서, 태도
를 정하기에 따라 눈앞에 들이닥친 어려움을 다르게 바라볼 수도

있다. 소란스럽던 회사의 폐업을 '새로운 도전과 전직의 기회'로 받아들일 수 있다. 세상만사에는 양면이 존재하므로, 하나의 사건에서 이렇기도 하고 저렇기도 한 측면을 동시에 찾아낼 수 있다.

미국 뇌 과학자들의 연구 결과, 뇌세포 230억 개 가운데 98퍼센트가 말의 지배를 받는 것으로 밝혀졌다. 뇌의 언어중추가 신경계에 큰 영향을 미친다는 것이다. 과학자들은 대뇌의 연결부위 신경 RAS가 정보를 선별한다는 사실도 알아냈다. 우리가 특정한 태도의 말을 반복적으로 하게 되면, 스스로 의식하지 못하는 사이에 우리의 뇌가 자동 실행모드에 들어가 그에 맞는 정보만 걸러 의식 세계로 보내준다는 이야기다.

입버릇이 되면 의식하지 못한 상태에서 자꾸 말하고 행동하게 된다. 그리하여 '말하는 대로'의 인생이 눈앞에 펼쳐진다.

'다행'이라는 표현이 있다. 불운을 긍정적인 시각으로 해석한다고 해서, 이미 일어난 일이 뒤집히는 것은 아니다. 하지만 그 무거움을 덜어주어 우울이나 억울함, 분노 같은 감정에 덜 시달릴 수 있도록 거리를 유지할 수는 있다. 자동차 접촉 사고로 한쪽이 긁혔더라도 '다행'을 써서 말해보면 불운의 무게감을 덜 수 있다.

"다치지 않았으니 얼마나 다행이야?"

희망적인 말까지 하고 나면 자신감도 붙는다.

"긁힌 부분은 금방 수리할 수 있을 테니까 이만해서 다행이다."

실연은 좋은 사람을 만나기 위해 '다시 열린 문'이므로 다행이고, 실직은 '재충전의 기회'여서 다행일 수 있다. 이 모든 일들이 성찰을 통해 한 번 더 성장할 도약대가 될 것이므로 다행일 수 있다.

'다행'을 쓰면 쓸수록 마음이 온화해지고 좋은 일이 늘어난다. 그래서 더욱 자연스럽게 긍정적인 말이 입에 밴다. 뇌과학자들의 연구 결과를 여기에 결합해보면, 자주 쓰는 말이 행운 또는 불운의 씨앗으로 뿌려지는 것이다.

헤일스 교수는 행운 또는 불운에 대해 이렇게 결론을 짓는다. "우리의 행동과 큰 상관없이 다행스럽거나 불행한 일이 벌어질지 몰라도, 운은 순전히 우리의 뜻대로 구축된다. 세계관을 쉽게 바꿀 수 있다거나, 의지만 있으면 비관주의자도 낙관주의자가 될 수 있다는 소리가 아니다. 그럼에도 우리의 운은 우리 스스로 만드는 것이다."

우리가 흔히 접하는 것은 결과지만, 그 결과를 세밀하게 살펴보면 그것이 다시 원인으로 작용하기도 한다. 어떤 일에 대한 '해석'이 알고 보면 우리의 '태도'이며, 그 '태도'가 알고 보면 그런 일을 불러들인 '원인'일 수 있다. 그러니 원인과 결과는 한 덩어리일 때가 많다. 아메리카 인디언들은 오래전부터 이 이치를 깨닫고 있었다. 그래서 이런 속담을 후세에 전했다.

"당신이 생각한 말을 1만 번 이상 반복하면 당신은 그런 사람이 된다."

18
센스력, 묘하게 잘 풀리는 사람들의 '한 뼘 깊이'

당근마켓 '매너 온도'가 펄펄 끓기 직전인 분을 만난 적이 있다. 당근마켓은 중고 물품 거래 후에 상대가 주는 긍정 피드백이 쌓일수록 매너 온도(사람의 체온 36.5도에서 시작)가 올라간다. 그에게 ('당근맨'이라고 하자) 노하우를 물어봤더니 "센스력을 조금 발휘하는 것뿐"이란다.

첫 단계, 사람들이 비슷한 제품에 판매 글을 어떻게 써놨는지 살펴본다. 그것들을 참고해 조금 더 친절하고 자세하게 쓰되, 자신의 경험까지 살려서 전한다는 것이다. 한 뼘 정도 깊이 있게. 예를 들면, 제품의 스펙뿐만 아니라 "이런 용도로 요렇게 쓰면 더욱 좋더라"는 팁까지 전해주는 식이다. 활용 사례 사진까지 찍어 함께 올리는 것도 또 다른 한 뼘의 차이다. 신뢰도가 높아진다. 이와 같은 성의 있는 준비가 깔끔한 거래로 이어지는 셈이다.

당근맨의 경험에 따르면 같은 상태의, 같은 제품에, 같은 가격인데도, 어떤 것은 팔리고 어떤 것은 팔리지 않는 '한 끗 차이'가 분명히 있다고 한다.

이야기 중에 '센스'라는 표현이 귀에 들어왔다. 당근맨에게 물어보았다. 남다른 센스를 어떻게 계발했는지.

'잡일'로 단련된 덕분이란다. 첫 직장에서 2년 차 때 팀 총무 역할을 맡았는데 신경은 많이 써야 하고 보람은 없는 잡일들이 싫어서 사표를 낼까도 고민했다고 한다. 그중에서도 팀 회식을 준비하는 게 가장 싫었다. "술자리 뒤치다꺼리나 하려고 회사 들어왔나" 하는 자괴감까지 들더란다. 그런데 시간이 지나면서는 칭찬을 듣게 됐다. 궂은일을 떠맡겨 미안해서 그러는 줄 알았으나 진짜 칭찬, '일을 잘한다'는 평가였다.

얼떨떨했다. 하지만 생각해보니, 회식 준비와 업무 사이에 공통점이 있었다. 회식은 음식 트렌드로부터 구성원의 선호도와 식성, 알레르기 및 피해야 할 음식 등을 미리 점검하고 공통분모를 찾아내는 게 출발점이다. 여기에 예상 비용은 물론 거리, 인원과 룸 또는 홀 선택, 끝난 뒤의 교통 편의성까지 종합적으로 고려해 후보 식당 몇 곳을 추려내고 각각의 장단점까지 분석해 제시하는 프로세스다.

업무 역시 시장조사를 할 때 환경요인과 고객층 및 경쟁 분석, 리스크 요인 등 포인트를 잡아서 책임자들이 판단할 수 있게 정리해 보고하면 논의를 거쳐 결정하고 집행한다는 점이 크게 다르지 않았다.

귀찮은 건 어쩔 수 없었지만, 회식을 준비하는 과정 또한 팀 내부를 대상으로 하는 업무이긴 했다. 직장 선배들의 "뭘 하든 실력이 나올 수밖에 없다"던 말을 차츰 이해하게 됐단다. 일 잘하는 사람은, 어디서든 그 핵심을 파악해 자기 스타일로 만들고 기회로 연결한다. 일상의 스마트함이라고 할까?

그가 말하는 센스력, 한 뼘의 차이를 나도 경험했던 기억이 났다. 중고 물품을 구입하러 약속 장소에 가는 중에 판매자분이 메시지를 보내왔다.

"지하철 오시는 방향 기준으로 앞쪽인가요? 아니면 뒤쪽인가요?"

알려줬더니 이렇게 또 보내왔다.

"개찰구 밖으로 나오지 마시고요. 옆의 펜스에서 뵙지요."

개찰구 밖으로 나왔다가 다시 들어가는 바람에 교통비 부담이 늘어나지 않도록 미리 신경을 써준 거였다. 그 작은 친절 한 뼘으로 인해 기분이 좋아졌다. 대다수 사람들에게서는 느껴본 적이 없던 작은 차이다.

센스 있는 거래자는 매너만큼이나 물건 역시 잘 관리하는 성향을 보인다. '남다른 센스'가 아끼고 소중하게 다루는 '일상의 관리'와도 이어져 있다는 점을, 당근맨과 이야기하다가 깨달았다.

잘 관리해서 비싸게 팔고, 상대는 새것처럼 깨끗한 상품을 저렴한 값에 사므로 서로 만족을 교환하는 거래다.

나의 '마이너스 터치 손'이 부끄러워졌다. 뭐든 수세미처럼 다뤄 사흘 만에 3년은 굴러다닌 듯한 폐품으로 만들곤 했다.

왕년에 공부를 잘했다고 해서, 센스력을 갖추는 것도 아니다. 그보다는 경험으로 쌓은 '스트리트 스마트street smart'에 가까워 보인다. 다양한 입장을 이해할 준비가 된 사람이 센스력을 발휘할 기회가 많다. 그로 인해 더 많은 경험을 쌓아가며 행운을 주고받는 자신의 기반을 탄탄하게 구축해간다. 그들이 소리 소문 없이 잘 풀리는 이유 가운데 하나일 것이다. 한 뼘 정도의 차이라고, 우습게 볼 일이 아니다.

19
내면의 소리에 귀 기울인다

애처가를 넘어 경처가로 살고 있는 친구의 형 이야기다. 그 형은 건설 중장비 사업을 해왔는데 "마나님의 경고를 무시했다가 망할 뻔했던 뒤로는 매일 업어 모시는 심정으로 산다"는 게 본인의 말이다.

십수 년 전, 형이 그 무렵 친해진 후배를 경조사에서 마주쳐 형수에게 인사시켰다. 형수가 서슬 퍼렇게 노려보고는 집에 오는 내내 "그 사람, 다시는 만나지 말라"고 몰아세웠단다. 아무리 봐도 예의 바르고 약속 잘 지키는 착한 후배였다. 적당히 대꾸하고는 자주 어울리며 거래처도 많이 소개해주었다.

그러다가 사고가 터졌다. 후배가 형을 비롯한 주변 여러 사람에게 사기를 치고는 한몫 챙겨서 외국으로 도망친 것이다. 심지어 빌려 타던 리스 차량마저 중고차 밀수출꾼들에게 넘겨 알뜰하게 빼먹은 사실까지 드러났다. 형의 피해가 가장 컸으나 거기서 그치지 않았다. 다리를 놓아주었던 곳들로부터 "대신 배상하라"는 요구가 빗발쳤다. 그 정신 없는 와중에 형수에게 물어봤다. 어떻게 알았냐고. 형수의 대답이 인상적이었다.

"딱 보면 몰라? 이마에 나쁜 놈이라고 떡하니 써 있는데?"

형수는 어쩌다 한 번씩 특유의 '감'을 발동하곤 했는데, 형은 쓸데없는 참견 정도로 여겨왔단다. 소소하게 맞아떨어진 적은 있었지만 그 정도로 심각한 일이 생기리라고는 꿈에도 생각 못 했다는 것이다. 게다가 형에게는 한 귀로 듣고 흘려버릴 결정적 이유가 따로 있었다.

"척 보고 나쁜 놈인 걸 진짜로 알 수 있으면, 걔가 왜 나랑 결혼했겠냐? 그치?"

그 대목은 묘하게도 수긍이 되었다.

사실, 그 형수만 특이한 사람은 아니다. 직감은 내면이 우리에게 보내주는 메시지이므로, 정도의 차이만 있을 뿐 적잖은 사람이 그런 능력을 가지고 있다. 처음 만난 순간, 부지불식간에 상대를 파악하는 것이다.

직감에 대해, 리처드 와이즈먼 교수는 "육체와 두뇌가 감지한 패턴을 느낌으로 전달받는 것인데, 다만 의식이 그 정확한 의미를 깨닫지 못하는 것뿐"이라고 분석한다. 그래서 기분으로 애매하게 느낄 뿐이다. 좋은 쪽보다는 안 좋은 쪽으로 예민하다. '어쩐지 기분 나쁜 사람' 정도.

좋은 쪽으로는 '사랑의 예감'이 대표적이다. 보자마자 '임자 만났다'는 느낌과 함께, 만날수록 노예로 전락하는 경우다. 그렇다고 해도 행운으로 여기면서 사는 게 속이 편하며, 그 깨달음이야말로 진정한 행운일 수 있다. 아, 물론 내 얘기는 절대 아니다.

직감은 '암묵지'로도 이어진다. 많은 사람과 접하며 온갖 일들을 경험하다 보니, 자기 분야에선 말 그대로 '귀신'이 되는 것이다. 눈썰미 좋은 서빙 직원이 손님을 보자마자 '진상'임을 알아차리는 것처럼, 각 분야 전문가들 역시 그들 특유의 감을 발휘한다. 영업직이라면 "계약할 것 같은데?", 경찰은 "이놈이 범인이다", 채용 담당은 "1년 못 버티고 퇴사할 것 같네" 하는 식으로 한눈에 상대를 알아보는 경우가 많다. 감이 좋은 지하철 장거리 이용자도 앉아 있는 승객 중에 누가 곧 내릴지 한눈에 파악하고는 그 앞에 서서 기다린다.

운의 영역에선 직감이 더욱 영향력을 갖는다. 이것이 진짜 기회일지, 아니면 위장된 위험일지, 감에 의지해 판단해야 할 때가 많다. 내 주변에서 맞이하는 행운의 경우, 익숙한 환경에서 약간 낯선 영역과 마주치는 것이어서 그 미세한 단서를 포착, 확대해 들여다보고 느낌과 추론, 경험, 상황 등을 종합해 순식간에 결론에 도달한다.

친구의 형수가 남다른 '감'을 갖게 된 배경이 궁금했다. 친구가 평소 듣기로는 "어릴 때 슈퍼마켓을 운영하던 부모님을 자주 도왔다는데, 가게에 드나드는 사람들을 관찰하면서 자랐던 경험 때문 아닐까" 싶더란다. 하지만 얘기를 더 들어보니까 그것만도 아니었다. 꿈을 꿀 때도 있다고 한다. 정말로 감이 좋은 분이 맞는 것 같다. 꿈을 꾸고 거기서 뭔가를 갖고 오는 것도 매우 탁월한 감이다.

전문가들에 따르면, 많은 생각을 쏟거나 고심했던 부분을 무의식에서 다시 만나는 게 꿈이라고 한다. 해결해야 할 목표나 고민에 대해 나의 내면이 나에게 전해주는 또 다른 형태의 메시지이기도 하다. 영혼과 현실의 대화라고나 할까. 그래서 어떤 꿈은 고민을 해결하는 힌트를 주기도 한다. 그 힌트를 넘겨받아 현실에서 꿈을 이뤄내는 경우도 종종 있다. 예를 들자면, 재봉틀이 그렇다. 재봉틀은 바느질 노동으로부터 인류를 해방시켜준 역사적 발명인데, 꿈에서 만난 형상을 현실로 구현한 노력의 증거물이기도 하다.

미국인 엘리아스 하우는 방직공장에서 일하던 기계공 출신이다. 삯바느질하는 아내를 위해 뭔가 도움을 주고 싶었던 그는 바늘이 자동으로 움직여 바느질을 해주는 기계를 구상했으나 아무리 시도해도 실패만 거듭했다. 그러던 어느 날 꿈을 꾸었다. 꿈에서 그는 인디언에게 붙잡혀 곧 처형당할 위기였는데 인디언 집행자가 하우를 찌르려고 창을 쑥 내미는 순간, 날카로운 창끝에 구멍이 뚫려 있는 게 눈에 들어왔다. 그는 꿈에서 깨어나 자기도 모르게 말했다.

"그렇게 하면 되겠구나."

손바늘처럼 바늘의 윗부분에 구멍을 내는 게 아니라, 바늘 아래쪽에 구멍을 내는 방식이면 자동화가 가능하겠다 싶었다. 1846년에 드디어 재봉기를 제작하는 데 성공했다.

그는 형의 도움을 얻어 재봉기를 만들어 판매했으나 상업적으로 성공을 거두지는 못했다. 그 아이디어를 적용해 크게 성공한 이는 아이작 메릿 싱어였다. 지금까지도 전해지는 재봉틀의 대명사다.

꿈에서 '연결점'을 찾은 행운은 아인슈타인도 마찬가지다. 그는 썰매를 타다가 갑자기 엄청난 속도로 질주했던 어린 시절의 꿈을 오랫동안 기억했다고 한다. 빛의 속도에 이르자 주위의 모든 것이 놀랍게 변화했던 장면, 그것이 상대성 이론의 바탕이 된 걸로 전해진다. 비틀스의 명곡 '예스터데이'도 폴 매카트니가 꿈에서 아름다운 멜로디를 듣고 잠에서 깨자마자 기록한 데서 탄생했다고 한다.

나는 꿈을 꾸는 날이면 '꿈 일기'를 쓴다. 머리맡에 작은 노트와 연필을 놓고 있다가, 눈을 뜨는 즉시 꿈의 기억이 휘발되기 전에 휘갈겨 써 내려간다. 기록을 통해 마음 깊은 곳에서 느꼈던 무엇인가를 나의 현실 인식으로 가져온 경우가 여러 번 있다. 어렴풋했던 내면의 느낌을, 꿈 일기의 명료한 글로 형상화하다 보면 색다른 영감으로 이어질 때도 있다. 그게 일상의 어느 대목에선가 힌트가 된다. 이 또한 '감'이다.

감은 갈고 닦는 것이기도 하다. 오랫동안 준비된 직관력은 중요한 순간에 차분한 이성 및 지혜와 혼연일체가 되어 마치 숙련된 기술처럼 능숙하게 발휘된다. 그렇게 '결정적 순간'을 잡아챈다.

나의 감을 갈고 닦는 다섯 가지 방법

(우리 둘이 함께 리스트업 해보았다. 나쁜 놈 알아보는 쪽보다는 일상의 즐거움과 행복 위주로)

1. 카톡 알림이 울릴 때 확인하지 않고 누구인지 맞혀보는 게임을 한다

혼자서도 할 수 있다. 누가 나를 생각하고 있는지, 마치 텔레파시처럼 느끼는 감을 계발할 수 있다. 반복될수록 상대의 근황이나 동기, 패턴을 더 많이 짐작 또는 이해하게 된다. 좋은 인연과 관계를 이어가는 데 도움이 된다.

2. 사람들이 언제 웃고 기뻐하는지 살펴본다

센스를 발휘해 주변인들의 마음을 풀어줄 기회를 얻을 수 있다. 말 한 마디로 분위기를 바꾸는 유머 감각 또한 기를 수 있다.

3. 따뜻하게 닿고 쓰다듬고 사랑해줄 존재를 만든다

사람뿐만 아니라 동물 친구에게도 해당된다. 상대의 마음을 읽고 내 마음을 전하는 감각이 계발된다. 촉감으로 서로를 느끼며 더욱 다정다감해진다.

4. 나만의 리추얼을 만든다

나만의 습관을 들여보면 감을 깨우고 불러내는 게 쉬워진다. 체조든 산책이든 커피 한 잔이든, 그걸 통해 마음에 시동을 걸어 잠재력을 끌어낼 수 있다.

5. 일기나 꿈 일기를 쓴다

일기를 통해 오늘 내 마음을 들여다볼 시간을 가질 수 있다. 글로 표현하는 과정에서 나 자신을 더 세밀하게 알 수 있다. 스마트폰보다는 종이 노트에 손 글씨로 쓰는 게 감정을 세밀하게 일깨워 나만의 표현과 창의로 이어질 가능성이 높다.

20
사랑과 우정을 주고받을 인생의 짝

'결혼을 잘해서, 혹은 친구를 잘 만나서 팔자를 고쳤다'는 말도 매우 맞다고 생각한다. 합이 좋은 인생의 짝을 만났다는 것은, 자기 능력 이상의 행운을 누리게 됨을 의미한다.

때로는 그 결합 양상이 마치 '인류 보완 계획'처럼 보일 때가 있다. 쩨쩨한 걸로 명성이 높은 부잣집 친구가 배우자로 '경기 활성화의 천사'를 만나는 게 그렇다. 그를 방치했다가는 경기 침체 국면이 장기화될 것이라고 신께서 우려하셨던 모양이다. 맞춤형 배우자를 보내어 그의 묵은 돈이 썩기 전에 쏘게 하셨다. 영화 〈지옥의 묵시록〉 오프닝에서 마구 퍼붓는 헬기 기관포처럼. 그래선지 배우자가 SNS에 새 아이템 사진을 올릴 때마다 배경음악으로 '발퀴레의 기행'이 환청처럼 들려온다.

두 사람 중 어느 쪽이든 '정반대의 조합'을 통해 보완하라는 것이 유전자가 우리에게 내린 명령일 수 있겠다.

나도 그 명령으로부터 자유로울 수 없었던 것 같다(연준혁). 나는 이것저것 다양하게 시도해보는 스타일인 데 반해, 아내는 한번 시작하면 차분하게 이어가는 성격이다. 케케묵은 말이긴 하나 "사내는 엉덩이가 무거워야 한다"고 하는데, 아내와 서로 반대이니 주변 사람들의 잔소리를 내가 집중적으로 들을 수밖에 없었다. 아내와 서로 달라 이해하기 어려울 때도 있었지만 함께하는 시간이 쌓이면서 서로 보완해주는 측면을 자주 찾아냈다. 사주 명리학에서도 결혼 운은 '반대의 기질이지만 균형을 이뤄가는 관계'를 바람직하게 본단다.

나에게는 나와 상반된 두 사람의 '인생 절친'이 있다(한상복). 그 둘이 기질이며 하는 짓이 비슷해서 '1번 훈이'와 '2번 훈이'로 부른다. 1번의 실제 이름이 ○훈이다. 둘 다 '흥 부자'여서 혼자서도 잘 놀고, '잠 부자'라서 깨우면 "5분만"을 한없이 되풀이한다. '참을성 부자'이기도 하다. 내가 아무리 깨워도 화를 내는 순간 잠이 달아나는 것이 싫어 꾹 참고 잔다.

그들이 나와 가장 다른 점은, 모두 운동을 좋아하고 매우 잘한다는 것이다. 그들에게 멱살이 잡혀서 조금씩 따라 한 결과, 지금까지 안 죽고 살아있는 것 같다.

1번 훈이는 어릴 적 이웃 친구인데 같은 고등학교에 진학하면서 단짝이 되었다. 나는 그때까지도 주눅이 들어 있어서 '알아보는 녀석들'의 밥이 되기 십상이었다. 그런데 훈이가 옆에 있으니 감히 다가오지 않았다. 훈이는 오락실 펀치게임 신기록 메이커였다. 인상도 험악하다. 훈이를 따라 테니스를 쳐보고 수영장에도 가봤다. 2미터 깊이 풀에 빠져 허우적대는 나를 훈이가 한 손으로 건져준 적도 있다. 그는 대입 체력장 때 몇 종목만으로 일찌감치 만점을 넘겼지만 마지막 1,000미터를 나와 함께 달리며 응원해주었다. 그럼에도 나는 전국 꼴찌였다.

2번 훈이는 1번으로부터 바통을 이어받았는데 약간 덜 우락부락하며 살짝 더 다정하다. 나를 수영장에 끌고가 수영을 하게 만들어놓았다. 내가 움직이기 싫어하고 이따금 숨 쉬는 것도 귀찮아 할 때마다, 그걸 가만두지 않는 게 2번이 유전자에서 받은 명령인 모양이다.

훈이 곁에 있으면 편안하다. 좌절할 때의 내가 괜한 두려움에 까칠하게 굴며 옆자리 훈이를 시험에 들게 할 필요가 없다.

두 훈이 또한 나를 만나 더 넓은 세계를 받아들이게 되었다. 먼 발치에서는 한심하게 봤는데 가까이에서 보니까 더 한심해서, 덜 떨어진 인간에 대한 연민과 포용의 지혜를 얻었으며 그걸 나를 상대로 발휘해볼 수 있었다. 1번 훈이는 활동반경이 달라졌지만, 오랜만에 만나도 죽이 척척 맞는다. 2번 훈이는 내 아내다. 같이 살지만 각자의 영역을 확보하며 경계선을 지킨다.

나는 자주 내 삶이 전보다 좋아졌다는 느낌을 받는다(연준혁). 지질한 내가 이만큼 성장했구나 하고 자각할 때가 그렇다. 심지가 굳고 한결같은 아내가 나를 잘 관찰하고 조언해준 덕분에 아슬아슬 균형을 잡아가며 만족스러운 경로를 걸어왔던 것 같다. 생각할수록 기가 막힌 인연이 아닌가. 70억 인류 중에서, 그 엄청난 수의 사람들 가운데에서 우리 둘이 만날 수 있었다는 불가능에 가까운 우연부터가 그렇다.

사회 초년생 때 선배들로부터 '인생은 8할이 인간관계'라는 말을 자주 들었다. 우리는 여기에 하나 덧붙이고 싶다. '나의 가장 가까운 사람이 나의 인생을 결정한다'고. 친구든 배우자든 다름을 받아들여 편안함에 이를지, 끝내 편해지지 못할지, 그 차이가 함께하는 운을 좌우한다고도 볼 수 있겠다.

상대의 '다른 점' 혹은 '나와 반대인 점'은, 나 혼자의 삶에는 없었던 부분이다. 이질적이기는 하나 그것이 나의 삶에 '다른 가능성'이 열리는 변수로 작용할 수도 있다. 우리는 기발한 우연이 '이질적인 것들끼리의 결합'에서 자주 비롯된다고 본다. 다만 상대의 이질적인 요소란, 나의 관점에 따라서는 장점보다 훨씬 많은 단점의 뒤범벅으로 보일 수 있다. 이런 부분을 어떻게 받아들일 것인지, 어디에 초점을 맞출 것인지, 얼마나 타협하고 절충해갈 것인지…. 운의 합은 여기에 달려 있다고 본다(그래서 나는 2번 훈이를 깨울 수 없으나, 훈이는 언제든 내 뒷덜미를 잡고 운동하러 간다. 나는 질질 끌려간다).

그런 의미에서 '합이 좋다'는 말은, 서로의 단점을 보완하고 장점을 결합함으로써 함께 잘 풀리는 사이란 뜻일 것이다. 서로가 서로의 '행운 천사'라면 각자의 운을 끌어올리는 것은 물론, 둘의 역량을 합친 수준을 훨씬 뛰어넘는 결과가 나온다. 1 더하기 1이 2가 아니라, 10쯤 나오는 것이다.

좋은 짝이 있다면 불운이 닥쳐와도 어렵지 않게 넘길 수 있다. 안심할 상대가 있는 것만으로도 우리는 인생의 바다 멀리까지 모험을 떠날 수 있다. 용기를 내어 나의 세상을 살아갈 수 있다.

21
무재칠시와 습베

불교경전에 무재칠시無財七施라는 말이 나온다.

어떤 이가 석가모니를 찾아와 물었다.

"하는 일마다 되는 게 없으니, 이 어찌 된 일입니까?"

"그것은 네가 남에게 베풀지 않았기 때문이다."

"저는 아무것도 가진 게 없는 빈털터리입니다. 남에게 줄 것이 있어야 주지요."

"그렇지 않다. 재산이 없어도, 남에게 줄 수 있는 일곱 가지를 누구나 가지고 있다."

첫째는 화안시和顔施다. 얼굴에 밝은 미소를 띠고 부드럽고 정답게 남을 대하는 것이다. 이런 표정만으로도 사람들에게 편안함을 줄 수 있다.

둘째는 언시言施다. 공손하고 아름다운 말로 대하는 것이다. 사랑의 말, 칭찬의 말, 격려의 말, 양보의 말이 바로 아름다운 말이다.

세 번째는 심시心施다. 착하고 어진 마음으로 사람을 대하는 것이다. 따뜻한 마음이 사람들에게 용기를 준다.

네 번째는 안시眼施다. 호의를 담은 부드럽고 편안한 눈빛으로 사람을 대하며, 다른 사람의 좋은 점을 보려 하는 것이다.

다섯 번째는 신시身施다. 힘으로 남을 도와주는 것이다. 약한 사람의 짐을 들어주거나 일손을 거들고, 고개 숙여 인사를 나누는 것이다. 신시를 통해 몸가짐이 바르게 된다.

여섯 번째는 상좌시床座施다. 다른 사람에게 자리를 양보하는 것이다. 특히, 지치고 힘든 이에게 편안한 자리를 내어주는 것이다.

일곱 번째는 방사시房舍施다. 사람들이 편안하게 쉴 공간을 주는 것이다. 이를 찰시察施라고도 한다. 묻지 않고도 상대의 속을 헤아려 도와주는 것이기도 하다.

타인에게 무언가를 베푼다는 것은 덕을 쌓는다는 의미다. 돈이나 물건이 아니더라도 베풀 수 있다. 내가 좋아하거나 잘하는 것으로 누군가를 도와줄 수 있다. 요리를 잘한다면 솜씨를 발휘할 수 있고, 힘이 있다면 부축하거나 짐을 들어줄 수 있다. 상대를 기쁘게 하며 기운 나게 해주는 베풂이다. 활발한 성격이 장점이라면 마음이 지친 사람에게 말을 걸어 활력을 나눠줄 수도 있다.

손익을 우선하는 관점에서는 불합리한 선택으로 보일 것이다. 주기만 하고, 돌아오는 게 없다면 일방적인 것 아닌가. 그러나 베풂에 대한 대가는 상대에게서 돌려받는 게 아니다. 베풂과 동시에 나 자신에게서 발견하는 것이다. 베풀면서 욕을 먹는 선택도 있다. 인증샷으로 과시하며 생색을 내는 경우가 그렇다.

진정한 덕은 '슴베'와도 비슷하다. 슴베란, 칼이 제구실을 하도록 칼자루 속에서 지탱해주는 칼날의 반대 부분을 일컫는 말이다. 길고 커다란 칼날이라도 그 힘은 칼자루 속에 숨어 있는 손가락 두어 마디의 슴베에서 나온다. 낫이나 괭이, 호미 같은 농기구도 마찬가지다.

멀리서 보면 우연처럼 여겨지는 행운이, 알고 보면 겉으로 드러나지 않았던 원인에서 비롯되는 경우가 있다. 어떤 노력과 기여는 드러나지 않는 곳에 쌓여 결정적인 순간에 커다란 변수로 작용하기도 한다. 이를 음덕陰德이라 하고, 어떤 마음도 품지 않고 행하는 덕을 무념보시無念布施라고 한다.

슴베와 같은 덕은 쌓을 때마다 내면이 만족으로 가득 찬다. '내가 도움이 되고 있다'는 자기 유능감과 '누군가 나를 필요로 한다'

는 자기 중요감, 이런 느낌을 사람들은 '자부심'이라고 부른다. 그 자부심 또한 내 마음속 슴베가 되어 나를 든든하게 지탱해준다. 내가 제구실하고 있다는 자부심이 나를 앞으로 나아가게 해준다.

음덕을 쌓는 마음에는 '찰시'의 지혜가 있다. 받는 사람의 입장까지 헤아리는 것이다. 그래서 주고 나면 즉시 잊어버린다.

누군가에게 도움이 되는, 그런 사람이 되었다는 사실 하나만으로도 충분한 것이다. 이 또한, 나의 행운을 소리 소문 안 나게 확인하는 한 가지 방법이다.

PART 3

행운을 관리하는 사람,
행운을 쫓아내는 사람

————

기회는 언제나 불확실성 속에 있다.
불확실성으로 인해 불안하지만, 불확실성 때문에 가능성을 엿볼 수 있다.
아직 모르기 때문에 희망을 품는다.
확실하다면 그것은 행운의 영역이 아니다.
뭐가 될지 알 수 없기에 달려들고 시도해보는 게 우리의 선택 아닐까.

————

1
복을 차내는 성격

B가 회사 동기 A에게 남자친구가 생겼다는 소식을 들었다. 세 살 어린 A를 동생처럼 아꼈던 그는 아내와 상의해 커플을 위한 저녁 자리를 만들었다. 넷이 마주 앉았을 때 B가 A의 남자친구에게 초대한 취지를 설명했다.

"어떤 분인지 많이 궁금했어요. 마침 우리 부부가 이 식당에 꼭 와보고 싶었는데요. 겸사겸사 잘됐다 싶어 예약했습니다."

초대받은 쪽의 부담감을 덜어주려는 의도였다. 그러나 남자친구는 기분이 상했다. '이런 곳(예약이 어렵다는 고급 식당)은 처음이지? 우리 부부 외식에 젓가락 두벌 더 놨어'의 느낌으로 받아들였기 때문이다. B는 그런 A의 남자친구의 표정을 살피다가 중반쯤에 설명을 보탰다.

"먹고 싶은 요리가 여럿인데 우리 둘이서는 다양하게 주문하기가 어렵잖아요. 덕분에 궁금했던 것들을 먹어보네요."

A의 남자친구는 그 말에 젓가락을 내려놓았다. 두 사람은 B 부부와 헤어진 뒤에 크게 싸웠다. A는 "왜 남의 호의를 악의로 갚느냐"고 비난했고, 남자친구는 "뭐라고 했길래 그 자식이 나를 우습게 보느냐"고 추궁했다. A가 폭발했다.

"작작 좀 해. 언제까지 그렇게 피해의식에 젖어서 살 거야?"

두 사람은 화해한다며 다시 만났다가 원수처럼 싸웠다. 그러고는 진짜 원수 사이가 되어 헤어졌다.

리처드 와이즈먼 교수는 행운이 성격과 상당한 관계가 있다고 분석한다. 그는 행운을 잘 불러들이는 세 가지 성격으로 외향성과 개방성 외에 '낮은 수준의 신경증'을 꼽았다. 여기서 신경증이란 감정 또는 충동 조절에 문제가 있는 경우를 뜻한다. 우리 표현으로 하면 '유별난 성격' 또는 '성질머리'쯤이랄까?

예전에 왕래가 있었던 분의 비보를 접하고 문상을 다녀왔다. 고인은 비교적 이른 나이에 성공한 사람이었다. 해외여행을 갔다가 눈에 들어온 브랜드를 들여와 서울 요지에 다섯 개의 대형 매장을 차례로 여는 등 승승장구했다. 내가 만났던 그는 자신감 넘치는 합리적인 사람이었다. 하지만 어느 순간, 견고해 보였던 성공이 부축했던 팔을 갑자기 뺀 것처럼 주저앉고 말았다. 유행이라는 게 그처럼 잔인한 것이기도 하다. 이하는 그의 아내와 동서에게 들은 내용이다.

재기하겠다고 벌였던 일들이 번번이 실패로 돌아갔다. 그 와중에 배신까지 당하면서 세상은 물론 사람들에 대한 원망이 쌓였다. 누군가 조언을 하면 "당신이 내 일에 보태준 거 있어?" 투의 거친 말이 나갔다. 시한부 삶을 선고받고도 "사기 치지 말라"고 병원에서 소란을 피웠다.

하지만 가족은 절반의 진실을 알고 있었다. 몇 년 전부터 건강에 이상이 나타났고, 의사들이 "소견서를 써줄 테니 큰 병원에 가라"고 등을 밀었다는 것이다. 그럴 때마다 "돌팔이가 뭘 알겠느냐"면서 무시했다. 자기 성질에 겨워 목숨을 건질 수 있던 기회를 번번이 차버린 거였다.

막스 귄터는 저서 《운의 시그널》에서 "행운 혹은 불운이 무작위와 우연이라면, 그와 마주친 사람의 성격에 따라 그 차이가 더욱 극명하게 벌어진다"라고 했다. 운의 흐름에 사고방식과 성격, 행실 등이 합쳐져 행운 또는 불운의 진폭을 확대 혹은 축소한다는 의미다. 성격과 행동에 따라 좋은 운이 더욱 커지고 오랫동안 이어지는가 하면, 불운이 닥쳤을 때도 그 피해가 적은 범위에 그치고 행운으로 반전되기도 한다. 반대로 도를 넘는 성질머리는, 행운을 쫓아내고 불운을 재앙의 수준으로 크게 불릴 수도 있다.

나는 특히, 어떤 자아상을 가졌는지, 이 부분이 중요하다고 생각한다. 스스로를 대단하다고 여기는 비대한 자아는, 기회가 주어져도 눈높이에 비해 초라하다고 여길 가능성이 높다. "애걔! 겨우 이게 뭐야?" 하는 식의 관점에선 불운 역시 사소하고 만만하게 보일 수 있다. 그래서 더 심하게 혼이 난다.

초대받았던 A의 남자친구처럼 남의 선의마저 자기를 깔보는 의
도로 곡해해 못되게 구는 게 복을 차내는 전형적 패턴이다. 여자
친구의 회사 동기가 좋은 사람임을 알았지만 그의 경험과 여유,
매너에 즉각 반응한 나의 열등감과 패배감을 억누를 수 없었던 것
이다(남의 이야기처럼 써보려 했으나 실패하고 말았다. 나의 경험담이다).
열패감은 흐름이 좋은 때에는 마음속 깊숙하게 깔려 있다가도,
안 좋은 시기를 만나면 목구멍 언저리까지 올라와 대기한다. 그러
고는 사소한 일에도 고장력 스프링처럼 튀어나가기 일쑤다.
다툼의 결말은 "다시는 마주치지도 말자"였다. 마침내 A가 혼
잣말처럼 중얼거리는 걸 들었다.
"재ㅅ넌."
재선넌? 그게 도대체 뭐지? 재선넘? 밤늦게 뒤척이다가 벌떡
일어났다. 재섭넘!
며칠간 속이 부글부글 끓었다. 재섭넘에 걸맞은 말 한마디로
갚아주고 싶었다. 그러다 어느 순간 맥이 풀려버렸다.
'어떻게 이렇게 한심할 수가 있지? 재수 없는 놈. 맞네.'
운이 좋지 않을 때 불거지는 특성 중 하나가 피해의식이다. 자
신감을 잃은 사람일수록 "언제나 나만 당한다"는 투의 피해의식
에 깊게 침윤된다. 그 결과 편견과 아집에 사로잡혀 행운 천사들
이 내밀어주는 손을 쳐내고 만다.

피해의식으로 곤두선 마음에는 '쌍둥이 마음'이 함께 다닌다. 그 쌍둥이는 '우습게 여기는 마음'이다. 알지도 못하는 상대를 밑으로 깔고 본다. 이건 나름의 방어기제일 수는 있다. 작고 초라한 자신을 주체하기 어려울 때 가장 경제적이고 효율적인 방법이 남을 끌어내리는 것이다. 억지로나마 안심은 될 테니. 그러다 습관이 된다. 그 패턴이 자기 무덤을 파듯, 운의 흐름을 더욱 안 좋게 만든다.

그 시기의 나는 '재수 없는 놈의 재수 없는 특성'을 두루두루 갖추고 있었다. 작은 일에도 파르르 떨며 상처받는 '초 예민 촉수'를 갖고 있었으며, 타인의 호의를 자존심 상한다고 방탄유리처럼 튕겨냈다. 안 좋은 일이 생길 때마다 남들을 원망했으나, 따지고 보면 나에게 최악의 가해자는 언제나 나 자신이었다. 스스로 복을 탈탈 털어놓고는 남의 탓을 해온 것이다. 재섭넘!

불행의 동굴을 따라 깊이 들어가면 그 중심에는 '외로움'이 덩그러니 놓여 있다. "자신감을 잃으면 온 세상이 나를 적대한다"는 미국 시인 랄프 왈도 에머슨의 말대로다.

타인에 대한 과잉 방어는 사람들을 남김없이 쫓아버려 혼자가 되는 결말로 치닫는다. 착한 사람이든 악당이든 가리지 않고 찾아간다는 '변덕과 제멋대로의 아이콘' 행운의 여신마저 곁에 머물지 못하게 하는 마성의 불운.

외로움의 밑바닥에서 나는, 세상을 원망하며 분노를 에너지 삼기보다는 세상과 어우러지며 물 흐르듯 살아가는 게 현명한 삶임을 깨달았다. 누군가와 도움을 주고받으며 서로 잘 되기를 빌어줄 수 있는.

그런 태도가 서로에 대한 격려와 응원으로 이어져 우리의 삶을 앞으로 나아가 게 해준다는 세상살이의 법칙을 알았다.

지금 비록 어려운 시기를 겪느라 짬이 없을지라도, 그럴수록 마음 관리가 필요하다. 과잉 반응의 편협한 가시를 고슴도치처럼 세우지 않게끔 마음 스트레칭으로 나긋나긋 풀어주는 여유를 스스로에게 선사해보자. 최소한 굴러들어 온 복은 차지 않도록 말이다.

강아지는 먹을 것을 보면 곧바로 반응한다. 주인이 먹던 걸 한 번도 받아본 적 없더라도 매번 신이 나서 달려온다. 번번이 허탕을 치는데 왜 질리지 않고 계속하는 것일까 싶기도 하다. 하지만 그건 내 방식의 감정이입일 뿐, 강아지는 나와 다른 생각을 하고 있을지도 모른다.

'오늘이 처음으로 받는 날일지도 몰라.'

나도 그렇게 생각하면서 살아가려 한다. 어차피 행운이 예기치 않은 것이라면, 그걸 받아들이는 마음 또한 그에 어울리는 것이어야 할 게 아닌가. 번번이 허탕을 치더라도 너무 실망하지 말고, 즐거운 기대를 잃지 말고, 행운 천사들이 내밀어주는 손을 쳐내지 말고!

2
80점이면 충분하다

저녁 자리에서 웃고 떠들다가 나온 이야기다. 지인이 자기 별명이 '빠꾸녀'였다고 해서 "빠꾸가 뭐냐"고 물어봤다. "비용 처리할 것들, 교통비며 접대비 등 영수증이 규정에 맞지 않을 때 빠꾸를 놓았다는 의미"란다. 회사를 옮긴 뒤로는 이미지를 바꾸는 데 성공해, 그 같은 별명이 더는 따라붙지 않는다고 했다.

"각자의 직무가 다를 뿐, 그들은 공격수고 나는 수비수이니, 그들 사정도 봐가면서 완전히 잘못된 게 아니면 처리해주자"는 쪽으로 생각을 바꿨단다. 전 직장에서는 '원칙대로 완벽하게'라는 신념에 딱딱하고 고지식하게 굴었지만, 원칙만큼이나 사람의 감정도 중요하다는 걸 깨달았다는 얘기였다.

'딱딱하고 고지식'이라는 말에, 표정이 늘 굳어 있던 몇몇 얼굴이 떠올랐다. 그 당시 후배들 사이에 명절 연휴 여행이 유행처럼 번졌다. 연휴 앞뒤로 휴가를 붙이면 매년 한두 차례 유럽 몇 개국씩 다녀올 수 있었다. 그게 표정 군은 윗분들의 심기를 건드렸던 모양이다. 평소 자기들끼리 권력투쟁하느라 바빠서 아랫것들이 어떤지는 관심도 없던 분들이, 후배들의 '몰지각한' 명절 해외여행 건에는 논의고 뭐고 건너뛰고 일치단결 쌍지팡이를 짚고 나섰다.

"연휴에 휴가 붙여 쓰지 말라"는 지시가 내려왔다. 월권이었다. 연휴는 법정휴일인 데다, 휴가 또한 각자 쓰기 나름이다. 취지도 명분도 분명치 않은 일방적인 통보였다. 설마, 우리나라의 외환보유고가 걱정되어서 그랬을 것 같지는 않았다. 아니면 배가 아팠던 것일까?

나 혼자 평소답지 않게 반대하고 나섰다. 후배들의 권리를 찾겠다는 강인한 의지였다기… 보다는, 퇴사를 위한 멋지고 확실한 핑곗거리가 필요했던 것 같다. 하지만 유럽 여행 열기도 한풀 꺾이고 해서… 멋쩍게 조용히 퇴사하고 말았다.

돌이켜보니 표정 군은 분들 중에 흥미로운 강조화법을 쓰는 이가 있었다.

"제대로 할 거 아니면 아예 하지도 마!"

엄포를 놓는다고 해서, 매우 어려운 일이 '제대로, 완벽하게 될' 가능성이 높아질 리는 없었다. 현실적으로는 그 엄포가 '아예 하지도 않을' 핑계로 작용할 가능성이 훨씬 높아 보였다.

완벽하게 해내려고 망설이는 것보다, 조금씩이라도 꾸준히 해보는 게 낫다. 어설프게나마 해가면서 손보고 고치는 쪽이 결과적으로는 효율도 완성도도 높다는 게, 어쨌든 해내는 사람들의 해본 경험이다.

엄포를 놓던 분을 반면교사 삼아 '80퍼센트 룰'이란 걸 만들어 나에게 적용하고 있다. '제대로' 해내려고 아등바등 기를 쓰느니, 80퍼센트의 힘 조절로 차분하게 해나가면 일이 그럭저럭 풀리더라는, 일종의 자기만족 노하우이기는 하다. 20퍼센트는 여백으로 남겨놓는다. 이렇게 하다 보면 만족할 만한 결과가 나올 때가 많았다. 그 덕에 질리지 않고 일을 해왔고, 어떤 일이든 시도는 해볼 수 있었던 것 같다.

힘 빼고 설렁설렁 일하는 게, 때로는 놀이처럼 일하는 게, 빡세게 일할 때보다 더 나은 결과를 보여줄 때가 많았다. 윗분을 모시고 네 시간 마라톤 회의할 때에는 나오지 않던 아이디어가, 윗분 퇴근 후 피자에 맥주를 사다 먹으며 나눈 농담에서 발동이 걸려 쏟아졌고, 그게 대박이 났다는 경험담을 종종 듣는 이유다. '그분'이 사라진 게 주효했을 것이다. 숨통이 트여 자유롭게 수다를 떨 수 있었던 덕분이다.

이쯤에서 정색하고는 눈을 부라리며 "진지하게 하란 말이야! 일이 장난인 줄 알아?" 하며 침을 튀기고 달려들 왕년의 얼굴들도 생각난다. 혹여 어디선가 지금도 그러고 계신다면, 부디 그러지 마시라고 당부하고 싶다.

진지함 역시 삶을 대하는 소중한 자세임을 나 역시 부인하지 않지만 그게 도를 넘는 순간, 곁의 사람들의 호흡을 통한 생명 유지 활동에 현저한 위협을 초래할 수 있기 때문이다. 심지어는 사람들이 당신의 눈길을 슬슬 피하고, 자기들끼리 즐거운 이야기를 나누다가도 당신의 출현에 일제히 입을 다물거나, 엘리베이터 앞에서 좌우로 갈라서는 홍해의 기적을 자주 목격할 수도 있다. 이 모든 '저어하는 마음의 표현'에 반색할 일이 아니다. 당신이 어서 사라지라는 취지니까.

100퍼센트의 진지함에는 각별한 주의가 필요하다. 행운이 섞여 있는 불순함을 정말로 진지하게 틀어막을 수 있으니 말이다.

방구석 여포 행세를 하며 이 글을 쓰는 나 역시 "일이 장난이야?" 하고 역정을 내는 면전에선 겁이 나서 반박하지는 못했다. 그러나 아주 조금 용기를 내어 혼잣말로라도 이렇게 저항해보기는 했다. "조금은 그러면 안 되나?" 하고. 물론 엄격함으로 임해야 하는 생명이나 안전 관련 업무에는 철저하게 진지한 자세가 요구된다.

이따금 장난을 넣어볼 때, 새로운 게 섞일 가능성이 높다는 점은 분명하다. 의외성이나 낯섦 같은 것 말이다. 그게 새로움의 문을 여는 기회일 수 있다. 기회는 기대를 별로 하지 않을 때 나타난다고 한다. 표정이 굳은 분들은 '얕은꾀'라며 탐탁지 않아 할 수도 있겠지만, 그 얕은꾀의 요령으로 지름길을 찾아낼 때도 있다. 딴청을 부리다 색다른 아이디어와 마주치기도 하고.

흥미 또는 재미라는 불순한 동기를 가진 사람들은 일을 놀이처럼 여기기 때문에 '오로지' 성실한(이라고 스스로는 믿지만 답답한 쪽에 가까운) 사람들에 비해 시야가 넓고 유연하게 생각하는 경향이 있다. 가끔은 틀에 대한 집착을 내려놓고 낯선 것에 여지를 만들어줄 때, 그동안 익숙하지 못했던 기회를 나의 일상으로 초대할 수 있다. 완전함에 대한 강박을 잠시 내려놓을 때, 토마스 머튼의 말처럼 "우리는 불완전함을 통해 성숙"해진다.

행운을 위해 '고수레' 습관부터 들이는 것이 어떨까. 음식을 먹기 전에 조금 떼어 허공에 던지면서 "고수레"라고 외치던 것처럼, 나 역시 '끝내주는 사람' 말고 '그런대로 괜찮은 사람'으로 기대를 미리 덜어놓는다. 행운을 위한 고수레랄까. 100점 말고 80점!

3
눈에 불을 끄면 행운이 보인다

　내가 IT분야 뉴미디어 사업에 뛰어들었던 이유는 '빨리 벌어서 은퇴하고 싶어서'였다(연준혁). 가족과 마음 편하게 살고 싶었다. '느긋하게' 살겠다는 목표를 위해 '조급하게' 달려든 것이 모순이 긴 했다.

　그 무렵의 나에겐 운이 따르지 않았다. 연이어 실패한 끝에 뉴미디어의 꿈을 접었다. 그런 사업엔 엄청난 돈을 투자해야 하고 장기간의 개발이 필요했다. 그걸 버텨내어 서비스에 들어간다 한들 성공하리라는 보장도 없었다. 그런데 올드 미디어(단행본 출판) 쪽으로 와보니 책 한 권 단위로 일을 하는 게 뉴미디어와 천양지차였다. 제작 비용도 뉴미디어에 비하면 크게 부담 없는 수준이었다. 게다가 뉴미디어처럼 수많은 사람과 부대끼며 기가 빨릴 일 또한 없는 구조였다. 만나는 사람은 늘었으나 사람 스트레스는 확

줄었다.

사람들이 궁금해할 만한, 나라면 사볼 것 같은 책을 만드는 걸 목표로 잡았다. 기획안을 구성하고 참고문헌들을 읽으면서, 그동안 나의 등짝에 스매싱을 가해왔던 조급함으로부터 멀어졌다. 사람들을 만나 책과 관련된 이야기를 나누다가 어느덧 그 자체를 즐기기 시작했다.

'빨리 결판을 내겠다'던 야망이 연기처럼 사라졌다. 마음이 편안해졌다. 그러자 눈에 들어오는 것들이 늘어났다. 오랜만에 만난 사람마다 "사람이 달라졌네?"라고 한마디씩 했다. 내가 느끼기에도 예전의 나와는 다른 사람 같았다.

왜 어떤 사람에겐 유독 운이 따르고, 어떤 사람에겐 따르지 않는 것일까. 독특한 연구와 실험으로 유명한 영국의 리처드 와이즈먼 교수가 BBC 방송과 함께 행운에 대한 실험 프로그램을 진행했다. 이를 위해 스스로 '행운이 따른다'고 생각하는 사람들과 '운이 없다'고 생각하는 사람들을 모집하는 광고를 냈다. 연구팀은 지원자 중 100명을 선발했다.

먼저 두 부류 간의 차이점을 확인할 수 있는 실험을 했다. 그들에게 신문을 주고, '그 속에 얼마나 많은 사진이 실려 있는지 파악하라'는 과제를 주었다. 연구팀은 신문을 펼쳐 들면 볼 수 있도록 중간쯤에 커다랗게 글을 써놓았다.

"이 글을 발견한 사람은 우리에게 와서 돈을 달라고 하시오."

운이 좋다는 쪽의 사람들이 다가와 손을 내밀었다. 반면 운이 없다는 사람들은 글을 발견하지 못한 채 사진을 세는 데만 여념이 없었다. 박사는 "운이 없는 사람들은 긴장한 상태였고, 그런 기분이 행운을 찾아내는 능력을 가로막고 있었다"라고 분석했다. 한마디로 '눈에 불을 켠 나머지' 눈앞에 있는 더욱 커다란 것을 놓치고 말았다는 것이다.

그의 다른 심리실험에서도, 운이 따르지 않는 사람일수록 과한 욕심을 부릴 때가 많았다. 파티에 초대받으면 '이번에야말로 완벽한 연인을 만나겠다'는 마음부터 불타오르는 경향이 있었다. 결과는 '시시해서 일찍 집에 돌아왔다'로 이어졌다. 취업 쪽에서 비슷한 실험을 해본 결과, 특정한 기업, 특정한 자리를 찾는 데 주의를 쏟다가 다른 좋은 기회들을 놓치는 사례도 많았다.

운은 그것을 맹목적으로 좇는 사람에게는 오히려 찾아오지 않는다. 번번이 실패했던 나처럼, 야심을 불태울수록 멀찌감치 달아나는 게 운의 속성이다. 그래서 인생의 멘토들이 중요한 순간마다 "마음을 비우라"고 조언하는 것이다.

와이즈먼 교수는 새로운 실험을 제안했다. 두 그룹의 사람들에게 동전을 나누어주었다. 앞면이 많이 나오는 쪽이 이기는 게임이었다. 어떤 결과가 나왔을까?

차이가 없었다. 운이 좋은 그룹과 운이 나쁜 그룹, 양쪽의 승률이 비슷했다. 게임을 다시 해봤지만 결과는 마찬가지였다. 운이 없는 사람들이나 운이 좋은 사람들이나 비슷한 승률을 기록했다. 실험이 수차례 반복됐으나 결과는 크게 다르지 않았다. 이렇게 행운은 같은 상황일 경우 모두에게 빼놓지 않고 기회를 준다.

우리는 '노력한 만큼 성공한다'는 굳건한 믿음을 가지고 있다. 시간을 잘 지키고, 열심히 일하며, 자기 관리에 신경을 쓰는 사람이 탁월한 성취를 이뤄낸다는 신념이다. 그러나 인내와 용기를 가지고 노력하는 사람도 '찾느라 눈에 불을 켰을 때'에는 '눈앞에 있는 커다란 것'마저 놓치고 만다.

스트레스를 품사 중 부사로 표현한다면 아마도 '아등바등'이 아닐까. 아등바등에 붙잡히면 뭐든 재미없어진다. 즐거움을 빼앗기고 긴장, 초조, 불안 속으로 잡혀 들어간다. 아등바등은 행운이 깃들지 않는 태도이기도 하다. 금방 지치고 짜증을 낸다. 행운이 와서 문을 두드려도 그 행운을 알아보지 못한다. "저리 꺼져! 나는 행운을 기다리고 있단 말이야!" 하고.

행운에 눈이 멀면 행운을 놓친다. 나도 비슷한 경험을 여러 번 했다(한상복). 기대를 품고 아등바등 써낸 책들은 폭삭 망했다. 쓸 때에도 힘들더니 결과는 더 힘들었다. 반면 기대 없이 가볍게 툭 툭 써낸 책은 그럭저럭 흥했다.

"어깨의 힘부터 빼라"는 말을 수없이 들었는데, 사실 나 같은 몸치는 그런 말에 어찌해야 할지 모른다. 이 원고 쓰면서도 혹시 힘이 들어갈까 봐, 화면 안 보고 적당히 자판을 두드리는 중이다.

어쨌거나 행운은 기를 쓴다고 발견할 수 있는 것은 아닌 모양
이다. 눈에 불부터 꺼야겠다. 행운은 그렇다 치더라도, 눈에 불을
켜고 살면 하루 종일 피곤하니까 말이다.

4
불운의 가능성을 이따금 생각해두면

　루이 11세는 지방 귀족 및 공국의 저항을 억눌러 강력한 프랑스 왕국의 기초를 다진 인물이다. 프랑스의 첫 인쇄소를 파리에 세우고 지방에도 설립을 후원했으며, 유럽 최초의 우편망을 창설하는 등 근대화의 씨앗을 뿌린 장본인이기도 하다. 그런 루이 11세가 크게 혼이 난 적이 있다.

　1475년, 영국의 에드워드 4세가 해협을 건너 침공해왔다는 소식을 듣고 루이 11세는 가슴이 철렁했다. 재정난에 군비도 부족해 영국군과 맞붙어 승리할 가능성이 없어 보였다.

　그는 갑자기 '협상을 해야겠다'고 결심했다. 신하들이 반대했다. 싸워보지도 않고 항복할 수는 없다는 이유였다. 일부는 영국 왕이 협상을 받아들이지 않을 것이라고도 내다봤다. 그도 그럴 것이, 5년 전에 프랑스군의 기습을 받은 에드워드 4세가 네덜란드로 꼬리에 불이 붙은 것처럼 줄행랑을 치는 통에 망신당했던 전력이 있었다. 침공은 그에 대한 복수전이기도 했다.

루이 11세는 반대를 무릅쓰고 협상안을 보냈는데, 이상하게도 그 요청을 에드워드 4세가 덥석 받아들였다. 평화조약을 체결함으로써 프랑스는 일시불로 7만 5,000크라운을 지불하는 한편, 에드워드 4세의 남은 생애 동안 매년 5만 크라운씩 상납하기로 했다.

루이 11세는 에드워드 4세가 물러간 것을 확인하고는 이렇게 말했다.

"나는 선왕들보다 훌륭한 방법으로 적을 물리친 것이다. 선왕들은 엄청난 군비를 들여 전쟁을 벌였지만, 나는 술과 음식, 그리고 적은 비용으로 적의 대군을 쫓아낸 것 아닌가."

누구나 살면서 실패와 좌절 같은, 반갑지 않은 일을 겪는다. 아무리 운이 좋은 사람이라도 예외는 없다. 그렇다면 좌절에서 곧잘 벗어나 안정을 찾는 사람과 계속 꼬이는 바람에 위기로 몰리는 사람의 차이는 어디에서 벌어지는 것일까?

우리는 그 차이가 실패를 대하는 방법에 있다고 본다. 실패가 분명하다면, 그것을 납득하고 받아들여 관리하려는 태도 말이다. '실패의 관리'라고 하면 이상하게 느껴질 수도 있다. 그러나 매우 현실적인 접근 방식이다. 실패 전략을 세워야 하는 것이다. 어느 정도 실패함으로써 피해를 최소화하는 동시에, 다시 일어설 여력을 확보할 것인지.

불운의 시기에 꼭 필요한 태도가 이와 같은 실리주의적 접근이다. '1승 19패'라 해도 거듭된 작은 실패에 한 번의 커다란 성공이라면, 그간의 실패를 메우고도 남는다. 많이 이긴 쪽이 아니라 결정적일 때 이긴 쪽이 승자이기 때문이다.

루이 11세의 협상 전략이 먹힌 것은 '정보전' 덕분이었다. 그는 영국 왕이 돈 문제로 골머리를 앓는다는 정보를 입수했다. 그래서 제안한 게 상납금이었고, 에드워드 4세 입장에서는 거절하기 어려운 제안이었다. 빡빡하게 구는 의회에 손을 내밀기보다는 프랑스의 상납을 받는 편이 운신의 폭을 넓힐 수 있었던 것이다.

또한 루이 11세는 '에드워드 4세가 살아있는 동안 매년 상납한다'던 약속도 지킬 생각이 없었다. 그는 7년 만인 1482년에 상납을 끊어버렸다. 전쟁이 일어나더라도 압도할 수 있는 실력이 갖춰진 뒤였다. 분노한 영국 왕은 전쟁 계획을 세우던 중에 병이 들어 죽고 말았다.

19승 1패라고 해도, 딱 한 번의 패배가 결정적이라면 다시 일어서기가 쉽지 않을 수 있다. 결정적 실패는 실낱같은 성공 가능성마저 봉쇄해버리는 패착을 두는 경우가 많다. 체면과 모양새에 집착하다가 "못 먹어도 고"를 외치고 장렬하게 산화할 때가 그렇다.

루이 11세는 이런 면에서 대단한 인물이었다. 절체절명의 위기에서 '일국의 왕'이라는 체면과 자존심을 재빨리 벗어던지고 회복 불능의 타격을 입지 않도록 손실을 줄이는 협상을 벌였다. 그가 '자존심 풍선'을 지키려고 끝까지 맞섰다면, 극단적인 결과를 초래해 지금과 같은 프랑스가 존재하지 않았을지도 모른다.

오뚝이처럼 다시 서는 사람들의 차이는 실리주의에서 드러난다. 패배하더라도 실리를 챙긴다는 점이다. 성공할 때만 이익을 챙기는 게 아니다. 일단 살아남고, 훗날을 도모하는 것 또한 실리주의다. 자존심을 지키려다 망하거나 죽으면 그것으로 끝이다.

그런데 이와 같은 실패의 관리 및 실리주의 전략이 어느 날 갑자기 하늘에서 뚝 떨어지는 것은 아니다. 늘 관찰하며 염두에 두고 있어야 실력을 발휘할 수 있다.

루이 11세의 별명이 '신중왕', '음흉왕'이었다. 인쇄와 우편 같은 당대의 신기술을 도입해 다양한 정보를 수집함으로써 판단의 객관적 근거를 확보하는 동시에, 불리한 경우를 다각도로 염두에 두고 있었기에 속내를 감추고 넙죽 엎드려 어려운 시기를 견뎌낼 수 있었다.

이런 양상은 지금도 마찬가지다. '그런 일도 일어날 수 있다'는 가능성을 이따금 떠올리는 것으로, 실제 그 일이 일어났을 때 패닉에 빠져 꼼짝 못 하는 최악은 피할 수 있다. 어디까지 물러서는 게 좋을지 맨정신으로 가늠해볼 수 있다. 물러설 여지조차 없을 경우, 위험천만한 시도에 모든 것을 거는 '도박적 처지'로 몰릴 가능성이 높다.

피치 못할 불운의 시기라면 이미 늦었더라도 피해 규모는 줄일 수 있다. 그럼으로써 다음의 행운을 기대할 수 있다.

물론 피해를 최소화하는 가장 좋은 방법은, 눈앞에 다가왔을 때 대응하는 것이 아니다. 평소에 운이 좋든 나쁘든 위험을 관리하는 체계를 꾸준하게 만들어두는 것이다. 이런 점에서 행운, 그 이상으로 깊이 생각해야 할 부분이 바로 불운이기도 하다.

5
버텨낸 승리에 갈채를

공무원에게 가능한 최고의 승진은 정부 부처 차관 자리다. 장관은 정치적으로 결정되는 자리인 데다 '딱 그럴 만한 사람'이 앉는다. 그런데 모 헤드헌팅 회사 S회장의 분석에 따르면, 차관까지 오르는 사람들 대부분이 행정고시 수석이나 차석을 차지했던 이가 아니라고 한다. 중간 정도의 성적이 대부분이라는 것이다.

그러면 고시에서 수석·차석의 영예를 누렸던 사람들은 어떻게 된 것일까? 진즉에 공직을 그만두고 다른 곳으로 옮겨갔다는 게 정답이다. 수재인 데다 공직 경험까지 쌓았으니, 이런 사람을 필요로 하는 곳이 얼마나 많겠는가. 당사자로선 어쩌다 인사에 물을 먹었을 때에 딱 맞춰 제안이 들어온다면 '빛도 나고 보수도 높은' 자리에 대한 열망이 더욱 커질 만도 하다. 각광받는 인물들이 줄줄이 나가고 나면, '잘 버텨낸' 사람이 마침내는 차관 물망에 오를 수밖에 없다.

일반 직장인의 세계 역시 그렇다. 어떤 직장에서도 통하는 법칙이 '잘나가는 사람이 먼저 나간다' 아니겠는가. 끊임없이 다가오는 기회 중에서 솔깃한 제안을 잡아채어 직장을 옮긴다. 다만, 반짝이는 사람들을 끌어들인 좋은 자리란, 활활 타는 태양의 지근거리일 가능성이 높다. 그만큼 경쟁이 빡세게 펼쳐진다는 게 함정이다.

그 와중에 자기 능력에 취해 후회할 일을 만들기도 한다. 실력은 뛰어나지만 경력이 짧은 사람일수록 재승박덕才勝薄德하기가 쉬운 것이다. 실력이 뛰어난 만큼 성격도 좋으면 금상첨화겠으나 그런 경우는 흔치 않다.

이런 점에선 이른 성공만큼 불행한 일이 없다. 아무리 '내 아버지의 회사'라고 해도, 어느 정도 다양한 경험을 쌓으며 내면을 성숙시켜야 나중에 정상에 오른 뒤에도 세상의 풍파를 헤치고 나갈 수 있다.

지인 중에 성격으로 불운을 이겨낸 입지전적 인물이 있다. 그의 온화함과 인내심에 예전부터 탄복했지만, 최근에야 그의 성정이 어떻게 탁월하게 발현될 수 있는지 보고 배울 수 있었다. '어떻게 버텨낼 것인가'라는 막막한 물음에 100점짜리 답안을 보여줬다.

그가 몸담은 회사의 주인이 바뀌면서 다른 업계 출신이 사장으로 오게 됐다. 새 사장이 인사를 단행, 기존 주요 간부들이 일제히 한직으로 발령났다. 대다수는 모멸감을 이기지 못해 짐을 싸서 떠났다. 하지만 그는('버팀이 님'이라고 하자) 남아 있기를 선택했다. 열심히 해봐야 티도 나지 않을 분야가 그에게 맡겨졌다. 실무자도 몇 명 되지 않아 버팀이 님이 혼자 다니면서 일을 만들어나갔다. 실무자들이 짜증을 내기도 했다.

"쓸데없는 일은, 만들 게 아니라 없애고 정리하는 게 일을 잘하는 기본 아닌가요?"

그들 사이에선 '나가라'는 취지로 인사발령을 냈는데 홍두깨처럼 일을 만들기까지 하는 버팀이 님이 눈치가 없는 것인지, 아니면 반항하는 것인지 논란이 벌어지기도 했다. 다들 군소리 없이 나가는데 뭘 하겠다고 버티고 있는 것인지 이해할 수 없었단다.

버팀이 님은 '쓸데없는 일'을 가지고도, 이런저런 것들을 붙여서 결과를 뽑아냈다. 놀랄 만한 정도는 아니었지만 앞으로의 가능성이 꽤 보이는 아이템들이었다. 그럼으로써 자신이 '썩어도 준치'임을 입증해냈다.

그렇게 3년이 흘렀고, 회사의 대표가 바뀌었다. 버팀이 님은 원래의 자리로 복귀하면서 승진까지 했다. 새로운 사장이 그를 각별히 챙기고 있어 차기 또는 차차기 대표이사 물망에 올라 있다.

불운의 시기를 잘 버텨내어 성취를 이어가는 사람들의 특징이 '서두르는 법이 없다'는 점일 터다. 고요함을 머금은 은근한 성격이 그 뿌리가 아닐까 한다. 좋은 성격만 한 행운이 없다. 얼굴은 성형할 수 있고, 모발과 장기는 이식이 가능하지만, 성격은 수술할 수 없다.

그렇기에 더욱, 이른 나이보다 세상을 어느 정도 경험한 뒤에 행운을 만나는 것이 전체적인 흐름에도 좋다고 생각한다. 이런 관점에서 보면, 일찌감치 성공한 사람들을 굳이 부러워할 이유가 없다.

인사 발령에서 물을 먹거나 좌천되었을 때에는 새로운 곳에서 불운의 돌파구를 찾아보는 것도 방법이다. 그러나 남아서 버텨보기로 결심했다면, 현재 상황의 '해석'이 중요하다는 게 버팀이 님을 지켜본 사람들의 공통된 견해였다. 쪽팔린다고 생각하지 말고, 끝날 때 끝나더라도 그때까지 어떻게 살지는 나 스스로가 정하는 것이다.

그러니 지금 무엇을 할 수 있을지 고민하고, 나란 사람의 의미를 다소 옅게라도 이어가도록 그것에 집중해 현실을 살아가야 한다는 게 버팀이 님을 통해 배운 교훈이었다(버팀이 님 본인은 "내 할 일을 꾸준히 해왔을 뿐"이라며 원론적인 이야기만 반복한다. 무서운 인간이다).

그렇게 버티면서 갈고 닦는 걸 도야陶冶라고도 한다. 유대교회로부터 저주와 함께 파문당한 스피노자가 선택한 일이 '렌즈를 갈고 닦는 일(연마)'이었던 것처럼. 막다른 곳에 몰렸다고 그걸 종점이라 믿어버린다면 착각일 수 있다. 운은 늘 흐르고 있다.

뒤늦게 알게 된 또 하나의 사실이 이 글의 막판 반전 포인트다.

버팀이 님은 자신을 '지하실'로 발령낸 전임 사장과 나이 차이는 있지만 친구가 되어 있었다. 그 사장이 오너에게 실적 부진으로 시달릴 때 저녁을 함께하며 이야기를 들어주다가 막역한 사이로 발전했다고 한다.

6
행운이 들어오는 길을 터주는 법

정리에 관한 책을 만들어보기로 하던 참에, 동료가 전 직장 시절의 이야기를 자세하게 들려주었다… 라기보다는 나도 옆에 있었기에 얻어들었다. 동료('치우자 님'이라고 하자)는 그 당시 인생이 '징글맞게' 안 풀려서 힘들었단다. 연인과 다투고 헤어진 데 이어 회사에서도 일이 잘못되는 바람에 시말서를 썼다. 설상가상 어머니까지 고향에서 올라오셔서 근 일주일간 머물며 볶아댔다. 그만 버티고 내려와서 아버지 사업이나 도우라는 것이다.

어머니가 돌아간 뒤 치우자 님의 분노가 폭발했다. 어머니가 우격다짐 정리해놓은 신발장과 현관이 첫 타깃이 됐다. "하이고! 집 안 꼴이 이게 뭐냐? 꿈에 나올까 무섭다"던 대상이었다. 신발장에 이중삼중으로 구겨 넣은 것들부터 전부 쓸어내렸다. 구매한 기억도 안 나는 구두며, 밑창 고무가 딱딱해진 운동화가 가득했다. 게다가 고장난 우산들까지.

다음은 옷장. 마구 끄집어내다가 기가 막혔다. '이런 것들을 왜 가지고 있었을까?' 싶은 것들을 심지어 전부 싸 들고 이사까지 여러 번 다닌 게 스스로 생각하기에도 기가 막혔다.

답답한 기분이라면 새로운 시도가 필요한 때다. 주변 환경을 정리함으로써 막힌 부분을 뚫어 숨 쉴 구멍을 낼 수 있다. 전부 뒤집는 것까지는 아니더라도, 눈에 들어오는 몇몇 군데를 정리하는 정도로 효과가 있다고 한다.

풍수에 따르면 집 안을 잘 관리함으로써 행운을 불러들일 수 있다. 풍수는 집을 어떻게 구조화하고 어떻게 배치하는 게 좋은지 오래된 경험과 지혜를 알려준다. 현대 과학으로 풀이해도 납득이 된다.

환경은 거주자의 생각이나 감정과도 영향을 주고받기 마련이니 정리된 환경에서 살면 정서가 안정될 가능성이 높다. 어수선하고 지저분한 환경을 방치하는 일상이야말로 스스로를 함부로 대하는 마음 습관일 수도 있다. 자칫 다른 사람들에게 무시당하는 빌미가 되기도 한다. 치우자 님이 어머니에게 구박받았던 것처럼 말이다.

치우자 님의 싱크대와 서랍, 장에서도 숱한 '왜 갖고 있었지?' 하는 것들이 쏟아졌다. 전에도 스스로에게 던진 질문이었는데 그때마다 '언젠가 필요할 것 같아서'가 답이었다. 며칠에 걸쳐 재활용품과 쓰레기로 구분해 내다 버렸다.

이처럼 치우기 대장정을 끝내고 나자 세상이 다르게 보이더라는 경험담이었다. 어머니가 다시 올라왔을 때에는 특유의 지청구가 몇 마디로 딱 줄었다고 한다.

알랭 드 보통 역시 공간의 문제가 일상과 긴밀하게 연결되어 있다면서 "장소가 달라지면 나쁜 쪽이든 좋은 쪽이든 사람도 달라진다"고 썼다.

'잘 치우겠다'는 결심이 치우자 님의 인생을 송두리째 바꿔놓은 것은 아니었다. 다만 아침에 눈을 떴을 때 하루를 시작하는 느낌이 산뜻해졌단다. 퇴근해 '깔끔한 집'에 돌아와서는 청소부터 끝내고 쉴 때의 만족감도 좋았다. 그렇게 살아가는 자신이 꽤 근사한 존재로 여겨져서 '이러다 진짜 잘될 것 같다'는 기대감에 매일 밤 맥주를 딱 한 캔만 하게 되었다는 결말.

풍수에서 가장 중요한 것은 의외로 정리 정돈이라고 한다. 나는 정리를 꽤 하고 사는 쪽이었다. 그런데도 직장생활 초기에 서랍을 뒤지며 헤매다가 선배에게 지적받곤 했다.

"제대로 정돈해라. 별거 아닌 것 같지만 그게 기본이다."

시간이 지나면서 왜 그것이 기본인지, 진심으로 수긍하게 됐다. 조금만 신경을 쓰면 경험치가 쌓인다. 무엇을 어디에 놓으면 효율적인지 알게 되고 나름의 규칙이 생긴다. 어디에 두었는지 헷갈려서 전부 들춰보는 '답답함'을 미리 막을 수 있다. 실수가 줄어들고 효율이 높아진다. 주변 사람들에게 '척척 해내는 사람'이란 평판이 생기는 건 부수적인 효과다.

이런 모든 게 행운을 불러들이는 느낌일 수도 있겠다. 단순명료한 일상의 감각들. 청소와 정리는 생활의 반성을 동반하며 주변을 한결 밝게 만들어준다.

삶은 끊임없이 변화한다. 정기적으로 비워야 새로운 삶의 요인들이 빈 공간으로 들어올 수 있다. 좋은 기운 역시 그렇다. 청소와 정리 정돈을 통해 수시로 터놓는 길을 타고 들어온다.

7
행운 카드는 재활용이 없다

'확실한 노하우. 나도 그런 것만 있으면 인생 역전에 성공할 수 있지 않을까.'

직장생활 초기에는 이런 생각을 자주 했다. 하지만 주변을 둘러봐도 그저 평범한 월급쟁이들. 전수받을 뾰족한 노하우 같은 게 있을 턱이 없었다. 나의 기대와는 매우 먼 진실을, 이런저런 체험을 해보고서야 깨달았다. 앞서 성공한 사람의 '노하우'를 전수받아, 그대로 따라 한다고 해도 그와 비슷한 성공을 보장할 수 없다는 것. 심지어 성공했던 그 사람마저 '그 뾰족했던 노하우'로 망하는 게 현실이었다.

트렌디한 감각을 가진 사업가 몇 명이 의기투합해 고급 타운하우스 사업에 나섰다. 교외의 목 좋은 땅을 최적의 조건에 매입해 최고급 자재와 대기업 시공 브랜드 등으로 기세 좋게 이어갔다.

높은 분양가에도 불구하고 대성공을 거두었다.

중상류층의 로망을 제대로 겨냥한 '틈새시장'이라 전문직과 자유업 종사자들을 중심으로 환영 수요가 몰려들었다. 주차장에는 고급차들이 즐비했고 멀리서 집 구경을 오는 사람들이 줄을 이었다.

사업가들은 지체 없이 2차 사업에 착수했다. 이번에는 더 고급스럽게, 세대 수를 줄여 대형 평형으로 설계했다. 가구마다 전용 엘리베이터를 설치했고 호화로운 마감재와 인테리어에 투자를 아끼지 않았다. 대성공을 예감하듯 방송사의 촬영이 매일 이어졌다. 그러나 이번엔 처참한 실패로 막을 내렸다. 회사는 망했고 사업가들은 빚쟁이 신세가 되었다.

성공은 남다른 아이디어나 초심자의 행운, 또는 압도적인 실력 등등 각자의 환경에 기회와 흐름, 우연이 적절하게 결합했을 때 일어난다. 하지만 이런 환경이나 조건은 또 다른 변화와 마주치면서 재차 바뀌기 마련이다. 이런 점에서 행운은 '재활용'이 쉽지 않은 카드다. 세상을 깜짝 놀라게 한 성공이라도 그다음의 성공을 보장하지 못한다.

엔터테인먼트 주식에 빠꼼한 사람('엔빠 님'이라고 하자)의 경험담이다. 그는 게임사 공모주로 주식투자를 시작했는데, 당시 몇십 주 받아서 돈을 좀 벌었다고 했다. 모르는 사람은 '꼴랑 몇십 주가 뭐야?'라고 생각하기 쉽다. 그러나 그 주식 몇십 주 받으려면 최소 수억 원을 투입해야 했다. 지금은 공모주 제도가 바뀌었다. 어쨌든 엔빠 님은 그 이후 꾸준하게 공부해서 엔터 주식 매매를 통해 평균 20퍼센트 이상의 수익을 올렸다고 한다. 동생도 엔터주 투자에 따라 들어왔다.

한번은 엔빠 님이 목표주가에 도달한 모 종목을 정리했는데 동생은 생각이 달랐단다. 절반을 남겨 놓은 거였다. 한데 그 이후에 상승 국면이 이어지면서 투자 금액이 두 배 가까이 불어났다. 동생에게 그 성공의 기억이 강렬하게 남았는지, 다른 종목을 거래하면서도 엔빠 님과는 달리 절반을 남겨놓았다. 이번에는 폭락으로 이어졌다. 매매 타이밍을 놓치고는 '강제 버티기 모드'에 들어갔다가 결국 과거에 벌어들였던 금액 이상을 반납하고 말았다.

성공의 체험이 크고 강렬할수록 그 기억에 집착하다가 더욱 크게 손실을 입는 경우가 있다. 굳게 믿을수록 피해가 커진다. 이를 '성공의 복수'라고 부른다.

고급 타운하우스로 성공했던 사업가들 또한 그랬다. 고급화와 차별화가 성공의 비결이라고 확신했던 나머지, 더욱 규모 있게 더욱 고급스럽게 설계하는 과정에서 무모해졌다. 그 결과 '뾰족했던 노하우'는 뜻밖의 반응과 마주하게 되었다.

"얼마라고요? 그 돈이면 서울 강남에서도 좋은 아파트를 살 수 있는데 뭐 하러 여기에 그 돈을 들이고 살아요?"

2차 사업은 모래성처럼 허무하게 무너져 내렸다. 1차의 성공에서 제대로 배우지 못했기 때문이기도 했다. 성공의 샴페인을 터뜨리는 와중에도 제대로 관찰하고 냉정하게 평가해야 했다.

이처럼 행운은 반복되지 않는다. 단 한 번의 실수로 오랜 기간 쌓아온 모든 것이 허물어질 수 있다. "흥한 것으로 망한다"는 이치 또한 아이러니다. '성공을 입증한 노하우'라고 한들 그게 누구에게나 가능한 패턴이라면 행운 카드로는 부적격일 수밖에 없다. 노하우가 전파되고 확산되는 순간, 효험을 잃는 것은 물론 소멸해버리기 때문이다. 심지어 사람들이 대거 달려드는 바람에 '거꾸로 패턴'이어야 먹힐 때도 있다. 이는 괴물 투수가 혜성같이 등장해 신기록 행진을 이어가더라도, 언젠가는 그의 공에 적응하는 한편 패턴을 읽어낸 상대 팀의 타자들에게 두들겨 맞는 날이 오고야 마는 것과 같은 이치다.

엔빠 님의 〈미나리〉 투자가 그랬다. 그는 영화 〈미나리〉가 미국에서 호평을 받자, 관련주를 사들였는데 골든글로브를 비롯한 주요 영화상을 받을 가능성이 높다는 소식에 주가가 우상향을 이어갔다. 엔빠 님은 시상식 전날 동생에게 "내일 개장 즉시 팔자"라고 톡을 보냈다. 그는 '거꾸로 패턴'을 선택한 것이었다. 호재에 달려드는 사자 주문이 많을 때 손을 털겠다는 것이다. 하지만 동생은 생각이 달랐다.

"내일 아침에 주가 흐름을 봐서…."

수상을 하면 판권이 세계 각국으로 팔릴 테니까 주가가 더 많이 오를 수도 있다는 게 동생의 판단이었다. 동생은 다음 날 아침,

눈 뜨고 당하는 굴욕을 경험했다. 회사 출근하자마자 회의가 소집되는 바람에 주가가 차익실현 매물로 한참 떨어지는 걸 알면서도 꼼짝할 수 없었다.

행운이 이어지면 '순전히 나의 실력'으로 착각해, 자만에 빠지기가 쉽다. 확신을 가지고 혼신의 힘을 쏟아붓는다. 행운이 그를 높이 헹가래를 쳤다가 이내 바닥에 내리꽂는 결과로 마감한다.

미국의 경제학자이자 '월가의 현자'로 불리는 나심 탈레브는 행운에 속지 말라고 하면서 스스로가 똑똑하지 않음부터 알아야 한다고 지적한다.

"행운에 도취되어 스스로를 과신하지 말 것이며, 무모한 투자를 피하고 매 순간 신중하게 살피면서 확률을 고려하여 결정하라."

노력에 타이밍까지 좋아 '나의 흐름'을 만들었다면, 다음 세션에선 새로운 기분으로 지금까지의 방식에서 벗어나는 단호한 자세가 필요하다. 사실은 이것이 '겸손'이다. 과거의 성공 기억을 '없었던 일'로 툴툴 터는 생각. 그것은 개인 차원의 미덕이기도 하지만, 좋은 흐름을 이어가려는 자기관리 차원의 실용적 태도이기도 하다.

8
운이 좋은 사람들의 두텁고 무거운 처세

헤로데스 아티쿠스의 일생은 '불행의 여신'과의 조우를 피하기 위한 신중한 걸음의 연속이었다. 로마 최고 부자였던 아티쿠스는 '나서지 않는다'를 으뜸의 신조로 여겼다. 하지만 돈이 많은 그를, 권력자들이 그냥 둘 리가 없었다. 각자 세력을 키우기 위해 많은 자금이 필요했고, 아티쿠스의 재산에 경쟁적으로 눈독을 들였다. 그런 가운데에서도 아티쿠스는 카이사르나 키케로, 폼페이우스, 안토니우스 등과 '등거리 관계'를 유지하며 자신의 신조를 지켜나갔다.

극심한 권력투쟁이 벌어졌다. 카이사르는 암살당했다. 키케로 역시 안토니우스의 부하에게 살해당했다. 폼페이우스는 이집트로 도망쳤으나 그곳에서 암살당했다. 안토니우스는 옥타비아누스와의 악티움해전에서 패배한 뒤 자살을 선택했다. 반면, 아티쿠스는 시대의 불안과 위협으로부터 스스로를 지켜내는 데 성공했다. 그는 77세까지 평화롭게 살다가 불치병으로 쓰러졌다. 그러고는 스스로 죽음을 선택했다. 정치가 친구들과는 달리 행복한 죽음이었다.

행운은 처세를 통해 오고, 처세로 인해 달아나는 경향이 있다. 사람들을 대하는 태도와 선택에 따라 좋은 쪽으로, 혹은 원치 않는 쪽으로 운의 흐름이 바뀌곤 한다.

처세란 사실, 매우 난해한 것이다. 반면 쉬워 보이는 처세에는 흔히 말하는 '얄팍한'이란 수식어가 붙는다. 간단한 요령의 '가벼운 처신'은 얕은꾀 또는 임시방편이어서 오래 가지 못할뿐더러 좋은 결과로 이어지지도 않는다.

우리나라에도 아티쿠스 같은 사람들이 있었다. 서울역사박물관이 펴낸 자료《한양의 세거지世居地》를 보면 한 가문의 사람들이, 조선시대 내내 그렇게 살아갔다고 한다(세거지란 세대를 계승하면서 거주해온 마을, 혹은 오래된 거주지라는 공간적 측면을 강조한 말이다). 이 사람들은 남산 밑에 세거지를 이루고 살았다. 그 일대가 지금의 우리은행 회현동 본점 자리로, 옛 흔적은 오래된 은행나무 한 그루만 남아 있다. '회동(회현동) 정씨' 가문이 주인공이다.

동래 정씨에서 갈라져 나온 이들은 풍양 조씨나 장동 김씨 같은 세도가문과는 달리, 지금까지도 대중적으로는 알려지지 않은 사람들이다. 하지만 조선시대를 통틀어 정승을 열두 명이나 배출

한 '최고의 명문가'로 맥을 이어왔다. 조선 후기 남산에 거주하던 정씨 남자 백여 명 가운데 이삼십 명이 당상관이었다는 기록도 있다.

그럼에도 역사책에 등장하는 인물은 영의정을 지낸 정광필, 한학자 정인보 선생 정도다. 가세가 갑자기 기울거나 대가 끊긴 것도 아니었다. 이 집안 사람들이 대대로 서탁에 붙여놓았다는 좌우명 혹은 가법家法에 그 이유를 짐작게 하는 단서가 있다.

말은 다 하지 말고 남겨서 몸의 기운을 기르고,
일은 다 하지 말고 남겨서 뒷사람이 하도록 기다리며,
복은 다 쓰지 말고 남겨서 자손에게 전해주어라.

회동 정씨의 처신을 단적으로 보여주는 글이다. 입을 닫고 몸가짐을 조신하게 하여 사람들과 척질 일을 피하고, 일을 혼자 다하려 들지 말고 다른 사람에게 마무리를 넘겨 그의 공을 세워줄 것이며, 복은 혼자 누리려 하지 말고 자식들에게 남겨주는 삶을 살아가라는 의미다. 명심보감의 일부를 따와서 고친 내용으로 추정된다.

현실주의적 가르침을 따랐으니 역사에 이름을 남기겠다는 야심을 품지 않았고, 그 덕분에 조선시대 내내 이어졌던 숱한 당쟁과 사화의 위기를 '조용하고 무탈하게' 넘길 수 있었을 것이다. 왕이 아닌 자가 이름을 널리 알리는 길은 둘 중 하나밖에 없었다. 영웅 또는 역적.

회동 정씨 집안에 '튀는 자'가 없던 것은 아니었다. 홍국영 이후 정조의 최측근으로 불렸던 정동준(대사간 및 경상관찰사 역임)은 남산에 호화로운 집과 누각을 하사받는 등 2인자로서 권세를 누렸다. 아첨하는 자들과 잔치를 벌이며 요란하게 시선을 끌었다. 정동준의 '멋대로 처신'에 위기를 느낀 숙부 정경순(공조판서)을 비롯한 집안 어른들이 그에게 누차 경고했다.

"너로 인해 우리 집안이 멸문지화를 당하게 생겼다. 자중하라."

하지만 그는 아랑곳하지 않다가 노론이 탄핵하는 상소를 올리자 자살해버렸다. 자칫 역모로 몰리기라도 하면 일가가 풍비박산 나는 시대였다.

회동 정씨의 후손들은 일제가 들어와 남산 일대에 거점을 마련하자 하나둘씩 살림을 정리해 사라졌다. 하지만 이들의 흔적은 다른 쪽에서 살짝 모습을 드러냈다. 바로 독립운동가 이회영, 이시영 선생(신흥무관학교 설립자)의 어머니가 회동 정씨 집안이었다. 회동 정씨 사람들을 요즘 기준으로 보면 '올드 머니'에 가까울 수 있겠다. 대대로 명문에 부잣집이지만 티를 내지 않는다는 의미에서.

운은 확실히 사회성과 많이 결부되어 있다. '어떻게 처신해 원하는 바를 이루고, 위협과 거리를 둘 것인가' 하는 문제는, 어떻게 현명하게 사회성을 발휘하느냐의 차원이기 때문이다.

사회성 하면, 반사적으로 인맥을 떠올리기 쉽다. 하지만 온갖 곳에 얼굴을 내밀고 다니는 사람 중에는 실속이 없는 경우가 훨씬 많다. 그러다가 무리를 하는 통에 큰 병을 앓았던 경험자(한상복)가 보기에도 그렇다.

정씨 집안은 '세간의 눈에 띈다' 싶을 때, 스스로 위세를 줄이는 조치를 취하기도 했다. 한동안 자식들을 과거시험에 응시하지 못하게 했던 것이다. 그래서 일부 항렬에서 관료가 갑자기 줄었다. 집안이 너무 잘나가면 위험하다는 판단에 "복을 아끼자"는 취지였다고 한다.

이처럼 제대로 된 처세는 두텁고 무겁다. 그리고 조심스럽다. 누가 보기에도 얄팍한 짓을 하고 있다면, 그것은 '처세'라기보다 '호가호위', 요즘 기준으로는 '나댄다'는 표현이 더 어울릴 것이다.

정씨 집안 같은 처세는 평정심을 기반으로 한다. 세상에 대한 넓은 관심과 깊은 관찰, 현재를 성실하게 살아가는 꾸준함 없이는 이어가기 어렵다. 일종의 '인생 내공'으로도 볼 수 있다. 우리도 어느 정도는 일상에서 이를 실천에 옮길 수 있다. 예컨대 비 오는 날 좁은 골목길에서 다른 사람과 마주쳤을 때가 그렇다. 상대가 나의 우산 끝에 부딪히거나 우산살에서 떨어지는 빗방울을 맞지 않도록 살며시 기울일 줄 아는 조심성으로 충분하다. 두텁고 무거운 처세는 가까운 주변부터 둘러보는 마음에서 출발한다. 회동 정씨들이 그랬던 것처럼.

9
지나가는 행운과 머무르는 행운

불닭볶음면이 지구촌 곳곳을 누빈다는 소식에 나의 자영업 시절이 생각났다. 불닭전문점 세 곳을 운영하는 사장님이었던 때가 있었다.

출판사 기획위원 시절, 불닭 프랜차이즈 경영자들을 만난 것은 그들의 성공 스토리를 책으로 만들어보고 싶어서였다. 원래 신촌의 조그만 점포에서 청년 창업주가 시작한 불닭집에 젊은 경영자 몇 명이 가세해, 홍대 주차장 거리에 안테나 숍을 띄운 게 대성공으로 이어졌다.

나도 프리랜서로 일하던 시기여서 시간 여유가 있었다. 하지만 뉴미디어 사업에서 세 번 망해본 경험이 있던 터라 일단은 '조심 모드'로 2년가량 그들의 사업 경과를 지켜보았다. 그런데 그 기세가 전국을 벌겋게 물들이는 터라 마음 편하게 올라탔다. 사업이 잘되어 주변 사람들의 투자까지 이끌어내 가게를 연이어 세 개까지 늘렸다.

운이 좋은 사람들에게는 본능처럼 불안이 따라다닌다. 지금의 성공 질주가 언제 막을 내릴지 알 수 없어 한편으로는 불안한 것이다. 간혹 길게 이어지기도 하지만 그런 일은 드물다. 행운의 질주는 언제나 자신이 원하던 것보다 일찍 끝난다. 불편하지만 그게 진실이다. 내 마음 편하려고 그걸 부인하다 보면 어느새 불운의 구렁텅이다.

예전에 압구정동을 돌아다니다가 자동차를 소재로 한 우스갯소리를 들었다. 주차장에 밤늦게까지 세워져 있는 벤틀리는 '잘나가는 식당 사장의 차'라는 것이다. 또 하나, 식당 사장의 벤틀리임을 확인하는 법은, 어느 날부터 보이지 않는다면 그게 확실하다는 것이다. 망했기 때문이란다.

예약에 허덕일 정도로 사업이 잘될 때, 앞으로도 계속 그럴 줄 알고 자신감이 붙는 것까지는 좋다. 주변의 "비싼 차라도 리스해서 비용을 털라"는 꼬임에 빠져 일하느라 바빠 돈을 쓸 시간도 없으니, 약간의 보상심리로 벤틀리를 뽑는다. 그러다 사업이 내리막길을 타는 바람에 급기야 사라지고 마는 것이다. 요즘 압구정동은 그때와 다를 터다.

유행을 타는 분야의 성공이란, 널리 알려진다는 것이기도 하다. 선구자로 시장을 만들었다고 해도, 그게 돈이 된다 싶으면 순식간에 연구되고 모방되어 그 전략이 통하지 않게 된다. 요식업은 진입과 퇴출이 가장 활발한 분야다. 직장인들이 퇴직에 가까워질수록 혈액형부터 '피형' 또는 '치형'으로 바뀌어가며 피자와 치킨에 각별한 관심을 갖게 된다는 설도 있다. 독보적 브랜드나 확연한 실력 차가 아니라면 거기서 거기쯤으로 여겨진다. 그러나 행운은 장벽이 낮은 분야일수록 잠깐 머물렀다가 지체 없이 떠난다.

불닭집 프렌차이즈 사업은 서울과 수도권을 중심으로 전국에 가맹점을 150개까지 낸 이후로 열풍이 가라앉기 시작했다. 불같이 일어나 빠르게 성장했으나 그걸 관리 체계가 따라잡지 못했다. 성장 속도를 조절해서라도 직영점 위주로 시장을 개척하면서 내실을 다지는 게 옳은 선택이었다. 맛과 브랜드 관리로 간판기업으로 자리매김을 한 뒤에 그 흐름을 이어가는 쪽으로 사업을 끌고 가야 했다.

마침내 나의 불닭집 사업은 실속 없이 막을 내렸다. 낮에는 출판기획 일, 밤에는 불닭집 영업을 하느라 고생만 했다. 고생 끝에 낙이 오기는 개뿔, 골병만 들었다. 벌고 모았던 돈을 점포 세 곳에 쏟아부었으나 전부 날리고 말았다. 그 성공 스토리 역시 책으로 만들지 못했다. 결론적으로, 불닭집 사업은 나를 스치고 지나간 행운에 그치고 말았다.

불닭집 실패에서 배운 점 하나는, 반 발짝 앞서는 것으로 충분하다는 것이다. 그 정도면 운이 좋은 거였다. 남들보다 멀찌감치 앞서 '전부 내가 먹겠다'고 욕심을 부리다가는 기회를 만나지도 못하고 전부 잃을 가능성이 높다는 교훈을 얻었다. 또 하나는, 행운이 나에게 장기간 머물게 하려면 기본이 되어 있어야 한다는 것이다. 바닥을 탄탄하게 다지지 않은 채 맞이한 고도성장은 그만큼 빠른 속도로 와해될 수 있다는 뼈아픈 깨달음이었다. 마지막으로, 운의 지속 시간이 어쨌든 짧을 것이라고 간주하는 게 스스로를 위해서도 좋은 마음가짐이라는 점이었다. 나의 운을 과신하지 말 것. 최정상까지 달려갈 각오보다는 적당한 타이밍에 주식처럼 정리하는 게 현명한 선택일 수 있다.

선배들의 표현 '잔뼈가 굵다'는 말이 절실하게 다가왔다. 실수와 만회, 성공과 실패, 전진과 후퇴를 수없이 오가면서 자잘한 경험을 단단하게 엮어내는 게 인생의 내공이었다.

불닭볶음면으로 글로벌 대박을 이어가고 있는 삼양라면의 재기도 놀랍다. 원조 라면 회사였지만 '우지 파동'으로 망하기 직전까지 몰렸다가 극적으로 회생해 글로벌기업으로 거듭났으니 말이다. 아무리 힘들더라도, 어떻게든 살아있고 볼 일이다. 운이란 흐름이고 변화니까.

예전의 뉴미디어 사업 실패 삼세번에, 불닭사업 실패로 점포 세 개를 말아먹었다는 이야기까지 정리하고 나니, 이 원고를 읽은 사람들이 "파면 팔수록 이런 실패와 저런 실패가 마르지 않는 샘물처럼 솟아난다"며 나에게 새로운 별명을 붙여주었다. '실패의 옹달샘'이란다. 실패의 과거가 더 있지만 여기서 끝내야겠다. 자꾸 떠들다간 '실패의 저수지'가 될 판이다.

기회를 만나 성공의 문턱에 이르는 과정은 비슷한데, 어떤 이의 행운은 스쳐 지나가고 또 어떤 이의 행운은 오래 머물며 불어난다. 불닭 프랜차이즈 사업에서 그 차이가 드러난다. 뭔가 많은 것 같아 기대감이 컸지만, 기세가 꺾이고 나면 아무것도 없는 느낌으로 급작스럽게 전개되는 이유다. 뾰족한 아이템이든 투자 재원이든, 관리가 되지 않으면 흔적도 없이 사라지기 마련이다.

운이 좋은 사람들은 기회를 놓치지 않는다. 작은 끈과 고리들을 세심하게 관리하다가, 타이밍에 맞춰 보탬이 되는 기회로 연결시킨다. 자신의 다양한 자원들을 세심하게 관리함으로써 공든 탑의 수준을 넘어 견고한 장벽을 쌓는다. 이런 관리를 개인의 차원으로 비유하자면 '그럴 만한 사람'이다. 그럴 만하기에 자기 루틴을 이어가며 행운을 관리하고 키워낸다.

10
행운 여신이 좋아하는 아름다운 얼굴

　한동안 어울리다가 소식이 끊겼던 사람을 십수 년 만에 우연히 다시 만났다. 그 당시 모임의 선배 한 분이 외국으로 나가면서 소개한 이였다. 선배가 멤버들에게 신신당부했다. "대학 후배인데, 애가 좀 묘한 구석이 있으니 혼도 따끔하게 내면서 이끌어줘"라고.

　선배의 걱정과는 달리 멀쩡했다. 약속 시간을 잘 지켰고 관심 분야도 넓어서 대화도 잘 통했다. 그런데 좀 지나니까 '묘하다'는 점이 슬슬 드러났다. 친해졌다는 인식이 생긴 뒤부터였다. 농담인 양 남의 약점을 건드리고는 눈치 봐서 사과를 하거나 화제를 바꾸곤 했다. 남의 역린을 금세 파악하는 능력을 가진 것까지야 뭐라 할 수 없지만, 문제는 그걸 어떻게든 입 밖으로 내지 않고는 배기지 못하는 성격이었다.

　성격은 사람 간의 '연결 메커니즘'이기도 하다. 스스로 생각하기에 성격이 원만해 남들과 탈 없이 어울리는 쪽이라면 대단한 행운이라고 자부해도 될 것 같다. 밝은 표정과 즐거운 태도가 자석처럼 좋은 사람들을 끌어들이니까.

성적은 좋았겠지만 성격은 좋지 않은 신입 멤버로 인해 모임의 분위기가 무거워졌다. 불참하는 이가 생겼다. 그중 한 사람은 카톡에 아이의 돌 사진을 올렸다가 '묘하게' 기분 나쁜 톡을 받았다.

"다행히 공부는 잘할 것 같네요."

그분이 외국에 있는 선배에게 "이 사람, 대체 뭐냐"고 했다가 들었다는 반응은 이랬다.

"걔가 늘 혼자여서 안쓰러웠거든. 우리 모임 정도면 들어와서 세상물정도 좀 배우고 나아질 줄 알았지. 나한테도 말조심하겠다고 몇 번이나 약속했는데…. 그 성질머리는 어떻게 안 되는 건가? 아휴."

추가로 알게 된 사실 또한 기가 막혔다. 그는 '모임 파괴자'였고, 전력을 꽤 가지고 있었다. 이 사람만 뜨면 모임이 결딴나고 만다고 했다. 결국 우리 모임도 유야무야되고 말았다.

그때의 멤버 한 분과 최근에 만날 일이 있었다. 그분과 점심 식사 후 카페에 들렀다가 놀랍게도 주문하기 위해 앞에 줄 서 있는 모임 파괴자를 발견했다. 나는 그를 알아보지 못했다. 예전과 얼굴이며 분위기가 전혀 달랐다. 동행자 역시 긴가민가하다가 눈이 마주치는 바람에 확신했단다. 그러고는 얼마나 놀랐는지, 이렇게 묻고 말았다.

"어떻게 된 거야? 무슨 안 좋은 일 있었던 거야?"

실례가 되는 질문이기는 했다. 오랜만에 마주친 '모임 파괴자'의 인상은 매우 좋지 않았다. 십여 년에 걸쳐 여러 모임이 아닌, 자기 자신을 파괴해온 것 같았다. 카페에서도 혼자였던 그는 "급한 일이 있다"며 달아나듯 나가버렸다.

중년의 얼굴은 그 사람이 어떻게 살아왔는지를 보여준다. 우리 얼굴에는 40여 개의 근육이 있단다. 미소를 지을 때 쓰는 근육, 화난 표정일 때 근육, 노려볼 때 근육, 슬픈 표정 근육 등등. 사람마다 쓰임새와 조합에 약간의 차이는 있지만. 어떤 생각을 할 때마다 뇌가 인식해 그에 걸맞은 표정을 짓게 되어 있다. 자주 하는 생각과 그때 나오는 표정이 쌓여 중년쯤 얼굴 전체의 인상으로 자리 잡는다. 인상이란 30퍼센트가량 타고 나고, 70퍼센트는 어떻게 사느냐에 따라 만들어진다는 말도 있다.

모임 파괴자를 만났던 날, 또 다른 기억 하나가 떠올랐다. 그가 연락도 없이 모임에 불참한 적이 있었다. 본인이 "그날밖에 안 된다"고 하기에 다른 사람들이 양보해 날짜를 조정해줬더니…. 다음 모임 때 불참 사유를 묻자 "너무 아파서 이불 쓰고 누워 있었다"는 대답이 돌아왔다. 감기몸살인가 했으나 그것도 아니었다. 아는 이의 동생쯤 되는 누군가가 변호사 시험에 합격했다는 소식을 듣고 아팠다는 것이다.

그에게 법조계를 꿈꾸다 좌절했던 이력이 있었냐고 물어보자 그 또한 아니란다. 불가사의한 일이었다. 아무 상관 없는 남의 일 때문에 아플 수 있다고? 마음이 아니라 몸이?

　　내가 경험해보고서야 절반은 납득했다. 아이가 수능시험을 마치고 돌아와 다짜고짜 엉엉 울 때였다. 아무 말도 필요 없었다. 아이의 눈물에 나의 명치끝이 칼로 도려내는 것처럼 아팠다. 새벽까지 통증으로 잠을 이루지 못했다. 그리고 끝내 납득되지 않던 나머지 절반은….

　　'남의 일에 앓아누웠다고? 알지도 못하는 사람의, 그것도 좋은 일에?'

　　어쩌면 마음이 유달리 약해서 그런 것인지도 모르겠다. 다른 사람들에겐 아무렇지 않을 일, 심지어 축하해줄 일에도 하나하나 상처를 받을 만큼 병약한 마음을 갖고 있다면 말이다. 스스로를 몰아세우는 삶을 사느라 부글부글 끓어온 마음이 그럴 때마다 고장난 압력솥처럼 뜨거운 분노로 삐져나오는 것일 수도 있고. 어쨌거나 스스로도 주체할 수 없는 성격이 자기 자신을 찌르는 비수가 되어 돌아올 때가 가장 아픈 것이다.

　　관상에서 왜 심상心相을 가장 중요시하는지 이 대목에서 깨닫게 된다. 얼굴에 책임을 져야 할 시기, 좋은 표정을 가지려면 마음부터 그러해야 한다. 자기감정을 자각하고 상황에 맞게 표현할 줄 아는 '감정관리와 조절'을 늘 염두에 둘 필요가 있다. 누가 봐도 안심되는 얼굴, 잔잔한 마음을 따라 운의 흐름도 편안한 기운을 얻는다.

　평온은 사실, 재미는 없는 말이다. 그러나 평온한 마음에서 나오는 옅은 미소는 행운의 여신이 가장 좋아할 만한 아름다운 얼굴이라고 한다. 없던 운도 만들어낼 정도로.

　이 부분은 금세 납득이 된다. 미소는 잘 풀리지 않는 분위기와 흐름을 바꾸는 데 널리 애용되는 대표적인 일상 표현 중의 하나다. 또 한편으로는 여유로운 마음을 조용하게 전하는 수단이기도 해서 행운과 접촉할 수 있는 영혼의 표면적을 넓혀준다.

11
횡재는 왜 공짜가 아닌가

고3 때까지 내내 중하위권 성적이었던 녀석이 재수 끝에 상위 0.5퍼센트 결과를 냈다. 나와는 중학교 동창이었는데 내가 기억하는 그의 모습과는 매칭이 되지 않았다. 그와 고3 때 같은 반이었다는 친구도 "믿을 수 없다"는 반응이었다. 말 그대로 인생역전의 대박이었다. 전국의 거의 모든 수험생이 꿈에라도 만나고 싶은 행운을 그는 두 눈 뜨고 대입시험에서 맞이한 것이다. 100만 명 중에 한 명이 나오기 어려운 기적이었다.

명문대 이공계의 간판 학과에 4년 장학생으로 입학했다는 소식이 들렸다. 그의 고득점을 둘러싼 의혹과 소문도 있었다. 이를테면 고사장에서 '귀인'의 뒷자리에 배정되는 행운을 만났다는 설 등등. 하지만 실제로 어땠는지 확인할 수 없는 데다 성적표에 찍힌 점수가 확실했고, 문제없이 입학했으니 그걸로 이야기 끝이었다. 그 후로는 까맣게 잊었고, 그가 공대 인기과를 졸업해 잘살고 있을 거로 생각했다.

평범한 사람의 행운 중에서 가장 극적인 게 '횡재'일 것이다. 뜻밖의 큰 재산을 '거저 얻는 것'이니. 하지만 횡재는 공짜가 아니다. 그 대가를 '후불'로 치른다는 점이 다를 뿐이다. 후불이란, 주체하기 어렵다는 의미에서다. 갑자기 쏟아진 행운이 작은 그릇에 물폭탄을 쏟아붓는 격이다. 횡재의 상징과도 같은 복권을 봐도 그렇다. 미국의 거액 복권 당첨자들 가운데 90퍼센트 이상이 불행한 결말을 맞이했다는 조사 결과가 있다. 하지만 복권 명당에 줄을 선 사람들 백이면 백 '나는 예외'라고 믿는다.

일본에서는 매년 연말 '점보 복권'이 발매된다. 최고 당첨금이 무려 7억 엔(약 69억 원)이다. 1등 당첨자 수가 20여 명이나 되는데다 세금도 없기 때문에 더욱 인기를 끈다. 당첨자는 상금과 함께 준비된 《그날부터 읽는 책》을 받는다. 제목은 좀 이상하지만, "갑자기 큰돈을 얻었으니 마음 단단히 가지라"는 내용의 57쪽 분량의 책이다. 내용 중에 의외의 지침들이 있다.

"일은 그만두지 않는 게 좋습니다(퇴사의 꿈을 보류하고 숨죽인 채 계속 다니라는 것이다)", "뭔가를 해보고 싶더라도 마음을 가라앉힌 뒤로 미루어도 늦지 않습니다", "사치스러운 생활은 피하는 게 좋습니다" 등등. 읽는 순간 '엄청난 돈이 생겼는데, 뭐야 이게?' 싶은 내용이긴 하다.

다시, 인생역전 동창생 이야기로 넘어가면, 그의 고득점이 자기 실력은 아니었던 것 같다. 작년에야 그의 근황을 전해 들었다. 그가 끝내 졸업하지 못해 제적당했다는 것이다. 퇴학이면 퇴학이지, 졸업을 못 해서 퇴학당했다는 건 또 뭔가?

동창들 사이에 그의 소식이 회자되지 않은 이유가 있었다. 학칙상 '12학기 동안 규정 학점을 취득하지 못할 경우 제적'인데, 그는 대학을 6년(군 복무까지 포함하면 대략 8~9년으로 늘어난다) 다니고도 졸업하지 못한 거였다. 그사이에 그를 아는 또래들은 모두 졸업해버렸다. 그러니 소식을 아는 이가 없었던 것이다.

학점을 못 따서 졸업을 못 했다는 이유 역시 이해할 수 없었다. 적당히 출석하고 과제 내고 시험을 보면 불쌍해서라도 D는 주는 것이 우리나라 대학들의 미풍양속 아니었나?

"걔가 다닌 과는 그런 과목들이 있다더라. 전공필수 과목 중에 답을 구해서 소수점 몇 자리까지 쓰라는 거. 이건 점수가 딱 떨어지게 나오니까 학점을 대충 주고 싶어도 그럴 수가 없었겠지."

아무리 그렇더라도 상위 0.5퍼센트 점수로 명문대 인기과에 입학했는데 D학점조차 받지 못해 졸업을 못 했다는 게 말이 되나? 생각할수록 기가 막힌 아이러니였다. 그로서는 '높은 점수'를 알뜰하게 써서 4년 전액 장학금까지 챙겨가며 대학과 학과를 골랐을 것이다. 물론 기준 학점을 따지 못해 장학금 수여는 중단됐을 가능성이 높지만. 어쨌든 그렇게 잘 추려서 골랐다는 전공이 하필이면 '소수점 몇 자리까지 반올림으로 정확해야' 학점을 딸 수 있는 환경이라니. 또한 행운의 점수를 허비하지 않은 '약은 선택'이었으나, 결과적으로 그것은 끝내 졸업하지 못하게 되는 '약지 못하며 운도 없는 선택'이었다.

제적된 그가 그 후에 어떻게 됐는지 물어봤다. '명문대 중퇴'라는 이력으로 어딘가 취업 자리를 뚫지 않았을까, 생각해봤는데 "자영업을 하고 있다"는 대답이 돌아왔다. 자기 삶에 만족하며 가족과 즐겁게 살고 있단다.

거액 횡재는 갑자기 들어왔다가 '치고' 나간다. 그 강력한 꼬리에 맞으면 인생이 쑥대밭이 되기 일쑤다. 《그날부터 읽는 책》의 백미는 "입을 다물라"는 대목이다. "혼잣말이라도 당첨 사실을 입밖에 냈다가는 소문날 각오를 해야 합니다", "알려줄 사람은 신중하게 생각해 고르세요" 등 가족조차 믿지 말라는 뉘앙스다. 호들갑 아닌가 싶지만 미국의 거액 당첨자 관련 뉴스 중에 이런 내용이 있다.

펜실베이니아에서 1,620만 달러(당시 환율로 190억 원) 로또에 당첨된 사람은 당첨 3개월 만에(3년이 아니다) 파산을 신청했다. 3개월 사이에 일어난 사건들이 놀랍다. 동생의 소원대로 대형 레스토랑을 차려주었더니, 동생은 청부업자를 고용해 그를 죽이려다 경찰에 붙잡혔다. 여자친구는 "당첨 금액을 나눠달라"며 그를 상대로 소송을 냈다. 그가 남긴 말이 기가 막힌다.

"모두가 복권 당첨의 꿈을 꾸지만, 그 뒤에 따라올 악몽은 생각도 못 하죠. 파산하고 나니까 이제 겨우 행복하네요."

87세 복권 당첨자가 "나이가 많아서 불행에 빠질 시간도 없습니다. 연금 형태로 나눠 받으면서 행복한 노년을 보낼 겁니다. 남는 돈은 기부하고 세상을 떠나겠습니다"라고 자신은 다를 것이라는 듯 인터뷰에서 장담했다.

사람들의 찬사를 받았다. 그러나 그는 얼마 버티지 못하고 노숙자로 전락했다.

내가 주체할 수 없다면 그것은 나의 것이라 할 수 없다. 내 것이 아닌 운에 끌려다닌다면 그것은 행운이 아닌 불운이다. 횡재의 불운은 토네이도 같아서 나의 인생은 물론 주변까지 쑥밭을 만들어놓고 만다. 요행이나 횡재의 결말이 대개 이렇다. 스쳐 지나가는 정도가 아니라, 원래 갖고 있던 것들까지 전부 앗아가버린다.

하지만 그 대척점에 있는 행운도 있다. 가까이에서 쉽게 찾을 수 있는 작은 기회들이 그 행운의 싹이다. 나의 것이 될 가능성이 높으며, 꼬박꼬박 챙기면 나의 주변에 아름답게 피어나는 것들. 다만 사람들 대부분이 그 기회들을 뻔하다고 생각해 손을 뻗지 않을 뿐이다. 뻔해 보이는 기회가 장차 어떻게 이어지는지 연결해보는 안목이 부족한 것이다.

하나만 예를 들면, 퇴근 전에 내일을 위한 '할 일 리스트to do list'를 만들어 모니터 하단에 붙여두는 씨앗, 다음날 그것이 꽃을 피워 아침이 달라진다. 그런 나날이 이어져 기대하지 않았던 좋은 일들을 하나둘 만난다. 술술 풀리는 사람의 눈에 띄지 않는 작은 차이 중 하나가, 매일 자신을 더 나은 상황에 놓기 위해 세심하게 챙긴다는 점이다. 우연과 재능, 노력 중에서 우연은 일단 제쳐놓고 자신이 통제할 수 있는 나머지 두 가지에 초점을 맞춘다.

부스러기 행운을 잘 주워 담아 일상을 즐겁고 만족스럽게 보낸다. 그 결과가 높은 생산성과 효율성이다. 빈도가 높은 작은 성공들이 모여 행운의 물길을 터주며, 이렇게 다져진 행운은 의외로 힘이 세다.

이런 거 귀찮으니까 다 생략하고, 실력과 경험을 쌓을 틈도 없이 입사 3년 만에 임원으로 승진해 수십억 연봉 받으면 좋겠지만, 그런 일이 만에 하나 일어난다고 해도 대가를 후불로 치르게 될 가능성이 매우 높다. 복권을 봐도 그렇지 않은가. 횡재로 들어온 돈은 폭포에서 쏟아진 물처럼 손아귀를 튕기고 나가지만, 내가 땀 흘려 번 돈은 차곡차곡 쌓여 나를 든든하게 해준다.

복권 사지 말자는 게 아니다. 작은 행운부터 잘 간수하자는 얘기다. 씨줄과 날줄로 한 땀 한 땀 짜서 만든 일상이라면, 커다란 행운이 갑자기 닥쳐와도 너끈하게 받아들여 단단하게 지켜낼 수 있지 않을까.

《그날부터 읽는 책》은 이렇게 조언하며 마무리를 짓는다.

"당첨 이후에도 나는 나입니다. 분수를 잃지 않고 하루하루 충실하게 보내세요."

12
행운 요금과 불운 인센티브

문학 담당 기자를 꿈꾸었던 내가 '재수 없이' 졸업 전에 신문사 입사에 성공한 건 분명 행운이었다. 하지만 경제신문이라는 점은 마뜩잖았다. 경제학원론을 수강했다가 C를 맞은 뒤로 '경제'라는 말만 들어가도 일단은 싫었다. 경제 쪽엔 관심이 100 중에 0.01 정도 있었다. 경제신문이라도, 그나마 문화부가 있으니 그쪽에 지원해 출판을 맡아보고 싶었다. 하지만 젠장이었다. 자리가 없단다. 이런 부서, 저런 부서, 하나같이 마음에 안 들어 눈치를 보다가 구석까지 밀려난 게 과학기술부서였다.

사람들이 경제신문을 어렵다고 생각하는 이유 중 첫 번째가 '낯선 용어'다. 경제정책부터 금융, 조세, 증권, 산업, 법률(경제 관련) 등 분야별로 온갖 낯선 개념이 등장해 활자로 춤을 춘다. 경제신문의 기자란, 그런 소식들을 매일 기사로 써서 먹고사는 이들이다. 한데 그런 경제신문 기자들도 머리에 쥐가 날 것 같아서 꺼리는 분야가 있다. 그게 과학기술 파트였다. 나로선 지하까지 울며 겨자 먹기로 내려갔다가 그 밑에서 맨홀을 만난 셈이었다.

신기술 분야의 수많은 고유명사와 단위들이 난수표처럼 어지러워서 기가 질렸다. 그 난해한 내용을 어떻게든 쉽게, 중학생도 이해할 수 있도록 기사를 써야 한다는 대목에서 골이 빠개지는 스트레스를 받았다. 하지만 조금 익숙해지니 장점도 있었다. 나름의 '희소가치'가 있어 여기저기서 원고 청탁이 들어왔다. 신문기사 외의 다양한 스타일로 글을 써보는 경험을 쌓을 수 있었다.

또 하나, 내 인생의 결정적인 장면이 있다. 어쩌다 새벽에 출근하면, 그 시간에 이미 책상을 지키고 있는 고정 멤버 선배들과 마주칠 수 있었다. 하루 일과 시작 전 두세 시간을 '스스로에게 투자하는' 분들이었다. 외국어 공부를 하는 이도 있었고, 짬짬이 글을 써서 책을 내는 선배도 있었다. 원래 나는 '일찍 일어나는 새가 더 피곤하다'는 신념을 갖고 있었지만, 아무튼 그분들을 흉내내어 일찍 출근했다. 뭘 해야 할지는 몰랐지만 시간부터 확보해놓는 습관을 들이게 됐다. 경제신문에 들어간 것은 싫었지만, 경제신문에 다닌 건 좋은 일이 되었다.

링컨은 불굴의 의지와 행운에 힘입어 미국 대통령이 되었다. 상류층 여성과 결혼을 한 게 정치적 메리트로 작용한 면도 있었다. 그 대신에 '좋은 아내'와 함께 사는 행운은 누리지 못했다. 부인 메리 토드 링컨은 대단한 쇼핑 중독자였다. 가난한 집에서 자란 링컨과는 달리, 부잣집에서 태어난 메리는 충동을 주체하지 못해 빚을 늘리면서 살았다. 백악관에 입성한 뒤로는 '물 쓰듯' 돈을 썼다.

남북전쟁으로 물자가 귀했던 시절, 링컨은 솔선수범해 검약을 실천했다. 반면 메리는 아랑곳하지 않았다. 군인들의 야전 담요가 모자라 난리가 난 와중에도 2,000달러짜리 숄을 구입해 원성을 샀다. 한 달 만에 장갑을 84켤레나 사들이기도 했다. 당시 링컨의 연봉은 2만 달러를 조금 넘었다. 메리는 한 달에 수천 달러를 쇼핑에 썼다. 링컨은 수차례 아내를 설득해보았지만 대화가 통하지 않았다. 이에 체념하고 자신의 운명으로 받아들였다. 메리는 링컨이 암살당한 뒤에도 귀걸이와 모자, 시계, 숄, 가운, 도자기 등 사치품들을 사들여 빈축을 샀다.

앞서 언급한 것처럼 행운에도 공짜는 없다. 미리 그만한 대가를 치르거나 얻은 후에 비싼 청구서를 받는다. 링컨 같은 사람들은 비싼 청구서를 '어쩔 수 없는 것'으로 받아들이고 그 굴곡에 몸을 맡겼다. 하지만 그 속에서도 자신의 가치를 추구하며 의지를 굽히지 않았다.

불운에도 비슷한 측면이 있다. 힘들고 괴롭게 만든 대가로 인센티브를 지급할 때가 있는 것이다. 부정적인 사건으로 여겼던 일이 훗날 긍정적인 경험으로 바뀌는 경우가 그렇다. 불운일지언정 겪고 난 뒤에 얻는 게 있는 것이다.

원치 않았던 경제신문에서 얻은 최고의 배움은 기사를 작성하는 '태도'였다. 테크닉보다 중요한 게 태도라고 생각한다. '건조하게, 불편부당不偏不黨하게.' 불편부당이란 치우치지 않고 중도적 입장을 지킨다는 뜻이다. 과학기술 분야여서 그게 좀 더 수월했다. 어느 쪽과도 거리를 유지하는 태도를 익혔다. 이쪽으로 쏠릴까 싶으면 저쪽으로 한 발, 저쪽으로 기울까 싶으면 이쪽으로 한 발. 나 스스로는 몰라도 남들을 균형 있게 보는 관점을 훈련했다. 나중에는 취재부서를 옮겨가며 경제부처와 금융권, 주식시장 기사도 썼다.

다만, 기자 일에서 특종은 건져본 기억이 없다. 온갖 군데 쫓아 다니다가 건강 악화로 혼쭐이 나고 나선 라이프 스타일을 바꾸게 됐다. 사람들과 어울려 잡담을 한없이 해댔다. 나의 기삿거리와도, 그들의 본업과도 거리가 먼 쓸데없는 이야기들의 향연이었다. 거룩한 분들과도 이따금 어울렸는데 그들 역시 된장찌개에 밥을 먹는다는 진실을 그때 알았다. 덤으로 특급 비밀까지 입수했는데…. 쉿! 이건 우리끼리만 알고 발설하지 말자. 그들의 특급 비밀을 한 줄로 요약하면 다음과 같다.

'하루 세끼 먹고, 밖에선 극소수에게 존경받으며, 집에선 모두에게 구박받는다.'

그런 분들이 잡담하다가 '훅 들어오는' 어록을 남길 때가 있었다. 나는 통찰이 담긴 지혜를 재빨리 받아 적으며 언젠가 써먹어야겠다고 결심했다. 그들의 추천 도서를 따라 읽고 토론하는 쪽에 재미를 붙인 뒤로는 '문학담당 기자' 쪽 관심이 옅어지기 시작했다. 하라는 취재는 안 하고, 어울려 떠들다 보니 속으로는 자괴감에 절었을지언정, 본업과는 관계가 없는 잡식과 견문들을 주워 모은 잡탕 글을 어찌어찌 쓰게 됐다. 얼음이 녹는 것처럼 스르르 나의 인생이 바뀌었다.

문학 담당 기자가 되지 못한 게 결과적으로 나에게는 행운이었다. 그럴 일은 없었겠지만 문학 기자가 되었더라면 큰일날 뻔했다. 얼마나 멍청한 짓들을 지치지도 않고 줄기차게 해댔을지 나 자신도 가히 상상이 되지 않는다. 어른들 말을 빌리자면 밥 팔아 똥 사 먹을 짓들.

'화복규묵禍福糾纆'이라는 말이 있다. 인생의 화와 복이 마치 꼬아놓은 새끼줄처럼 서로 얽혀 있음을 비유해 이르는 말이다. 100 퍼센트의 화도, 100퍼센트의 복도 없다. 기쁨도 위험을 동반할 때가 많다. 때로는 슬픔과 붙어 다니기도 한다. 마찬가지로 괴로움 속에서도 보람과 희망을 발견할 수 있다. 인생이란 한 손에는 행운, 한 손에는 불운을 들고 먼 길을 가는 것에 비유할 수 있겠다. 그러니 부정적인 일이 이어진다고 해도, 그 끝에 무엇이 따라올지 알 수 없다. 섣부르게 결론 내지 말자. 불운이 꿈에도 생각하지 못했던 행복이나 만족을 인센티브로 주는 경우도 있으니 말이다.

13
세상에서 가장 우아한 복수

제이미 다이먼은 '미국 금융가의 황제'로 불리는 인물이다. 2008년 금융 위기에 탁월한 리더십을 발휘, 부실 금융기관들을 잇달아 인수함으로써 JP모건체이스를 세계 1위의 은행으로 키워 낸 장본인이다.

그는 30세에 금융사의 재무 책임자로 발탁, 아메리칸익스프레스를 거쳐 사십 대 초반에 시티그룹의 사장에 취임한 입지전적 인물이기도 하다. 하지만 우리는 그의 성공 질주보다는 '배신, 몰락, 재기, 복수'로 이어지는 스토리를 더 좋아한다. 끓는 분노를 어떻게 소화해내어 플러스 에너지로 연결하는지 그의 경험을 통해 배울 수 있기 때문이다.

1998년, 시티그룹의 사장이었던 다이먼은 하루아침에 실업자 신세가 되고 말았다. '사업의 아버지'이자 '인생의 스승'이었던 샌디 웨일 회장에게 버려진 거였다.

두 사람의 관계는 20년이 넘었다. 다이먼의 아버지도 웨일의 밑에서 일한 적 있었다. 2대에 걸친 인연이었다. 웨일은 다이먼이 대학생일 때부터 눈여겨보았고, 하버드 MBA 졸업을 기다렸다가 그를 채용했다. 다이먼은 웨일의 그림자였다. 1985년, 웨일이 아메리칸익스프레스에서 쫓겨났을 때 그를 따라 나온 유일한 직원이 다이먼이었다. 두 사람은 절치부심하여 재기에 성공, 시티콥과 트레블러스를 합쳐 미국 1위의 금융사 시티그룹을 출범시켰다.

아버지와 아들 같았던 두 사람 사이는 어느 순간, 남보다 못한 사이로 급변하고 말았다. 계기를 제공한 것은 웨일의 딸 제시카였다. 그녀는 시티 계열의 자산운용사에서 일하고 있었는데, 승진에서 탈락하자 회사를 떠나고 만 것이다. 다이먼의 경쟁자들이 이 기회를 놓칠 리가 없었다. 상당수의 시티 이사들이 사십 대 초반에 사장에 오른 다이먼을 눈엣가시처럼 여겨온 터였다. 온갖 이유를 들어 어색해진 웨일과 다이먼 사이를 갈라놓는 데 성공했다. 다이먼은 이사회의 압박으로 수세에 몰리자 웨일에게 SOS를 보냈다. 하지만 돌아온 것은 싸늘한 외면이었다. 결말은 해임. 아버지가 아들을 배신한 것이었다.

백수 다이먼은 매일 복싱 체육관에 나가서 샌드백을 두들겼다. 밤에는 책을 읽었다. 1년 6개월을 그렇게 보냈다. 어느 날, 한 통의 전화를 받았고, 시카고로 가서 새출발하기로 마음먹었다. 당시 미국 4위 은행인 뱅크원의 CEO가 된 것이다. 다이먼은 시카고 뱅크원 본사에 도착하자마자 사무실에 자신만을 위한, 대문짝만 한 표어를 붙여놓았다.

"NO WHINING(징징거리지 말 것)!"

2004년 초, JP모건과 뱅크원이 합병을 선언했다. 합병은행은 시티그룹에 이어 자산 규모 2위로 급부상했다. 다이먼은 합병 회사의 회장으로 선임됐다. 이로써 그는 '배신한 아버지' 웨일을 턱밑까지 추격하는 데 성공했다. 여기서 멈추지 않고 리스크 관리 시스템을 개선함으로써 주택담보대출 부실화에 따른 손실을 최소화하는 안전판을 일찌감치 마련, 곧이어 들이닥친 월가의 금융 위기를 '행운의 지렛대'로 활용하는 수완을 발휘했다.

그는 2008년 금융 위기 이후 베어스턴스와 워싱턴뮤추얼 등을 차례로 인수하며 덩치를 키웠다. 그 해, JP모건은 마침내 세계 최대 은행 자리에 등극했다. '아버지'의 시티그룹을 2위로 밀어낸 것이다. 이로써 다이먼은 자신을 쫓아낸 시티그룹에 10년 만에 '완벽한 복수'를 했다.

누군가에게 떠밀려 나락으로 떨어지고 나면 고통과 함께 분노가 치밀어 오른다. 분노는 불운과 가장 가까운 거리에 있는 감정이다. 분노한 사람은 어떻게 하면 상대에게 앙갚음할 수 있을지 몰두한다. 그러느라 운의 흐름이 바뀌어 기회가 와도 그것을 보지 못한다. 반면 어떤 사람은 마음을 가라앉히고 차분하게 생각한다. 다이먼이 1년 6개월 동안 샌드백을 두들긴 것도 이런 이유에서였을 것이다. 그러다 어느 순간 깨닫는다. 상대에게 되갚아주는 복수를 한다고 나아지는 것은 아무것도 없다는 것을.

다이먼의 복수 이야기를 쓰다가, 나의 옛날 기억 몇 장면이 떠올랐다. 그때 그 선생님이 왜 그랬는지, 짐작이 가는 대목이 있었다.
4학년이 시작되었을 때 어머니가 옷을 사주셨다. 형의 옷을 물려 입던 게 안쓰러웠는지도 모르겠다. 나에겐 없던 일에, 없던 옷이었다. 남성 정장을 흉내낸, 눈에 띄는 아동복이었다. 그게 선생님의 눈에 들었던 게 아닐까. 선생님도 그때에는 세상 경험이 적어서 옷만 보고 아이와 그 집안을 잘못 판단했을 수 있다. 본인 생활비도 부족한 터에 동생 학비까지 부담하느라 겨우겨우 버텨온 삶이었기에 마음이 조급했는지도 모른다. 그 고달픔이 딱딱하게 뭉쳐 있다가 마침 나를 향해 폭발했던 게 아닐까. 지금 돌이켜봐도 몸서리쳐질 정도이긴 했지만.
그때의 두려움이 나의 무의식에 깊게 똬리를 틀었음이 확실한 것 같다. 살아오는 내내 양복이 싫었다. 오죽하면 양복 입을 필요가 없는 문화부 기자를 목표로 삼았을까. 지금은 검정 양복 두 벌만 조문용으로 가지고 있다. 결혼식은 웬만하면 안 가고 축의금만 보낸다.
어린 시절이 떠오를 때면 그 선생님을 원망했다. 이제는 그분이 그때 왜 그랬을지 어렴풋하게 짐작해보는 것으로, 현재의 편안한 마음을 과거의 힘들었던 기억에 덧씌울 수 있을 것 같다.

고등학교 때 수업 시간에 몰래 읽던 무협지에 자주 등장하던 장면 중 주인공의 아버지나 스승이 죽어가면서 "절대 복수하지 말라"고 왜 신신당부했는지 지금은 알겠다. 복수에 매달려 인생 낭비하지 말고, 네 인생을 살라는 의미였을 것이다. 고통도 같은 맥락이다. 잊으려고 애쓴다고 잊을 수 있는 게 아니다. 자기 길을 가며 자기 일에 심취하는 과정에서 자연스럽게 멀어지는 것이다. 맞다. 최고의 복수란 자기 인생을 잘 살아가는 것이다. 제이미 다이먼처럼 우아하게.

14
인생, 마지막까지 모르는 거다

    한 권의 책을 내기 위해 예순여섯 해를 기다린 남자가 있었다. 그는 가난했던 아일랜드에서 궁핍한 어린 시절을 보내고 미국으로 건너온 이민자였다. 뉴욕에서 30년가량 교사로 일했다. 그의 꿈은 소설가였다. 아일랜드에서 하루 두 끼를 거를 때에도, 뉴욕에서 교편을 잡을 때에도, 그 꿈을 잊어본 적이 없었다.

    은퇴할 무렵, 예순이 넘어 비로소 글을 썼다. 아일랜드에서의 유년기를 재구성한 내용이었다. 오랫동안 쓰고 오랫동안 고쳤다. 예순여섯 살에야 책으로 완성이 됐다. 아일랜드 사람 특유의 유머와 가슴 찡한 정서를 잘 녹여냈다는 평단의 상찬이 이어졌다.

    그런데 이 책 한 권이 미국 사회에 예상 밖의 흐름을 몰고 왔다. 책에 등장하는 아일랜드식 유머 코드가 뉴욕의 식자층 사이에서 유행하기 시작한 것이다. 그게 아일랜드 여행 붐으로까지 이어졌다. 소설의 배경 아일랜드 리머릭에는 독자들을 위한 관광 코스까지 생겼다.

이 소설은 바로《안젤라의 재》이다.

그는 68세였던 1997년, 퓰리처상과 함께 전미도서비평가상을 동시에 수상하는 영예를 안았다. 소설은 17개 언어로 번역되었으며 거장 앨런 파커 감독이 영화로도 제작했다.

독자들은 소설도 좋아했지만, 작가를 더욱 아껴주었다. 그에게서 무언가를 발견했기 때문이었다. '완전히 잃어버리지 않는다면 언젠가는 꿈을 이룰 수 있을 것'이란 희망 말이다.

그의 이름은 프랭크 매코트다. 그는 소설가로 행복한 삶을 살다가 2009년 78세에 세상을 떠났다.

당唐 시인 두보杜甫는 이런 표현을 썼다.

'장부개관사시정丈夫蓋棺事始定. 장부의 일은 관 뚜껑을 덮은 후에야 정해지는 것이다.'

인생이란, 관 뚜껑을 덮기 전까지는 알 수 없다는 얘기다. 존재감 제로였던 동창생이 계열사를 여럿 거느린 기업의 부회장이 되어 연말 모임을 알려온다. 결혼 한 달 만에 갈라섰던 커플이 20년 후에 다시 만나 알콩달콩 동거 생활에 들어간다. 일찌감치 유명해져 만인의 사랑을 받는 사람이 있는가 하면, 남들은 은퇴하는 시기에 제2의 인생을 불꽃놀이처럼 화려하게 장식하는 사람도 있다. 운은 구르고, 행운의 여신은 변덕을 부리기 때문에, 사람의 인생이란 끝까지 모르는 것이다.

다음의 두 인물은 누구일까.

(인물A) 열등생. 학교에서 따돌림을 당함. 전쟁에 나가 포로로 붙
잡힘. 선거에 출마했으나 갑작스런 병(맹장염)으로 낙선. 전 재산
을 주식에 투자했다가, 대공황에 휩쓸려 모두 날림. 우여곡절 끝
에 장관 자리에 올랐지만 탄핵을 받아 쫓겨남.

(인물B) 여섯 살에 아버지 사망. 어머니로부터 버림받음. 선원,
타이어 판매원, 소방수 등 여러 직업을 전전. 40세에 주유소 겸
레스토랑 개업. 사고로 아들을 잃음. 아내와 이혼. 화재 발생으로
폐업. 작은 식당을 다시 개업했으나 파산. 주유소 주유원으로 근
무. 65세의 나이에 주정부의 보조금 105달러를 밑천으로 레스토
랑을 다시 창업.

A는 영국 수상 처칠이고, B는 KFC를 설립한 할랜드 샌더스다.
두 사람 모두 불운한 인생을 살았으나, 남들은 '말년'으로 간주하
는 나이에 운명을 뒤집는 데 성공, 역사에 남을 업적을 세웠다. 내
내 맞이하지 못했던 행운을, 후반부에 몰아서 받은 모양새다.

시종일관 불운하기만 한 인생이란 없다. 불운은 언젠가 꼬리에
행운을 달고 온다. 서양에서는 이 깨달음을 "이 또한 지나갈 것이
다"로 표현했다(행운을 누릴 때에도 그래서 조심해야 한다).

끝나기 전에는 끝난 것이 아니다. 산전수전 겪어본 사람들이 타인을 조심스럽게 대하는 것은 예의범절만의 차원이 아니다. 관 뚜껑이 닫힐 때까지, 누가 어떻게 될지 모르기 때문이다.

15
불확실성이라는 가능성

불안은 피하고 싶은 감정이다. 그러나 생존을 위해 꼭 필요한 것이라고 한다. 나를 지키기 위해 무의식이 나에게 보내주는 메시지이기 때문이다. 신문기자 일을 하면서 정체를 알 수 없는 불안감을 느끼곤 했다. '나중에 좋은 꼴을 못 볼 것 같은 느낌'이랄까.

내가 전업 작가가 되었을 때, 뒤늦게 알게 된 부모님이 방바닥에 불이라도 난 것처럼 펄펄 뛰셨다. 왜 회사를 그만두었느냐는 추궁이 한동안 이어졌다. 아들이 굶어죽을까 봐 불안했던 것일까? 그분들 기준엔, 회사에 다녀야 월급을 받고 승진에 출세도 할텐데 혼자서 뭘 어쩌려는지 이해할 수 없는 것도 당연하겠다, 라고 납득했다.

도전은 늘 저항과 반대에 부딪히게 되어 있다. 그리고, 방해꾼은 언제나 가장 가까운 곳에 있다. 바로 내 부모, 형제, 친구다. 내가 뭔지 모를, 남들이 안 하는 짓을 하려들 때가 특히 그렇다. 아 인슈타인은 일찌감치 "위대한 영혼은 언제나 사람들의 극심한 반대를 받아왔다"라고 지적한 바 있다.

그러나 위대하지 않은 영혼도 온갖 반대를 받는다. 내가 그 증거다. 사람들의 선입견도 한몫한다. 모두가 나에 대해, 나보다 더 잘 안다고 믿기 때문이다. "저 녀석이 무슨 대단한 일을 하겠어?" 투로 말이다. 예수나 공자도 어릴 적 살던 마을에서는 그저 '누구네 집 아이'였다.

펄펄 뛰는 반대에 부딪히자 혼란이 왔다. 가뜩이나 새가슴이니 겁이 덜컥 났다. 어른들 말씀 들어서 해될 것 없다는데. 대다수의 사람들이 가는 길에는 그만한 이유가 있는 법, '안정적'이라는 유혹이 애드벌룬처럼 커지려는 순간이었다. 철학자 키에르케고르가 나의 편을 들어주었다. "불안은 자유의 아찔함이다"라는 대목이 나의 새가슴에 깊이 와닿았다. 자유!

안전지대에서 벗어나거나 미지의 영역으로 뛰어들 때, 불안감을 느끼는 것은 정상이다. 도전하고 있다는 신호이므로. 어쩌면 불안감의 핵심이란 '알 수 없음'이 아닐까. 불확실성, 정해지지 않았다는 것 말이다. 그걸 다른 말로 바꾸면 이렇게도 볼 수 있지 않을까? 가능성!

반대의 선봉장이자 최후의 결사대는 어머니였다. 어머니는 대세가 기운 뒤에도 끝없이 불만을 토로하셨다. 그러던 어느 날, 어머니의 한탄과 불만이 오랫동안 이어지다가 '본심'이 참았던 방귀처럼 새어 나오고 말았다. 명절 무렵이었다.

"이게 뭐냐? 관두고 나니, 고기며 과일 하나 보내주는 곳이 없고. 왜 마음대로 직장을 때려치워서는….

그 말씀 한마디에 모든 의문이 말끔하게 풀렸다. 그 당시에는 1년에 두 번, 설과 추석 때 정부 부처나 금융기관 등 몇몇 군데에서 명절 선물 세트를 보내주곤 했었다. 어머니가 야속했다. 그게 몇 푼이나 한다고, 고작 그런 이유로 그렇게도 나를 몰아세우다니… 기가 막혔다. 동시에 슬펐다. 아들이 고심 끝에 '선택한 일'과 아들의 덕을 보는 '선물 세트' 중에서 부등호의 방향이 저쪽이라니. 나라는 인간이 몇만 원짜리 선물 세트에 밀린 것이다.

프랑스의 작가 라 로슈푸코가 말했다. "절제란, 운이 매우 좋아 잠잠하게 가라앉은 기분에서 생겨나는 것"이라고. 나의 어머니에게도 절제가 그만큼이나 어려웠던 모양이다. 그간 '그러려니 받아온 것'이, 어느 순간 '당연한 걸 억울하게 빼앗긴' 듯 느껴졌던 것이다. 하지만 당연한 것, 확실한 것에도 유효기간이 있어서 예상치 못한 순간에 종말을 고하는 게 당연하고 확실하다. 어머니가 실수로 토로했던, 나를 압도적으로 이겼던 명절 선물 세트, 그 관행이 '김영란법'으로 인해 싹 다 사라지고 말았다.

반대하는 주변 사람의 견해라는 게, 어머니의 명절 선물 세트 수준에서 크게 벗어나지 않는다는 걸 이제는 안다. 어차피 남의 일인데 무엇을 얼마나 살펴보고 깊이 생각했겠는가.

나와는 반대로, 아버지가 아들을 '확실성'의 바깥 세계로 밀어 낸 경우도 본 적이 있다. 아버지는 판사 아들을 자랑하고 다녔는데, 아들은 그 아버지 때문에 판사 일을 할 수 없게 됐다. 걸핏하면 아들에게 전화를 걸어 "담당 판사에게 전화 한 통 넣어달라"고 요구했던 것이다. "○씨네 조카를 내가 만나본 적은 없지만 그럴 애가 아니라는디…" 하는 식이었다. 그 아버지는 "부자가 쌍으로 쇠고랑을 차게 될까 봐 아들이 법복을 벗어야 했다"는 친척들의 설명에 나의 어머니처럼 펄펄 뛰셨다.

"세상에 그런 법이 어딨어? 내 아들이 판사인데 애비가 부탁 한마디 못 해?"

그게 당연하지 않음을 끝내 이해하지 못했다.

신문기자 때의 '좋은 꼴 못 볼 것 같던 불안'은 얼마 전에 적중했다. 그게 내가 아니었을 뿐. 갑자기 전해진 소식에 가슴을 쓸어 내렸다. 성실하기로 이름난 동료가 회사에서 쓰러져 겨우 목숨을 건졌다는 소식이었다. 내가 그 자리에 계속 붙어 있었더라면 그보다 더한 처지로 몰렸을 가능성이 컸다. 책임에 따르는 스트레스와 중압감을 이기지 못했을 것이다. 깃털처럼 가벼운 일로도 끙끙 앓는 새가슴이 멀리는 못 갔을 테니까.

운이 좋다는 기준은 사람마다 다를 테지만, 나의 경우에는 그 럭저럭 부지하며 살아가는 정도가 행운인 것 같다. 내가 얼마나 작은 인간인지 알았기에, 나에게 닥칠 가능성이 높은 불운을 피하려고, 나름엔 곁눈질했고 그 결과 지금 이 순간에도 멀쩡한 두 손으로 자판을 두드리고 있다.

기회는 언제나 불확실성 속에 있다. 다만 사정을 모르는 우리 주변 사람에게는 더욱 낯설고 불안해 보이기 때문에 도시락 싸 들고 쫓아다니며 반대하는 것일 터다. 나의 어머니처럼 약간의 이해관계도 결부되어 있을 수 있다.

그런 반대를 무릅쓰고 '확실성' 밖으로 걸어 나올 때 '나의 행운'을 만날 가능성이 높아진다. 존 크럼볼츠 박사가 '계획된 우연'의 확률을 높이는 선택으로 제시했던 것 가운데 하나가 '위험 감수'였다. 어느 정도가 감수할 만한 위험인지는 사람마다, 처한 환경마다 제각각일 테지만, 맹목적인 믿음이 아닌 도전해볼 가치가 있는 리스크라면 걸어볼 만하다는 게 나의 생각이다. 트렌드나 데이터 같은 근거가 뚜렷하다면 더욱.

마크 저커버그의 "가장 큰 위험은 어떤 위험도 감수하지 않는 것"이란 주장에 일리가 있다. 불확실성으로 인해 불안하지만, 불확실성 때문에 가능성을 엿볼 수 있다. 아직 모르기 때문에 희망을 품는다. 확실하다면 그것은 행운의 영역이 아니다. 뭐가 될지 알 수 없기에 달려들고 시도해보는 게 우리의 선택 아닐까.

뛰어들지 않으면 행운의 기회를 얻을 수 없다. 기회를 만나려면 익숙했던 곳에서 벗어나 나를 다른 쪽으로 연결해줄 누군가를 만나야 한다.

16
감당키 어려운 불운을 멈추는 법,
"도망쳐!"

착하고, 세상 험한 줄 모르는, 곱게 자란 사람들을 위한 '맞춤형 불운'이 있다. 눈앞에 펼쳐진 어둠을 뻔히 보면서, 제 발로 그 속으로 들어간다. 스스로도 "이건 아닌데…" 하면서도.

아내의 친구('순진 님'이라고 하자)는 회사 선배의 소개로 남자를 만났다. 썩 마음에 드는 것은 아니었지만 몇 번 만나다가 어정쩡한 관계를 이어가게 됐다. 함께 있을 때, 그의 엄마에게서 전화가 자주 걸려 왔다. 다정하게 통화하는 그의 모습이 부러웠다. 순진 님은 어릴 적부터 아빠와 둘이 살았기 때문에 엄마나 형제자매의 정을 느껴본 기억이 없었다. 차츰 누이들의 전화도 이어졌다. 위화감이 들긴 했지만 끈끈한 가족의 모습이 신기하기도 했다.

(이하의 내용은 아내에게 수십 번 이상 들어서 훤한데, 프라이버시 보호 차원에서 일부 사실들을 다르게 고쳤다.)

순진 님은 그에게 청혼받고는 거절했다. "끌리는 마음이 없으니 그만 만나고 싶다"고 통보했다. 그런데 얼마 후 아빠가 말기 암 판정을 받았다. 그 소식을 전해 들은 그에게서 다시 연락이 왔고, 이번에는 청혼을 받아들였다. "돌아가시기 전에 가정을 이룬 모습을 보여드리는 게 마지막 효도가 아니겠느냐"는 설득에 마음이 기울었던 것이다. 결혼식을 올리면서도 '이건 아닌데' 하는 생각이 들었다. 그러나 해쓱해진 아빠 앞에서는 행복해 보이는 함박웃음을 지을 수밖에 없었다.

얼마 후, 아빠는 통증을 견디지 못해 호스피스로 거처를 옮기고 말았다. 넓은 아파트에 둘이 살려니 결혼 전 아빠와 지낼 때보다 더욱 썰렁했다.

시집 사람들이 휴일마다 놀러 오기 시작했다. 시어머니는 "집안이 북적대야 마음이 덜 힘들 것"이라고 이유를 댔다. 주말에 아빠 면회를 다녀오면 그사이 시집 식구들이 비밀번호를 누르고 들어와 "배고프다"며 난리법석이었다. 남편이 상의도 없이 알려주었다고 한다. 시부모는 물론 두 시누이의 남편이며 애들까지 무려 아홉 명이 방마다 흩어져 있었다. 그게 일상이 되었다.

시집 식구들이 금요일 밤부터 몰려들어 주말을 꼬박 그녀의 집에서 보냈다. 밤늦게까지 술을 사다 나르고 배달 음식을 시키고는 취해서 울며불며 싸우는 패턴이 반복됐다. 한번은 두 시누이를 말리다가 그들의 생각을 '날 것 그대로' 듣기도 했다.

"부모, 아니 아빠 하나 잘 만난 것뿐인 주제에 우리가 우습지?

너어~ 고상한 척하면서 속으로 우리 깔보는 거, 우리 식구들 전부 다 알거든?"

아무리 그런 생각을 가졌다 해도, 말로 내뱉는 건 다른 차원이다. 심지어 면전에서 거침없이 할 수 있다는 게 순진 님으로선 놀라웠다. 다투고 고함을 지르는 게 그들로선 친숙한 표현 방식이자 살아가는 모습일 수도 있다. 하지만 순진 님은 그들의 무례함을 견디는 게 힘들었다.

순진 님으로선, 시집 식구들의 행태를 더는 묵과할 수 없었다. 애초에 단호한 태도를 보였어야 했다. 좋은 흐름을 이어가는 사람들은 허용할 때와 거절할 때, 멀찍이 물러서야 할 때를 파악해 적정거리를 유지하는 데 신경을 쓴다. 게다가 무례한 사람에게 거듭 양보하는 것은 베푸는 게 아니다. 어느 순간 굴복이 되고 만다. 선을 넘는 사람들을 상대할 때에는 착한 성정을 무릎 이하나 발등 정도로 내려놓을 필요가 있다.

남편을 통해 경계선을 긋기로 결심했다. 시집 식구들의 방문을 한 달에 한 번으로 줄이기로 했다. 약속을 미리 정한 후에 오는 걸로. 점심 또는 저녁 한 끼만, 식食은 제공하지만 숙宿은 제공하지 않음. 그 정도까지는 용인할 수 있었다. 그리고 '공짜는 안 됩니다'까지 적용하기로 했다.

상을 차지하고 앉아 기다리는 가족들에게 "이것 좀 날라주세요"를 하나하나 시켰다. 수저부터 접시, 음식에 이르기까지. 식사가 끝날 즈음이면, 술자리로 한없이 이어지지 않도록 미리 치웠다. 차와 과일로 마무리. 그렇게 해서 세 시간이 넘기 전에 자리에서 일어나도록 유도했다.

하지만 순진 님의 방식은 딱 한 번으로 끝이 나고 말았다. 시어머니에게서 걸려 온 전화는 두 시간 넘도록 이어졌다. "좀 산다고 안하무인"에 "엄마 없이 자라서"가 어떻고, "가정교육을 형편없이 받았다"는 말까지 들었다. 호스피스의 아빠라도 벌떡 일으켜 세울 법한 말들이었다.

시집 식구들이 다시 금요일 저녁부터 몰려들었다. 시어머니는 "우리 아들의 집이기도 하니까. 게다가 너는 어차피 남들을 시켜 먹기만 하니까 왈가왈부할 자격이 없다"고 했다.

함께 있으면 진이 빠지는 사람들의 특징이 '누군가의 희생'을 기반으로 삼는다는 점이다. 약자를 밑에 깔아놓고 마음대로 이용한다. 타인이란 그저 이용해 먹을 '도구'일 뿐. 자기들 간에도 얼핏 화기애애하게 보이지만 은연중 이중기류가 흐른다. 자주 연락하며 서로 속속들이 파악하는 이유가 툭하면 싸움이 벌어지는 원인과 붙어 있다.

곧 아빠를 잃을 순진 님에 대한 공감이나 위로, 측은지심 같은 건 그들 가족에게서 눈곱만큼도 발견할 수 없었다. 남편과 다시 대화를 해보았다.

"내가 힘들 거라며 위로해준다고 시작한 것 아니었어?"

남편은 대답하지 않았다.

"이게 위로야? 주말마다 우리 집에 몰려와서 먹고 떠들고 싸우는 게? 내가 한 달에 한 번이라는데 바득바득 매주 와서 이틀을 자고 가야 하는 이유는 또 뭐고? 여긴 엄밀하게 말하면, 우리 집도 아니고 아빠 집이잖아?"

남편이 대답했다.

"아버님을 뵐 때마다 나도 마음이 아파. 그렇게 보면 우리 부모님도 마찬가지잖아. 이제 사셔봐야 얼마나 사시겠어? 우리가 조금만 참으면…"

순진 님이 말을 끊고 물었다.

"그게 결론이야?"

남편은 대답 대신 웃었다. 그 웃음은 전부터 봐왔던 '어차피 이러다 말 거잖아?'라는 뜻이었다. 순진 님은 길게 한숨을 쉬었다. 비로소 확신을 얻은 순간이었다.

'지금이라도 알았으니 다행이야.'

결혼 하나 망쳤다고 인생이 무너지는 건 아니다. 지금 여기서 마무리를 짓게 되어 인생의 소중한 시간을 아낄 수 있게 되었다는 점에선 진심으로 다행이란 생각이 들었다.

며칠 후, 준비를 해서 집을 나오며 비밀번호를 바꿔버렸다. 아파트 경비실에 부탁해놓는 것도 잊지 않았다. 문을 강제로 따려 들면 경찰을 부르라고. 남편과 시부모, 시누이로부터 전화가 끝없이 이어졌으나 받지 않았다. 변호사를 선임해 남편과의 남은 문제들을 하나씩 해결했다.

부처님은 어리석은 자를 가까이하지 말라고 경고했다. 해를 입게 된다는 것. 그보다는 '도반道伴'을 곁에 두어야 한다고 늘 강조했다. 도반이란 '도道로 이어진 친구'라는 뜻으로 서로 도우며 인생을 함께 가는 벗이다.

그렇다면 인생의 도반을 만나지 못했을 때에는 어떻게 해야 하나? 부처님의 대답은 이렇다.

"차라리 혼자서 가라."

누군가와 엮인 불운을 도저히 감당할 수 없다면, 후회할 시간에 결단을 내려 움직이는 것이 피해를 멈추는 가장 유효한 수단이다. 도망치는 것.

입사한 회사의 분위기가 심상치 않더니, 인권 유린에 무보수 착취 등 상황이 심각하다면 마음을 단단히 먹을 일이다. 이른바 '부모의 원수가 간다고 해도 말릴 회사'에선 도망이 유일한 답이다. 결혼이라면 더더욱 그렇다. 스스로를 아끼는 사람은 자신을 부정하거나 희생하면서까지 관계에 끌려다니지 않는다.

호스피스의 순진 님 아버지는 독한 진통제로 정신이 없는 와중에도 딸의 "혼자가 되겠다"는 선언을 알아들었다고 한다. 딸의 손을 힘껏 잡아주었다는 대목에서 눈물이 핑 돌았다.

얼마 안 가 순진 님은 홀로 남겨졌다. 하지만 그녀는 스스로를 객관적으로 봐도 '불쌍한 존재'가 아니라고 결론지었다. 여러모로 힘들었던 시기를 잘 견뎌낸 '훌륭한 사람'이라고 주변 모두가 인정하는 바다. 나 역시 순진 님의 용기와 결단에 기립박수를 보냈다.

불운에 당당히 맞서고 이겨내면 좋겠지만, 어떤 불운은 그럴 수 없는 경우도 있다. 원심력이 워낙 강해 전부 끌어들여 황폐화시키는 상대라면. 특히 그게 여럿이라면 당해낼 재간이 없다. 이럴 때 도망은 창피한 것이 아니다. 숨이 막혀 죽을 것 같을 때는 앞뒤 재지 말고 도망쳐야 한다. 가방 하나 챙기지 못하더라도, 슬리퍼 차림으로라도 멀리 도망칠 일이다. 도망이야말로 불운에 스톱 버튼을 누르는 현명한 결정이다. 또한 지금까지의 실패를 원점으로 돌려 다시 시작점에 서게 해주는 타임머신이기도 하다.

17
지금 이 순간을 바꿔주는 스위치

사람들과 저녁을 먹다가 '나만의 스위치' 아이디어를 얻었다. 여섯 살 아이를 둔 사람의 주말 이야기가 계기였다. 외식하던 중 아이가 떼를 쓰는 통에 인내심이 임계치를 돌파했단다. 화를 내려는 순간 배우자가 타이밍 좋게 나섰다.

"내가 데리고 집에 갈 테니까, 자기는 거기 가서 머리 좀 식히고 와."

'거기'란 부근의 전망 좋은 카페였다. 창가 자리에 앉아 따뜻한 커피를 몇 모금 마셨다. 머리꼭지까지 올라왔던 화가 가라앉는 게 느껴졌다. 편안하게 앉아 비치된 소설을 한 권 골라 읽기 시작했다. 책에 빠져들자 머릿속을 채웠던 분노나 불안 걱정 같은 것들이 페이드아웃 된 것처럼 사라졌다. 온전한 자유에 마음이 넉넉해졌다. 한 권을 끝내고 집에 돌아왔더니, 작은 악마 같았던 녀석이

레고 놀이에 몰입한 천사로 변해 있었다.

옆자리 사람의 '거기'는 큰 강이었다. 속이 시끄러울 때마다 양수리로 물을 보러 간다고 했다. 두물머리에 앉아 북한강과 남한강이 합쳐진 고요하며 드넓은 물을 보노라면 기분이 차분하게 가라앉는다는 것이다. 그 사람의 해석이 멋졌다.

"내 마음이 어떻게 해야 풀리는지, 그걸 아는 것만 해도 대단한 거죠. 기분이나 생각을 좋은 쪽으로 바꿀 수 있으니까요."

그러곤 이렇게 말을 이었다.

"그래서 거기 가는 게 저의 '스위치'가 아닐까, 가끔 생각해요."

흐름을 바꿔주는 '스위치'를 갖고 있다면, 반갑지 않은 일과 마주쳤을 때 스위치를 눌러 한숨 돌릴 여유를 가질 수 있다. 에너지를 충전해 다시 힘을 내볼 수도 있을 것이다. 내가 좋아하며 마음 편한, 또한 보람이 있는 무엇인가가 그런 스위치로 제격이다. 그걸 찾아내고, 정하고, 제대로 활용할 수 있다면, 박탈감만 키우는 '내가 행복하지 못한 이유 찾기 놀이'를 좋은 스위치로 대체할 수 있다.

스위치는 대개 '즐거움'이라는 감정과 이어져 있다. '나만의'가 앞에 붙으면 '각자의 사는 낙'에 가까울 수도 있겠다. 다만, 우리는 '소소한 즐거움'을 권장한다. 큰 스트레스일수록 작고 느린 즐거움으로 푸는 게 좋다는 얘기다. 즉각적이며 자극적인 쾌감보다는 느리며 심심하고 순한 즐거움이 낫다. 매운 소스와 조미료를 대거 투척한 강렬한 맛은 그 부작용으로 목이 타는 갈증을 불러오는 반면, 심심한 맛은 중독성이 없으며 그 웅숭깊은 느낌이 넉넉하게 오래 남는다.

여의도 쇼핑몰에 가만 앉아 있는 걸로 스트레스를 푸는 이가 있다. 처음에는 각양각색의 사람들이 눈에 들어오지만, 시간이 흐를수록 장노출로 촬영한 사진처럼 텅 빈 공간이 펼쳐진다는 게 그의 경험담이다. 자신의 감정을 관조할 수 있다고 한다. 전부 이해할 수는 없었지만 어떤 느낌인지는 짐작이 됐다.

이와 같이 느리고 소소한 스위치를 가지려면 연습과 훈련이 필요하다. 그 과정을 통해 전에는 스치듯 자취를 감췄던 나의 미세한 감정들을 한 올 한 올 다시 만나게 된다.

연습을 통해 갖게 된 '소소한 스위치'가 수영인 사람도 있다. 매주 사흘은 일찍 귀가해 동네 수영장에서 25미터 레인을 40번 왕복한다. 약 2킬로미터 거리. 원래는 맥주병 인생이었는데 얼마 전에는 한강을 헤엄쳐 건너는 이벤트에도 참여했단다.

이런 스위치는 '자부심'이란 감정으로 이어지는 회로일 것이다. 사람은 자신이 성장하고 있다는 확인을 할 때마다 자부심을 느끼며 강해진다. 내면이 단단한 사람은 남의 시선이나 부러움, 박수 같은 것들에 연연하지 않는다.

스위치를 켜고 그것에 빠져드는 것은, 지금 이 순간에 재미와 의미를 부여해 오늘을 만족스럽게 살아가는 행복 루틴이다. 운이 좋은 사람은 자신만의 행복 척도를 갖고 있고, 그 척도에 따라 스스로를 만족스러운 상태로 만들려고 자기관리를 한다. 비유하자면 인간은 '행복 전구'를 켜기 위해 애쓰며 살아가는 존재라고 한다. 미분화된 얽히고설킨 감정의 전선들을 하나하나 풀어내고 연결해 형형색색의 감정 전구들을 켜는 게 행복에 이르는 과정이다.

또한 스위치는 좋지 않은 일이 있어도 감정적으로 덜 흔들리게 잡아주는 '정서적 보루'가 되어준다. 고되고 힘든 일상에서도 좋아하는 게 있으면 힘을 낼 수 있다. 온갖 구슬들을 수집하며 만지작거리는 게 자기만의 스위치인 사람도 있고, 반려견과 저녁 산책에 나가고 싶어서 퇴근 무렵이면 힘이 나는 사람도 있다.

'에우다이모니아eudaimonia'라는 말이 있다. 원래는 '행운' 또는 '행복'을 뜻하는 그리스어인데 '좋은 사람으로 살아가는 이가 누리는 행복'이란 뜻으로도 쓰인다고 한다. 진정한 자아와 충족감을 스스로의 힘으로 이끌어낸다는 의미가 담겨 있다. 최고로 운이 좋은 사람들은 내면의 무한한 세계에서 '나다움'과 '만족'을 찾아낸 사람들이다. 라 로슈푸코의 말처럼 "내 안에서 마음의 평온함을 찾아내지 못한다면 다른 데서 찾으려 해도 헛수고일 뿐"이다.

나의 스위치를 만나는 것은 행운의 영역이기도 하다. 내가 마주쳤든 찾아냈든, 행운 천사를 통해 접하게 됐든 말이다. 그 스위치가 잘 듣는다면 대단한 행운이 아닐 수 없다.

18
잊고 있었던 나의 행운 천사들

잘 몰랐던 사람들의 도움으로 '세계 1위'가 된 기업 경영자가 있다.

요코우치 유이치로, 그는 후지겐이라는 악기 회사를 세운 인물이다. 지금 지구촌에서 유통되는 전기 기타의 30퍼센트 이상이 후지겐 제품이다. 에릭 클랩튼은 물론 유명 기타리스트들이 애용하는 펜더 기타도 후지겐이 만들어 미국 펜더사에 납품한다.

요코우치가 사업을 시작했을 때, 기타를 1,000대나 팔았다가 전량 반품을 받은 적이 있다. 음이 안 맞는 것이었다. 그는 수소문 끝에 도쿄대 음대 교수를 찾아가 보름에 걸쳐 음을 구분하는 법을 배웠다. 교수는 대가를 원하지 않았다.

그는 세계 무대에 진출하기 위해 뉴욕으로 건너갔다. 그러나 뭘 어떻게 해야 할지 알 수 없었다. 한 노신사가 행운 천사 역할을 해주었다. 그를 통해 현지 악기상들과 만날 수 있었다. 그게 재즈 뮤지션 조지 벤슨과의 인연으로 이어졌다. 벤슨을 위해 제작한 기타가 미국 대통령에게 선물로 전해지면서 후지겐이 세계적으로 유명세를 타게 됐다.

한번은 동업자의 무리한 확장으로 엄청난 빚을 떠안았다. 그때 금융권 사람들이 그를 믿고 자금을 쓸 수 있도록 배려해주었다.

절체절명의 위기에 처하기도 했다. 공장에 불이 나는 바람에 막대한 피해를 입은 것이다. 몇몇 측근이 "보험회사에 거짓 신고서를 제출하자"고 충동질했다. 보험회사가 보상 금액을 깎는 경향이 있으므로 피해 금액을 부풀려야 한다는 주장이었다. 요코우치는 거짓 서류를 만들어 보험회사에 갔다가 진실을 고백하고 다시 작성해 제출했다. 보험회사 직원이 행운 천사가 되어 예상 금액보다 훨씬 많은 돈을 지급했다.

나도 행운 천사를 여럿 만났다. 먼저, 위험천만의 상황에서 손을 내밀어준 천사가 있었다. 전두환 정권 시절, 대학교 2학년 때 강제징집을 당했다. 관악경찰서 유치장에서 신체검사도 입영 영장도 없이 전방으로 끌려갔다. 그곳엔 보안대 장교가 나를 기다리고 있었다. 당시 '녹화사업'이란 게 있었는데, 식목일을 연상시키는 명칭과는 달리 소름 끼치는 공작이었다. 운동권 학생을 고문과 구타, 협박 등으로 개조해 프락치로 활용, 잠적한 거물급을 체포하겠다는 취지였다.

그런데 보안대 장교는 나에게 호의를 보였다. 요즘의 1타 수능 강사처럼 '핵심'을 짚어주며 반성문을 쓰라고 했다. '진짜 반성할 필요는 없다'는 뉘앙스여서 꽤 이상했다. 당장 위험은 없을 것 같아, 그가 알려준 키워드를 넣어 긴 분량의 반성문을 매일매일 썼다. 그 장교 덕분에 폭력과 고문을 피할 수 있었다는 걸 나중에야 알았다.

휴가 전날, 보안대에서 다른 요원이 나를 찾아왔다. "서울에 도착하면 이 번호로 전화를 걸라"며 메모를 건넸다. 심장이 멎을 것 같았다. 서울의 담당 요원과 접촉, 그의 지시를 받고 프락치 노릇을 하라는 의도였다. 학교에 가서 선후배를 탐문해 수배자의 은신처를 알아내고 보고하는 게 목적이다.

휴가 내내 고민한 끝에 전화를 하지 않았다. 그리고 휴가 마지막 날, '탈영해야 하나' 망설이다가 결국 부대로 복귀했다. 보안대 지하로 끌려가 고문을 당할 게 틀림없었다. 심장이 두근거리다 터질 것 같았다. 그러나 아무도 나를 부르지 않았고, 아무런 일도 일어나지 않았다. '밤에 와서 끌고 가는 것 아닐까?' 두려워서 잠을 이루지 못했다. 하지만 다음 날도, 그다음 날도 평온했다.

그사이에 희생자가 발생했기 때문이었다. 은폐로 세상에 알려지지 않았지만 전두환 정권의 녹화사업에서 여섯 명이 목숨을 잃었다. 모두가 사인이 불분명한 의문사였다(나중의 일이지만 박종철 열사의 죽음 또한 "도피 중인 선배의 행방을 대라"며 경찰이 고문하다가 일어난 참극이었다. 언론 보도로 알려지지 않았더라면 그의 죽음 또한 묻

혔을 가능성이 컸다).

그런데 보안대 장교는 왜 나에게 그런 친절을 베풀었던 것일까. 고시에 합격해 장교로 임관한 케이스라니 독재정권의 야만과 폭력이 혐오스러웠을 수도 있겠다. 어쩌면 몇 다리 건너 아는 사람일 수도 있다. 그 당시에 내색은 할 수 없었겠지만. 그것도 아니라면, 나의 지질함을 한눈에 알아보고 측은지심을 발휘했을 수도 있고. 아마도 이쪽이지 싶다. 그러다가 다시 든 생각…. 만일 그분이 아니었더라면? 오싹, 오금이 저려왔다.

그 후에도 나의 지질한 매력(?) 덕분인지, 여러 천사들로부터 도움을 받았다. 국가 전복을 획책하는 지하 조직 사건에 엮으려고 나를 미행해온 형사를 아파트 입구에서 눈치챈 이웃 아주머니가 우리 집에 인터폰으로 알려준 덕분에 간발의 차이로 도망친 적도 있었다.

첫 직장 W사에서 존경하는 선배들을 여럿 만났다. 선배들을 통해 '긍정적인 태도여야 사람들이 다가온다'는 세상살이의 이치를 깨달았다. 긍정적인 사람은 실패해도 쉽게 일어설 수 있다. 주변에서 도움의 손길을 흔쾌히 내밀어주기 때문이다.

특히 두 분을 멘토로 모시고 세상을 넓게 살아가는 지혜를 배웠다. 그중 한 분은 건강 악화로 젊은 나이에 명을 달리하셨다. 출판사 경영을 맡은 뒤로는 그 선배가 소개해준 사촌 동생(미국 MBA 출신)에게 여러 가지로 도움을 받았다. 어려운 일에 부딪힐 때마다 마음을 넓게 가지려고 두 선배를 떠올린다.

돌이켜보면, 나는 운이 매우 좋은 편이었다. 견디기 힘든 고비에 처할 때마다 누군가 내밀어주는 손을 붙잡아 어려움에서 벗어날 수 있었다. 그 시기를 잘 견뎌내고 다시 다가온 좋은 흐름에 올라탔다. 도와준 분들 덕분에 지금 여기까지 올 수 있었다.

물론 이런 경험은 나뿐이 아닐 것이다. 옛 기억을 떠올려 손을 내밀어주었던 분들을 리스트업해보기 바란다. 바쁘다는 핑계로 잊고 살았던 그분들 얼굴이 하나하나 떠오를 것이다. 의외로 많을 수도 있다. 누구에게나 3만 명의 행운 천사가 있다니까. 나도 이 책을 쓰다가 보안대 장교와 이웃 아주머니의 기억을 살려냈다. 고마운 분들.

후지겐의 요코우치는 자서전에 이렇게 썼다.

"수많은 역경을 극복하고 여기까지 오는 데 수많은 사람들의 도움을 받았다. 왜 항상 위기가 닥칠 때마다 누군가가 나를 도와주는 것일까? 나는 왜 이렇게 운이 좋은 것일까? 늘 그런 생각이 들었다. 그러다가 한 가지 결론에 도달했다. 어릴 적 어머니 말씀을 실천해왔기 때문이 아닐까? '네가 원하는 것을 다른 사람에게 해주어라'라는 말씀이었다."

나 또한 누군가에게 행운 천사가 되어, 세상으로부터 받은 걸 돌려주어야 한다는 가르침이다. 그렇게 살아가야겠다.

19
곁에 와 있는 행운을 발견하는 법

서재로 시작했지만 지금은 '책 엉망창고'의 1번 책장이 무너져 내렸다. 책들을 안쪽 깊숙하게 꽂고, 바깥쪽 남은 공간에 작은 판형의 책들까지 빼곡하게 수납한 결과, 책장 윗부분 가로 패널이 그 세월과 무게를 이기지 못하고 부러지며 책들을 우르르 뱉어낸 거였다.

"아이고 내 팔자야!"

오후 내내 책을 정리했다. 그런 와중에 쌍둥이 책들을 여러 쌍 찾아냈다. 있는 줄 모르고 또 샀거나, 당장 필요한데 찾아내지 못해 나가서 사온 책들이었다. 정리하는 와중에 곳곳에 쌓여 있던 책무덤까지 연이어 무너져내렸다. 방 전체가 더 확실하게 엉망진 창이 됐다.

"책에 깔려 죽을 판이네. 멍청하게 이게 무슨 짓이야?"

주저앉아 있다가 그게 아니란 걸 깨달았다. 어릴 때 이웃 친구 집에 책을 빌리러 다니던 기억이 났다. 친구는 100권이 넘는 세계 청소년 소설 명작선을 '소장'하고 있었다. 하드커버에 컬러 삽화가 곁들여 있었으며, 심지어 아랍 작가들의 작품까지 몇 권인가 포함됐다. 이틀 또는 사흘 간격으로 몇 권씩 빌려다 읽었다. 하지만 완독을 다섯 권쯤 남겨놓고 포기할 수밖에 없었다. 친구 어머니의 표정이 점점 먹구름 짙게 낀 날씨처럼 변해갔기 때문이다. 눈치 없던 나도 그 의미는 깨달았다. 비싼 돈 들여 전집을 구비했으나, 아들은 거들떠보지도 않고 남의 집 자식 좋은 일 시켜주고 있으니.

다른 아이들 집에 가서 돌아가며 책을 빌려다 읽었다. 어린 나이에 영악하게도 부잣집을 선망하게 됐다. 친구의 넓은 방에 즐비하게 꽂힌 두꺼운 전집들, 그게 그렇게 부러울 수가 없었다.

그중 한 어머니가 우리 집에 전화를 걸면서 나의 '책 동냥'은 막을 내렸다. "세 권이 빈다"면서 "낱권으로는 팔지도 않는데 어떡할 거냐"고 어머니를 추궁했다. 그뿐 아니었다. "댁네 아이가 마음대로 빼갔지, 허락받고 빌려 간 것도 아니다"는 모략으로까지 이어졌다. 매번 감사하다고 인사를 드렸는데도…. 어머니에게 등짝을 맞으면서 울었다. 억울했고 서러웠다. 그날 밤, 달에 소원을 빌었다.

'집이 무너질 정도로 책을 많이 가진 사람이 되게 해주세요.'

그래놓고는 까맣게 잊고 있었다. 책 엉망창고 외에도 방마다 넘쳐나는 책들, 집이 무너질 정도까지는 아니지만, 툭하면 와르르 쏟아지는 책들 때문에 짜증을 내는 인간이, 스스로도 인식하지 못하는 사이에 되어 있었다. 심지어 책으로 먹고산다. 이미 소원을 이루고도 남았다. 동네 어머니들의 미움을 샀던 '책 동냥 소년'이 여기까지 온 거였다. 꿈꾸었던 행운을 넘치도록 누리면서도, 그걸 당연하게 여기며 신경질을 부리고 있었다.

사람들에게 "운 좋은 삶이 어떤 것이겠냐"고 물으면 십중팔구는 돈과 집, 그리고 명함(지위)을 이야기한다.

'내가 이만큼만 갖게 되면, 내가 이런 데서 살게 되면, 내가 이런 자리에 오르면….'

그러나 그 목표를 이뤄도 마음은 여전히 채워지지 않을뿐더러, 남들과 비교해 내가 갖지 못한 또 다른 것들로 인해 속이 더욱 시끄럽다. 못 가진 것에 신경을 쏟느라 곁에 있는 존재들, 가족이나 친구에 무감각해진다.

세상에서 가장 '불쌍한 행운'이 뭘까, 생각해본 적이 있다. 누리면서도 좋은 줄 모르는 것 아닐까? 소중한 것들을 옆에 두고도 '어딘가 분명 좋은 게 있을 거야'라는 신념으로 다른 곳을 찾아 끝없이 헤매는. 그보다 완벽한 '불행'이 또 있을까 싶다. "인생에서 가장 좋은 일은, 자신이 바라는 것을 얻지 못했다고 생각하고 있을 때 일어난다"는 몽테뉴의 말처럼, 우리는 내 것이 아닌 것에만 정신이 팔린 나머지 얼마나 많은 일상의 좋은 일들을 놓치고 있는 것일까.

무너진 책 엉망창고를 통해 나라는 존재를 조금 더 이해할 수 있었다. 무너질 정도로 많은 책들을 감당도 못 하면서, 끝없이 사서 나르고 온라인으로 주문을 해대는, 마음속에서 나를 움직여온 동기를 말이다.

어린 시절의 결핍을 진즉에 충족시키고도 남았으나, 내가 누리는 행운을 당연하게 여기며 또 다른 결핍에 빠져 있었던 것이다. 마음은 여전히 가난한 상태에 머물러 그것을 마치 관성처럼 채우느라 늘 분주하고 어지러웠다. 쇼펜하우어의 지적대로 결핍과 과잉 사이를 오가며 고통과 권태를 반복하는 일상이었다.

이제 충분하다는 결심이 섰다. 책들을 팔고 기증하고 나눠주었다. 그래도 여전히 많은 새로운 책들이 그 자리를 채운다. 하지만 이제는 스트레스 받지 않는다. 수시로 정리하면 된다.

계기가 있어도 무감하게 넘어가면 그걸로 끝이다. 쉬울 것 같지만 의외로 만나기 어려운 행운이, '가까이에 이미 와 있는 나의 행복을 발견하는 것' 아닐까 한다.

별일 없었던 오늘 하루가 지루하고 한심해서 뭔가 신나는 일이 터져주지 않을까 기대를 하다가도, '행복해지기 위해 그 어떤 일도 일어날 필요가 없다'는 생각으로 마음을 고쳐먹는다. 반드시 무엇이어야 할 필요 없이 기를 쓰지 않아도, 지금 내가 느끼는 편안함 그 자체가 행복이라고 생각해본다. 매일 그날이 그날 같아도 편안한 마음으로 돌이켜보면, 똑같은 날이 반복되는 일은 없다. 그 어떤 날도 같은 날은 없다. 그리고 그 나날들의 틈새에 삶의 여유와 재미가 살포시 놓여 있다.

20
운이 좋아서 행복한 게 아니라,
행복해서 운이 좋은 것

　우리 집 막내 '지튼이(원뜻은 '짙은이'이지만 발음대로 쓴다)'의 돌잔치를 집에서 치렀다. 녀석의 동영상을 스마트폰으로 이웃들과 공유하며 함께 즐거워했다. 지난 1년 지튼이로 인해 잠 못 자고, 발을 동동 구르며, 눈물 흘리고, 안도의 한숨을 토했던, 그러나 행복했던 순간들이 눈앞에 스쳐 갔다.

　지튼이는 아내가 텃밭에서 데려왔다. 이웃들과 땅을 분양받아 각자 이것저것 재배하던 터에 농기구를 보관하고 휴식도 취할 장소로 작은 비닐하우스를 설치했던 게 인연의 첫 단추였다. 아내는 농군 친구들과 함께 비닐하우스를 드나드는 길고양이들에게 매일 사료를 챙겨줬다. 그러던 어느 날 어미 고양이가 새끼 고양이 네 마리를 의자에 물어다 놓았다. 마치 사람들의 도움을 구하는 것으로 보였고, 텃밭 농군들이 발견했을 때에는 네 마리 모두 상태가 심각했다.

새끼 고양이들을 처음 봤을 때, 나의 결혼 초기 나날들을 떠올렸다. 사람은 누군가를 사랑하게 되면 상대를 돌보면서 자기감정에 눈을 뜬다고 한다. 사랑을 주고받는 과정에서 전에는 느껴보지 못했던 미묘하고도 복잡한 감정들을 다양하게 경험해 비로소 어른으로 성장한다는 것이다. 나 역시 그랬다. 밖에서 상처받고 어두웠던 마음이, 집에 들어와 아내와 아이들을 보는 즉시 느끼는 애정, 만족감, 평화로움, 안도감에 치유받고 환하게 불을 밝혔다. 다른 사람들에게도 관대해질 수 있었다(나중에 먹고살기 경쟁에 매진하느라 다시 상태가 안 좋아졌지만).

고양이들을 동물병원에 데려갔더니, "세 마리는 어려울 것 같으니 기대하지 않는 게 좋겠다"는 진단이 나왔다. 나머지 한 마리도 '약간 나은 편'이었다. 그게 현실적인 판단이었을 것이다. 길고양이의 운명이란 그만큼 척박하니까.

하지만 아내와 농군 친구들은 포기하지 않았다. 새끼들을 살려내겠다는 의지가 불타올랐다. 당번을 정해 고양이들에게 분유를 주입하는 비상 작전에 돌입했다. 녀석들은 기력이 없어 빨아먹지도 못했다. 농군들은 그러다가 또 상태가 안 좋아지면 '고양이 119 구급대'로 변신해 병원으로 데려가기를 반복했다. 시간이 흐르자, 축 늘어져 있던 녀석들이 조금씩 꼬물대는 모습을 보여주었다. 경이로운 일이었다.

아침저녁으로 찬 바람이 불자, 녀석들이 비닐하우스에서 겨울을 날 수 있을지 걱정이 되었다. 병원에 갈 일이 끊이지 않는 애들인데…. 급한 대로, 아내가 녀석들을 우리 집으로 데려왔다. 지튼이, 여튼이, 네발이, 뒷발이였다(병원 간호사들이 아이들을 구분하기 위해 임시로 털의 색깔과 분포도를 기준으로 붙여준 이름들을 그냥 쓰기로 했다).

마침 그때 우리 가족은 '흰눈이'와의 이별을 앞두고 있었다. 첫눈이 오는 날 태어난 페키니즈 종의 개 흰눈이는 14년을 우리와 함께했다. 페키니즈가 유전적으로 심장과 눈이 약하다고 들었는데, 그게 나이가 들자 어김없이 현실로 나타났다. 심장병으로 고통받다가 1년 반 전에는 시력까지 잃고 말았다. 녀석은 그럼에도 특유의 낙천적 성격으로, 코를 킁킁거리며 비가 오든 눈이 오든 대범하게 산책에 나섰다.

아프면 보호자에게도 날카로워지는 여느 개들과는 달리, 녀석은 움직이기도 힘든 생의 마지막까지 우리 가족과 둥글둥글하게 보냈다. 수의사 선생님에 따르면 고통이 상당했을 거라고 하는데…. 생애의 저물녘에 들어선 개가 나에게 위안과 가르침을 주었다. 어떤 상황에서도 세상을 원망하지 말고 낙천적으로 살아가야 한다는 것, 나 자신을 위해서라도.

새끼 고양이들은 분양하기로 했다. 다행스럽게 이웃과 지인들이 입양 의사를 밝혀주었다. 하지만 바로 브레이크가 걸리고 말았다. 아빠들이 부담스럽다며 극구 반대한다는 거였다. 아빠들의 입장도 이해할 수 있었다. 나도 그런 적이 있으니까. 삶이 바쁘고 고될수록 현실의 무게가 둔중하게 느껴지기 마련이다. 나는 직장 생활을 할 때 특히 그랬다. 기쁨은 줄어들고 걱정거리는 늘었지만 내색할 수 없었다. 아내는 변함없이 잘하고 있어서 더욱 나 혼자 긴장과 불안 속에 끙끙 앓다가, 혼란스러운 감정을 어떻게 표현하고 누구와 나눠야 할지 갈피를 잡을 수 없었다.

아빠들의 반대를, 엄마들이 따스한 감정으로 녹여냈다. 우리 집 개 이야기를 들려주었단다. 흰눈이와 14년 동안 함께 살면서 우리 가족이 얼마나 행복했는지, 얼마나 많은 위로를 받고 힘을 얻었는지, 사랑을 주고받으면서 얼마나 성장할 수 있었는지, 그래서 지금 이별을 앞두고 얼마나 슬프고 또한 감사해하는지. 그리고 이 와중에 새끼 고양이 네 마리를 떠안은 이야기까지…. 그게 아빠들 마음의 감정 스위치를 눌렀던 모양이다. 겉 표정과는 달리 속으로는 정이 많은 분들이었다.

입양이 결정되었다. 세 녀석이 우리 집을 떠났고, 지튼이 한 놈만 남았다. 이 아이가 문제였다. 가장 약해서 병원 신세를 유독 많이 졌던 놈. 언제 어떻게 될지 모를 아이를, 누가 선뜻 나서서 키우겠다고 데려가겠는가. 아내도, 나도 난감했다. 흰눈이의 마지막이 곧 다가올 것이기에, 흰눈이에게 집중하고 싶었다. 마지막까지 정성을 다해 보살피며 곁에 있어주고 싶었다. 그뿐이 아니었다. 이제, 동물 친구는 그만 들이기로 했다. 인연의 끝이 이토록 아리고 힘들다는 걸 아니까, 더 이상은 동물 친구와 함께하고 싶지 않왔다. 정을 줬던 만큼 헤어지는 게 아프니까.

하지만 지튼이를 입양하겠다는 지원자는 좀처럼 나타나지 않았고, 가족회의를 거친 끝에 결국 우리가 맡기로 했다. 체념인지 안도인지 모를 한숨이 나왔다.

그사이에 흰눈이는 합병증 악화로 먹이를 제대로 삼키지 못했고, 입원했던 동물병원에서 '살날이 며칠 남지 않았다'는 판정을 받았다. 남은 시간을 집에서 가족과 함께 지내기로 했다. 하지만 며칠 전과는 또 달랐다. 이제 흰눈이는 너무나 아파서 고통을 참지 못하는 지경이었다. 커다란 비명이 밤새 이어졌고, 그 처참함에 아내와 아이들은 어쩔 줄을 몰라 눈물만 흘렸다. 흰눈이가 불쌍해서 더는 견딜 수 없었다. 아침 7시에 원장님께 미안함을 무릅쓰고 연락했다.

"흰눈이…. 보내주기로… 했습니다."

흰눈이와의 마지막 길을, 아내와 둘이서 갔다.

마취제를 맞은 흰눈이는 고통을 잠시 잊을 수 있었다. 그러고는 바로 이별. 어이가 없을 정도로 짧은 시간이었다. 이렇게 허망한 이별라니…. 그제서야 나의 눈에서 눈물이 하염없이 쏟아졌다. 이웃들이 흰눈이를 잃은 우리 가족의 슬픔을 나눠주어서 큰 위로가 되었다. 스마트폰에 남아 있는 흰눈이의 모습들을 하나씩 넘겨보면서 다시 위로를 받았다. 우리 가족을 이토록 사랑해주었던 존재가 있었다는 사실, 그 자체만으로도 감동이었고 축복이었다. 죽어서 저승에 가면 먼저 가서 기다리던 개가 마중을 나온다던데, 아내는 먼저 간 흰눈이가 마중나올 걸 믿어 의심치 않는다.

흰눈이와의 인연은 지튼이가 바통을 이어받았다. 지튼이는 여전히 잦은 병치레로 여러 번의 고비를 넘겼다. 우리 가족에게 고양이는 처음이어서 적응에 애를 먹었다. 고양이는 개와는 달리, 아프다는 표현을 좀체 하지 않는다. 아프면 숨어서 혼자 지내는 게 본성이라고 한다. 하지만 지튼이는 고양이답지 않게 말이 많아 그나마 다행이었다. 내가 말을 건네면 자기 방식으로 대답을 한다. 알아듣고는 다가와 곁에 머물러준다. 이따금 병원 신세를 졌지만, 뭐라고 장담하기 어려운 상태에서도 어떻게든 다시 회복해 우리 가족에게로 돌아왔다.

며칠 전에도 비상이 걸렸다. 갖고 놀던 장난감 끈을 삼켜서 동물병원 응급실을 찾아야 했다. 다행히 끈이 변으로 배출되면서 한 고비 넘겼다. 이럴 때마다 무지개다리 건너편의 흰눈이가 지튼이를 돌봐주고 있구나, 생각하며 안도의 한숨을 내쉰다.

나의 가족은 물론, 함께 살아가는 동물친구로 인해 나의 내면에서 다양한 감정들을 만난다. 화가 나거나 슬퍼질 때도 있고 설렘과 고통, 두려움이나 고양감에 압도당하기도 한다. 다친 근육처럼 딱딱하게 뭉쳤던 나의 감정들이 하나하나 살아나 수많은 전구들을 차례로 켜는 느낌.

자기계발서답게 한 대목 추가하자면, 스페인의 폼페우 파브라 대학 연구팀이 3만 7,000명을 대상으로 실시한 '행복과 감정에 대한 분석'을 보면, 일상에서 다양한 감정을 느끼는 사람의 행복의 빈도가 감정이 다양하지 않은 사람에 비해 높은 것으로 나타났다.

연구팀은 조사에서 기쁨, 경외, 희망, 감사, 사랑, 자존감 등 아홉 가지의 긍정적인 감정과 분노, 슬픔, 두려움, 혐오, 죄악감, 불안 등 아홉 가지의 부정적인 감정을 각각 어느 정도 경험하는지 데이터를 수집해, 자주 느끼는 감정과 스스로 인식하는 행복감을 비교 분석했다. 그 결과, 다양한 감정을 느끼는 사람의 행복도가 일부 감정에 치우친 사람들에 비해 높은 것으로 나타났다. 즉, 편하거나 기쁜 일만 경험하는 것이 행복은 아니라는 결론이다. 연구팀은 "조금 더 다양한 경험을 통해 다채로운 감정을 느끼며, 있는 그대로를 받아들이는 것이 행복에 이르는 방향"이라고 보고했다.

이제는 행복이 특정한 조건이 갖춰졌을 때에야 완성되는 것이 아니라는 걸 안다. 삶이 생각대로 풀리지 않아도, 맛있는 음식을 함께 먹고 사랑하는 사람들과 건강하게 어울리는 것만으로도 충분히 행복할 수 있다. 작가이자 예술평론가였던 존 러스킨의 말대로 "인생은 흘러가는 것이 아니라 채워지는 것"이며 "우리는 하루하루를 보내는 것이 아니라 내가 가진 무엇인가로 채워가는 것"이다.

영화를 보고 돌아온 휴일 오후, 거실 테이블에 앉아 따뜻한 차를 한잔 마시며 영화의 여운을 다시 음미했다. 지튼이가 계단을 내려오다가 "야옹" 하고는 나를 불렀다. 눈이 마주쳤다. 슬며시 다가와서는 무릎 위로 사뿐 뛰어오르는 지튼이. 누가 고양이를 도도하다고 했는가. 다시 눈이 마주치자 눈을 살짝 감는다. 쓰다듬어 달라는 표현이다. 커다란 창을 통해 부드럽게 들어오는 햇볕 아래, 녀석을 쓰다듬다가 나도 모르게 한마디 했다. 감탄일 수도 있겠다.

"아, 행복하네."

어쩐 일인지, 찔끔 눈물이 났다.

사랑이나 안도감, 희열 같은 감정만이 아니다. 안타까움, 슬픔, 괴로움, 조바심, 분노, 실망 같은 그 모든 감정의 전구들을 형형색색 크리스마스트리처럼 환하게 밝힌, 이런 모든 감정들이 비로소 나 자신이란 느낌이다. 일상의 사소한 발견과 작은 감동이 행복에 이르는 통로라는 걸 깨달았다. 가까운 이들과 함께 부대끼면서.

아내와 아이들 그리고 흰눈이와 지튼이. 친구들, 동료들… 나의 삶이 나에게 데려다준 많은 인연들. 내가 좀 더 괜찮은 사람이 될 수 있도록 나를 이끌어주는 내 인생의 행운 천사들. 그들과 어우러져 작은 감동을, 앞으로도 함께하고 싶다.

굳이 '특별한 선물' 같은 하루가 아니어도, 한결같은 일상의 이 순간 자체가 행운일 수 있다. 목표는 그것을 달성하고 나면 허탈하고 실망할 수도 있지만, 일상의 즐거움은 완전히 채워지거나 넘치는 법이 없다. 전에는 '내가 운이 좋아지면 행복하겠지'라고 생각했다. 하지만 이제는 안다. 내가 행복하니까 운이 좋은 것임을.

나폴레옹이 전쟁터에서 잎이 네 장 달린 클로버를 발견했다. 그것을 따려고 허리를 숙였는데, 그 순간 총알이 머리 위를 스쳐 지나갔다. 클로버 덕분에 목숨을 건진 셈이다. 이후 네잎클로버는 '행운'의 상징이 되었다(공식 기록에는 없지만 입에서 입으로 전해지는 이야기다).

하지만 우리가 흔히 지나치는 세잎클로버가 무엇을 상징하는지는 아는 사람이 많지 않다. 공교롭게도 '행복'을 상징한다.

우리는 세잎클로버(행복)를 가까운 곳에 놓고도, 언제나 네잎클로버(행운)만을 찾으려 한다. 세잎클로버는 1,000대 1의 비율로 네잎클로버보다 많다.

먼저 내 안의 행운 천사를 만나라

마쓰시타 고노스케 회장이 입사 지원자에게 물었다.

"자네는 엘리트로군. 그래, 지금까지 자네에게 행운이 따랐다고 생각하나?"

마쓰시타 회장은 1918년 마쓰시타전기(현재의 파나소닉)를 설립해 세계적인 기업으로 성장시킨 기업인으로 일본에서 지금까지도 '경영의 신'으로 추앙받고 있다. 그는 자신이 만난 행운으로 세 가지를 꼽았다.

> **마쓰시타 고노스케의 세 가지 행운**
> --
> 1. 11세에 조실부모한 불운
> 2. 어려서부터 건강이 안 좋은 불운
> 3. 초등학교 4학년을 중퇴한 불운

내용을 보면, 세 가지 모두 불운이다. 어린 시절, 부모가 일찍 세상을 떠나는 바람에 의지할 곳을 잃었다. 초등학교 중퇴가 최종 학력이었다. 자전거 점포 점원으로 일찌감치 사회생활을 시작했다. 태어날 때부터 몸이 약했고 스무 살 무렵에는 폐결핵을 심하게 앓아 목숨을 잃을 뻔했다. 하지만 그는 "세 가지 모두 행운이 맞다"고 주장했다. 다음과 같은 해석이 근거였다.

마쓰시타 고노스케의 세 가지 해석
1. 11세에 조실부모한 불운-철이 일찍 든 행운
   결과: 남의 탓을 하지 않고 스스로 노력했다.
2. 어려서부터 건강이 안 좋은 불운-건강에 겸손하게 된 행운
   결과: 95세까지 장수했다.
3. 초등학교 4학년을 중퇴한 불운-배움에 겸손하게 된 행운
   결과: 평생을 배우면서 공부했다.

마쓰시타 회장은 은퇴 직전까지 신입사원 면접에 참석해, 지원자들에게 '행운이 따랐다고 생각하는지'를 물었다고 한다. 어떤 이유에서였을까?

2010년 우리 둘이 써냈던 행운 분석서 《보이지 않는 차이》에서도 마쓰시타 회장의 이 이야기를 소개한 적이 있다. 하지만 그때에는 의중까지는 헤아리지 못했었다. 십수 년이 흐른 뒤, 이번

책을 쓰면서야 어렴풋하게 짐작할 수 있었다.

일본 경영의 신은 마주 앉은 젊은이의 '스스로를 돌아보며 질문하고 답을 구하는 자세', 이 부분을 특히 궁금해했던 게 아닐까 한다. 세 가지 측면에서.

첫 번째는 해석력이다. '탓'이기 쉬운 불운을, '덕분'으로 돌려 행운의 출발점으로 삼을 수 있는지. 마쓰시타 본인처럼 말이다. 탓하는 불운의 가장 흔한 쓰임새는 실패와 불행의 당연한 이유, 혹은 흔한 핑계가 되어준다는 것이다. 반면 덕분인 불운은, 그럼에도 불구하고 한 올 한 올마다 배울 점을 갖고 있어서 함께했던 세월만큼이나 바위처럼 단단한 깨달음을 얻게 해준다.

두 번째는 적응력. 운명적으로 가진 것과 못 가진 것, 살다 보니 많은 것, 부족한 것 등의 사이에서 무게추를 수시로 유연하게 옮겨가며 중심을 잡을 수 있겠는지 싹수를 보고 싶었던 게 아닐까. 나의 결핍과 수치심에 익숙해지기보다는, 나에게 충분하고 자신 있는 것으로 대체 또는 비중 조절을 통해 자긍심을 이어갈 수 있는지.

마지막으로 조화력. 회장은 배움에 겸손했기에 직원 누구에게든 다가가 도움을 청하곤 했다. 겸손은 수용력과 포용력의 출발점이다. 격의 없는 태도가 친근함으로 이어졌다. 커다란 성취를 이루는 사람은 꽤 많지만 믿음과 사랑까지 주고받을 줄 아는 이는 극히 드물다.

타고난 운명은 나의 의지를 상관하지 않으며, 마주친 우연 또한 나의 의도를 자주 뛰어넘는다. 하지만 운명이든 우연이든 받아들여 나의 행운으로 삼는 것은 결국 나의 선택이다. 마쓰시타 회장처럼 힘겨운 시간을 보냈더라도 미움과 분노보다는 즐거움과 희망을 삶의 에너지로 삼는 것이다.

나라는 본연을 끝없이 되돌아보며, 내 안에서 행운 천사를 만나고, 나를 알아본 누군가가 내민 손(나를 알아보고 다가와준 행운 천사들)을 맞잡을 때 우리 행운의 수레바퀴는 비로소 방향을 잡아 굴러간다. 특히, 함께 이뤄내는 성취는 행운의 총집합이다. 여러 사람의 인연과 행운이 씨줄과 날줄이 되어 거대한 성취와 보람을 직조해낸다.

나란 존재를 긍정적으로 재해석하고 변화에 적응하며, 주변과 조화를 이루는 매니징이야말로 내가 나에게서 찾아내고 키워내는 내면의 행운 천사가 아닐까. '관리'라는 말이 있지만 어쩐지 옛날 회사들의 캐비닛 냄새가 나는 것 같아서 '매니징'으로 표현해보았다.

그 매니징을 지금 당장 시작할 수 있다. 설혹 불운에 힘겹더라도, 내 잘못이 아니더라도, 내가 온전히 감당해야 할 것으로 받아들이는 시작. 물론 사회 구조적 모순 또한 우리가 모두 기꺼이 감당해야 하기에 머리를 맞대고 변화를 추동하는 노력이 이뤄져야 한다.

나를 위한 기회가 다가오기를 무작정 기다릴 게 아니라, 지금해야 할 것들을 하며 오늘을 잘 보냄으로써 내일의 나에게 희망을 건네줄 수 있다.

행운은 어떤 순간의 일이기보다는 우리가 평생 나와 주변을 매니징하며 만들어가는 것이다. 스스로를 돌아보며 질문하고 답을 구하는 자세로.